전통사찰총서

⑧

전북의 전통사찰 I

寺刹文化硏究院

김제 금산사 전경

김제 금산사 미륵전 장육존상

김제 귀신사 대적광전

김제 귀신사 석수

김제 망해사 내경

김제 문수사 내경

김제 청운사 내경

김제 흥복사 석조 미륵

무주 백련사 전경

무주 백련사 금강계단

무주 안국사 전경

무주 북고사 내경

완주 봉서사 내경

완주 송광사 내경

완주 송광사 대웅전 내부

완주 위봉사 보광명전 후불탱화

완주 화암사 극락전 비천도

완주 대원사 용각 부도

익산 남원사 내경

익산 태봉사 대웅전 삼존석불

익산 백운사 삼성각 칠성탱화

익산 사자암 내경

익산 석불사 대웅전 석불상

익산 숭림사 보광전

익산 심곡사 명부전 동자

익산 미륵사지

장수 신광사 전경

장수 팔성사 대웅전

전주 정혜사 내경

전주 동고사 내경

전주 남고사 내경

전주 승암사 내경

진안 고림사 관음전 아미타삼존

진안 탑사 전경

진안 천황사 대웅전

진안 금당사 미륵상과 석탑

진안 보흥사 내경

진안 은수사 전경

전통사찰총서

사찰 문화 이해의 길잡이

　한반도에 불교가 전래된 지 천육백여 년, 불교는 고대 국가의 찬란한 문화를 선도하고 수많은 고승 대덕을 배출하여 실로 한민족의 문화적·정신적 바탕이 되어왔다. 일찍이 불교 문화를 꽃피웠던 신라시대의 경주 거리는 '사사성장탑탑안행(寺寺星張塔塔雁行)'이라 표현하여 곳곳에 절과 절이 맞닿아 있고 탑과 탑이 기러기처럼 줄을 잇고 있었다고 하였다. 그야말로 불국토의 장엄한 세계를 신라 사회에 그대로 옮겨 놓은 불연(佛緣)깊은 나라였다.

　고려시대에는 온 국민이 하나가 되어 팔관회와 연등회 같은 불교 행사가 성행하였고, 이러한 불심(佛心)은 마침내 불력(佛力)으로 국가적 재난을 막아내고자 하는 팔만대장경불사로 이어졌다. 그러나 조선시대에는 다소 침체의 길을 걷는 등 변화하는 역사 속에서 불교는 성쇠를 거듭해 왔다. 오늘날의 불교는 다종교의 홍수 속에서도 한민족의 전통 사상으로 굳건히 자리하고 있음은 주지의 사실이다. 더욱이 현대 사회에 있어서 물질과 금력이 팽배해 감에 따라 정신적 안식이 현대인에게 요청되어 고요한 사찰을 찾는 이들이 점점 증가하고 있다. 그러나 선조들의 빛나는 문화 업적과 소중한 사찰 문화재는 옛모습을 잃고 조금씩 변화해 가며 때로는 유실되고 있는 실정이다.

　그리하여 사찰 문화의 보존과 현대적 계승이라는 취지에 뜻을 같이 하는 몇몇 사람들이 모여 원을 세웠다. 불교 문화의 참뜻을 찾아 한데 모으고 다듬어 때를 벗겨 정리함으로써, 이 시대의 사람들과 뒷 세대들로 하여금 재창조와 도약의 발판으로 삼을 수 있도록 하자는 것이었다. 이러한 원을 실현하기 위하여 사찰문화연구원을 설립하고 그 첫번째 사업으로 「전통사찰총서」를 간행하게 된 것이다.

  우리의 사찰은 불교의 참정신이 깃들어 있는 곳이요, 고승들의 발자취가 서려있는 곳이며, 몸과 마음을 맑힐 수 있는 신행의 요람처이다. 따라서 「전통사찰총서」의 집필에는 외형적이고 피상적인 사실의 설명에서 한 걸음 더 나아가 사찰이 간직하고 있는 정신 세계와 본질을 규명하는 데 초점을 맞추었다. 곧 각 사찰의 연혁에서부터 소중히 보존해야 할 문화재, 하나하나의 성보(聖寶)에 깃들어있는 의미, 그 절이 지니는 신앙의 성격, 그리고 관련 설화까지를 소상하게 밝혀 놓았다.

  한편 잘못 이해되고 바로 잡아야 할 부분에 대해서는 분명한 까닭을 밝히고 비평을 가하였다. 어느 누구라도 한 사찰을 방문할 때 지침서가 될 수 있도록 나름대로 열심히 엮기는 하였지만, 그래도 보지 못하고 접하지 못한 모습과 듣지 못한 내용이 적지 않을 것이다. 이에 대해서는 많은 분들의 가르침을 기다려 마지않으며 오직 바람이 있다면 이 책이 사찰 문화의 진수를 이해하는 데 조그마한 길잡이가 될 수 있었으면 하는 것이다. 끝으로 이 책을 간행하는 데 협력하여 주신 문화체육부, 조계종 총무원 그리고 각 사찰의 스님들께 깊은 감사를 드린다.

1992년 12월

寺刹文化研究院

간행의 말

I. 김제시

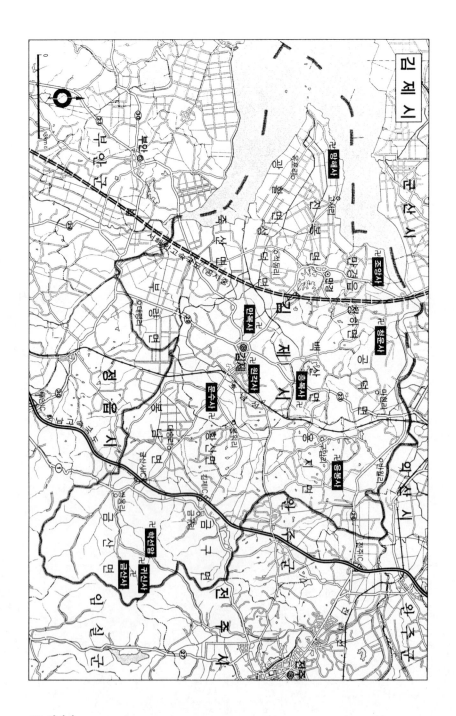

김제시의 역사와 문화

　김제시(金堤市)는 전라북도 중앙부의 서쪽에 위치하며 동쪽으로는 노령산맥의 주능선을 경계로 완주군, 남쪽은 동진강(東津江)을 경계로 정읍시·부안군, 북쪽은 만경강(萬頃江)을 경계로 익산시·군산시, 서쪽은 서해와 접해 있다. 1989년 1월 1일에 김제군(金堤郡)에서 분리되었다가 1995년 1월 1일 다시 김제군과 통합되면서 시가 되었다. 1996년 말 현재 인구는 12만 5천 명이며, 행정구역은 1읍 14면 7동(법정동)으로 이루어져 있다.

　이 지역은 충적지와 낮은 구릉지로서 호남평야의 중심인 김만경평야(金萬頃平野) 등 농경지가 잘 발달되어 전국 제일의 곡창지대를 이룬다. 김만경평야는 동진강과 만경강 유역에 있으며, 김제평야와 만경평야를 합쳐 부르는 이름이다. 이 평야를 주민들은 '김제맹경 외애밋들'이라 부른다고 한다.

　자연 환경은 동쪽으로 산지가 발달되어 구성산(九城山, 488m)·모악산(母岳山, 794m)·국사봉(國師峰, 754m)·상두산(象頭山, 575m) 등이 있다. 이같은 산지에서 발원하는 두월천(斗月川)·원평천(院坪川)은 서쪽으로 흘러 월촌면에서 합류한 뒤 죽산면에서 서해로 유입된다.

　역사는 구석기시대의 유물·유적이 발견되지는 않았으나, 신석기시대 말기에서 청동기시대에 해당하는 유물인 간돌칼·유구석부·남방식 고인돌 등이 시의 이곳저곳에서 발견된 바 있다. 이를 통해 볼 때 이 지역에는 청동기시대에 상당히 발달된 농경문화가 이루어졌음을 짐작할 수 있다.

삼한시대에는 마한(馬韓)의 영토로서 50여 개 부족국가 중 가장 큰 지역을 차지했던 벽비리국(碧卑離國)이 이곳에 있었다. 이후 백제의 마한 병합 뒤에는 벽골군(碧骨郡)이 되었고, 이때 우리나라 최초의 저수시설로 유명한 벽골제(碧骨堤)가 축조되었다. 이 지역은 금산사를 중심으로 백제에서는 미륵신앙, 신라에서는 5교 9산 가운데 하나인 법상종(法相宗)의 중심처가 되는 등 불교가 특히 발달했다.

고려시대에는 행정구역상 처음 윤주(閏州)에 속하다가 몇 차례의 행정개편을 거쳐 1143년(인종 21)에 김제현과 금구현(金溝縣)으로 나뉘었고, 예종 때는 김제 · 금구 · 만경현으로 나뉘면서 전주목의 관할이 되었다.

조선시대 초기인 1403년(태종 3)에는 김제군 또는 벽성군(碧城郡)이 되었다가 1620년(광해군 12)에 만경군(萬頃郡)이 김제군의 관할이 되었고, 그 뒤 행정상 큰 변화없이 근대에 이르렀다. 1914년 일제강점기 때는 부군(府郡)의 행정구역폐합조처에 따라 만경군과 금구군이 김제군에 통합되었고, 1931년에 김제면이 읍으로 승격되었다.

현대에 이르러서는 1973년의 일부 행정구역조정을 거쳐 1989년에 김제시가 독립되었고, 다시 1995년에 김제시와 김제군이 통합되어 오늘에 이른다.

주요 문화행사로는 해마다 10월에 개최되는 향토제인 벽골문화제가 유명하다. 우리나라에서 가장 오래된 수리시설이자 김제의 상징인 벽골제의 이름을 딴 이 행사의 주요 놀이로는 선돌줄다리기와 쌍룡놀이가 펼쳐진다.

금산사

■ 위치와 창건

금산사(金山寺)는 김제시 금산면 금산리 39번지 모악산(母岳山)에 자리한 대한불교조계종 제17교구 본사이다.

해발 794m의 모악산은 호남평야와 전라북도 동부 산간지대의 경계를 이루며 금산면과 이웃의 완주군 구이면에 걸쳐 있는 명산이다. 모악이라는 산이

금산사 신앙의 성지가 된 모악산. 그 역사는 금산사라는 유서 깊은 명찰의 창건에서 시작된다.

름은 높은 태산을 의미하는 '엄뫼'라는 순수 우리말을 한자식으로 바꿔 불렀던 데서 유래한다. 또 전설에 따르면 산의 정상에 우뚝 솟은 바위가 마치 아이를 안고 있는 어머니의 모습과 같아 모악이라는 이름이 생겨났다고도 한다.

모악산은 그 경관이 아주 빼어나 사시사철이 다른 모습을 지닌다. 특히 원시에 가까운 삼림은 자연에 대한 외경(畏敬)을 새삼 느끼게 한다. 그래서인지 일찍부터 모악산은 여러 종교의 신앙적 성지(聖地)가 되어왔으며, 특히 미륵신앙의 기적(奇蹟)들이 골짜기 곳곳에 흔적을 남기고 있다.

우리 민족이 지닌 산악에 대한 신앙과 공경은 예로부터 남달랐다. 신라 때는 오악(五岳)이라 하여 지리산·계룡산·태백산·토함산·팔공산 등에 철마다 제사를 지내 국가와 백성의 안녕을 기원하였다. 특히 전국의 명산은 불교사찰이 자리하고 있어 산에 대한 숭배와 불교신앙이 어우러지면서 말 그대로 우리 민족의 정신적, 신앙적 귀의처로서 자리매김되어 왔다.

이 곳 모악산만해도 금산사를 비롯하여 귀신사·학선사·보현사·천국사·용화사·쌍용사·도통사·월명암·심원암·용천암 등 많은 사암이 곳곳에 들어 서 있다. 또한 오리알터에는 증산교(甑山敎)와 그 분파 등의 신흥 종교단체가 운집해 있는데 이들은 대개 미륵신앙을 직접 혹은 간접적으로 표방한다.

이처럼 모악산이 종교와 신앙의 영지(靈地)가 된 것은 바로 산의 남록에 위치한 금산사라는 유서깊은 명찰이 창건되면서부터다.

금산사의 창건에 대해서는 정확한 사실이 전하지 않는다. 흔히 말하기는 절의 창건주를 진표율사(眞表律師)라고 하지만 사실은 진표율사 이전에 금산사가 존재하고 있었다. 곧 『삼국유사』에, '진표는 완산주의 만경현 출신으로 아버지는 진내말, 어머니는 길보랑이었다. 나이 12살에 금산사의 숭제(崇濟)법사에게 출가하여…'라고 하였으므로 금산사는 진표율사의 출가 이전에 이미 존재했던 사찰임이 분명하다.

한편 1943년에 김영수(金暎遂)가 편찬한 「금산사사적(金山寺事蹟)」에는 '599년(백제 법왕 1) 법왕이 즉위하여 살생을 금지하는 법을 반포하고, 이듬해에 금산사에서 38명의 승려를 득도시켰다.'고 하였다. 그런데 「금산사사적」

금산사 사액

통일신라 경덕왕대에 진표율사가
등장함으로써 비로소 절은 대가람
으로 중창되었다.

에 전하는 이 기록은 신빙성이 떨어진다. 왜냐하면 우선 정확히 어떤 자료에
의거했는지를 알 수 없고, 국왕에 의해 창건되었다고 하면 상당한 가람 규모
와 사격을 지녔을 것임이 분명하건만 이후 진표율사의 중창이 있기까지 절은
미미한 규모로 남아 있었기 때문이다. 따라서 금산사가 법왕 때에 존재하고
있었다는 설명은 아마도 금산사의 연혁을 정리하는 과정에서 철저한 고증없
이 새롭게 추가된 것이라고 생각된다.

　위와 같이 금산사의 창건에 관한 몇 가지 기록을 통해 보면 창건의 역사는
여전히 미완으로 남는다. 다만 분명한 것은 진표율사의 등장 이전 백제시대
에 이미 절이 존재하고 있었다는 점이다. 이후 절의 역사는 통일신라 경덕왕

대에 이르러 진표율사의 실질적 창건으로 이어진다.

진표 스님은 12세에 금산사의 숭제법사에게 출가한 이후 수행에 전념했다. 27세 되던 해에 변산의 부사의암(不思議庵)으로 거처를 옮겨 철저한 수행에 몰입하였는데 몸을 돌보지 않는 철저한 참회법으로 마침내 미륵보살과 지장보살에게서 계법을 전해 받았다. 진표 스님은 다시 금산사로 돌아와 지금까지 작은 규모였던 절을 중창할 발원을 세우고, 762년(경덕왕 21)에서 766년(혜공왕 2)에 이르는 6년 동안 가람을 대규모로 일으켜 세웠다. 오랜 중창이 끝난 후 절에는 미륵장육상(彌勒丈六像)이 주존불로 봉안되었고, 금당의 남쪽 벽에는 미륵보살에게서 계법을 전해받던 광경이 벽화로 조성되었다. 중창을 마친 진표율사는 절에 머물며 수행과 포교에 전념하였다. 미륵신앙을 중심으로 점차 교세가 확장되어가면서 마침내 법상종(法相宗)이 성립되었고, 진표율사는 신라 법상종의 개조로서 신라불교의 위대한 사상가가 되었던 것이다.

이와 같이 금산사는 통일신라 경덕왕대에 진표율사가 등장함으로써 비로소 대가람으로 중창되었다. 더욱이 스님이 이룩한 미륵신앙의 토대는 오늘날에도 여전히 살아 숨쉬면서 금산사를 한국 미륵신앙의 근본 도량으로서 굳건히 지켜 나가고 있다.

■ 연혁

경덕왕대 진표율사의 중창으로 새롭게 탄생한 금산사는 이후 많은 고승이 머물면서 사격을 높여 나갔을 것이다. 그런데 절에 관해 전하는 몇몇 기록을 통해 보면 진표율사 이후 신라시대의 중창이나 중수의 사실이 보이지 않는다. 기록이 사라졌거나 아니면 스님의 중창이 워낙 충실한 것이어서 그 이후에는 별달리 큰 규모의 중창이 필요없었는지 모를 일이다. 후백제 때는 견훤(甄萱)에 의해 부분적 중수가 있었는데, 견훤은 고려에 투항한 그의 아들 신검(神劍)에 의해 금산사에 유폐되기도 했다.

고려시대에 들어 금산사는 다시한번 재도약의 기운을 맞는다. 즉 1079년(문종 33)에 혜덕(慧德, 1038~1095)왕사가 절의 주지로 취임하여 절 남쪽에 광교원(廣敎院)을 창건하고 『법화현찬(法華玄贊)』·『유식술기(唯識述記)』 등을 비롯한 장소(章疏) 32부 353권을 간행했다. 또한 가람을 일신하여 오늘날의 금산사를 있게하는 기틀을 마련하였다.

혜덕왕사가 이룩한 당시의 중창은 금산사가 진표율사의 대중창 이후 유지해 온 법상종의 법맥을 고려시대에 와서 지속적으로 이어나가는 중요한 계기가 되었다.

그 뒤 고려 후기에 이르면 충숙왕대의 고승 원명(圓明, 1262~1330)대사가 주지로 있으면서 절을 중창했다.

원명대사 이후 고려시대 절의 역사는 더 이상의 기록이 남아 있지 않다. 다만 고려 말의 대학자 가정(稼亭) 이곡(李穀, 1298~1351)이 금산사에 잠시 들러 남긴 시가 있어 이를 소개한다.

　청구(靑丘)에 봄이 오니 해는 중천에 솟아 오르고,
　좋은 경치 구경은 농사철 아닌 때가 좋아라.
　바다 위 봉래(蓬萊) 경치 찾기 위하여, 인간의 도솔궁을 찾아 왔노라.
　높다란 처마끝은 북두칠성에 닿을 듯하고,
　설법하는 듯한 풍경소리는 동풍(東風)을 속삭인다.
　다시 생각하고 지팡이와 신발로 깊숙한 곳 차지하니,
　안개 노을이 가득한 골짜기에서 길이 쉽게 끝나간다.

조선시대 들어와 금산사는 법상종 도량으로 미륵신앙을 중심으로 법등을 이어나갔을 것이다. 1592년(선조 25)에는 조정에서 전국의 사찰 가운데 선교16종규정소(禪敎十六宗糾正所)를 설치했는데, 이 때 금산사는 전라우도규정소로 지정되어 도내의 여러 사찰을 관할했다. 그리고 얼마 지나지 않아 다시 전라좌도와 전라우도를 관할하는 규정소로 확대되었다.

견훤석성 후백제 때 절은 견훤에 의해 부분적인 중수가 있었으며 견훤은 그의 아들 신검에 의해 절에 유폐되기도 했다.

그러나 1592년 임진왜란의 병화가 전국토를 휩쓸면서 가람이 완전히 소실되는 비운을 겪었다. 진표율사가 건립한 미륵전을 비롯하여 혜덕왕사가 경전을 간행하던 광교원 등 산내의 40여 암자가 모두 불길에 사라졌다.

한편 금산사에서는 승병이 조직되어 구국의 불길이 타올랐다. 뇌묵(雷默)대사가 금산사에 머물며 산내에서 1,000여 명의 승병을 모집하여 왜적을 무찌르는 데 앞장섰던 것이다. 조정에서는 뇌묵대사를 총섭으로 임명하였고, 전라도 각지에서 전공을 올리자, 그 공로로 '국일도대선사부종수교보광현랑뇌묵(國一都大禪師扶宗樹教葆光玄朗雷默)'이라는 법호를 내려주기도 하였다.

1598년 왜란은 끝났으나 그 와중에 전각이 완전히 소실된 금산사는 옛 영화의 자취를 찾아볼 수 없게 되었다. 그러나 신라이래 이어져 내려오던 불력의 가피마저 사라진 것은 아니었다. 3년이 지난 1601년에 수문(守文)대사를 필두로 많은 스님과 대중이 참여하여 복원불사를 시작하였다. 오랜 세월동안 형성된 가람이어서 복원불사는 무려 30여 년에 걸쳐 계속되었다. 여기에 참여한 스님은 이루 말할 수 없이 많지만 특히 지훈(智訓)·석준(釋俊)·덕행

(德行)·응원(應元)·학련(學蓮)·천정(天淨)·심윤(心允)·문익(文益)·지수(智守) 스님 등의 각고의 노력이 있었다. 오늘날 우리가 보는 금산사 가람은 대부분 이 때 복원중창한 모습이다.

새롭게 중창된 금산사에는 다시 고승대덕이 모여들면서 불도의 수행과 학문에 정진하는 기운이 넘쳐나기 시작했다.

1725년(영조 1)에 절에서는 남악(南岳)선사가 개설한 화엄대법회가 열렸다. 남악선사는 서산대사의 6세 법손으로 법명은 태우(泰宇)이다. 여러 명산을 유력하면서 수행과 포교에 전념하다가 이 곳 금산사에 머물며 화엄대법회를 여니, 무려 1,400여 명에 달하는 대중이 참여했다 한다.

고종 때(1863~1907)에는 용명(龍溟) 스님이 미륵전·대장전·대적광전 등의 여러 전각을 새롭게 중수했다. 1902년(광무 6)에는 조정에서는 사찰제도를 개편하여 서울에 대법산국내수사찰(大法山國內首寺刹)을 두고 각 도에는 중법산국내수사찰(中法山國內首寺刹)을 두게 하였는데 금산사는 전라북도의 중법산국내수사찰이 되어 도내의 여러 사찰을 관장했다.

근래에 들어와서는 1934년에 황성렬(黃成烈) 스님이 여러 전각의 퇴락한

대장전 수미단 왜란으로 소실되었으나 수문대사를 필두로 한 30년 불사로 대가람을 갖추게 되었다.

1920년대 금강문의 모습 근대에 들어서는 황성렬 스님이 퇴락한 전각들을 바로잡아 보수하였다.

곳을 바로잡아 보수하였고, 1975년에는 오층석탑을 해체 수리했다.

최근 금산사의 가람은 옛모습과 많이 달라졌다. 창건이래 고려와 조선시대를 거치면서 많은 중창이 있어왔고, 지금도 과거와 미래를 조화롭게 연결시키는 가람의 중창이 한창이다. 그런데 이러한 성대한 불사는 모두 송월주 조계종 총무원장의 대발원에서 시작되었다. 스님은 1961년에 금산사의 주지로 부임한 이래 미륵전·대장전·하서전을 중수하였고, 또 보제루·일주문·상서전·종각·종무소 등을 중수하거나 새로 지었다. 한편 1994년에는 미륵전을 해체 보수하였고, 같은 해에 금강문·사천왕문·나한전 등을 새롭게 지었다.

그러나 그 사이 1986년에는 대적광전이 화마(火魔)에 전소되는 비운을 겪기도 하였다. 대적광전과 함께 그 안에 봉안되었던 조선시대의 뛰어난 불보살상이 모두 불길에 사라졌다. 영원한 것은 존재하지 않는다는 부처님의 말씀을 새삼 떠올리게 했던 과실이었다. 다행스럽게도 미리 실측이 이루어져 있었으므로 1994년 옛모습 그대로를 따라 복원하였다.

1997년 7월 현재 금산사에는 오층석탑과 석종이 놓인 기단에 대한 보수 불사가 한창이다. 이와 함께 적멸보궁과 삼성각을 대적광전의 뒤쪽으로 옮기고, 보제루 앞에는 유물관을 건립하는 등 명실상부한 미륵신앙의 근본 도량으로서 거듭나기에 여념이 없다.

■ 주요인물

금산사에 주석하면서 한국 불교사, 나아가 한국사에 발자취를 남긴 분들은 적지 않다.

창건주 진표율사는 신라 법상종의 개조로서 신라 교학불교의 기틀을 마련하였고, 고려시대의 중창주 혜덕왕사는 국왕의 존경을 한 몸에 받으며 고려 법상종을 체계화시켰다. 문종의 여섯 번째 왕자이자 대각국사 의천의 동생이었던 도생(導生) 승통도 금산사의 주지를 지낸 분이다. 12세에 금산사에서 출가하였던 원명(圓明)대사는 원나라에서 이름을 떨치고 돌아와 금산사를 중창했다. 조선시대에 들어와서는 의승장으로서 권율장군과 함께 일본군을 물리치는 데 큰 공을 세웠던 뇌묵대사, 1725년(영조 1) 금산사에서 1,400여 명의 학인이 운집한 가운데 화엄대법회를 열었던 남악선사, 영조 때의 대강사(大講師)로서 『선문오종강요(禪門五宗綱要)』를 지어 불교계에 새로운 바람을 일으켰던 환성 지안(喚惺志安) 스님 등 하나하나 헤아릴 수 없을 정도로 많은 인물을 남겼다.

이들 가운데서 신라의 진표율사, 고려의 혜덕왕사와 원명대사, 그리고 조선시대의 뇌묵대사에 관해 자세히 살펴 본다.

● 창건주 진표율사

앞서 말했듯이 금산사는 진표율사 이전에 이미 존재하고 있었으나 진표 스님이 절을 중창하기 이전의 금산사는 작은 규모의 사찰에 불과했을 것이다. 그리고 진표율사의 중창이 창건과도 같은 역할을 했기 때문에 그를 창건주라 하여도 크게 잘못되지 않을 것이다.

이러한 경우는 순천의 송광사(松廣寺)와도 그 맥락을 같이 한다. 송광사는 보조국사 지눌(知訥, 1158~1210) 이전에 신라 말부터 길상사(吉祥寺)라고 하는 소규모 사찰로 있었다. 그러다가 고려 때 보조국사가 선을 닦기에 좋은 곳이라 하여 절이름을 수선사(修禪社)라 고치고 대규모로 중창하면서 오늘날의 송광사가 되었던 것이다. 그래서 송광사의 실질적 창건주를 보조국사라 하듯이, 금산사의 창건주는 진표율사가 되는 셈이다.

진표율사는 오늘날의 완주 만경현 출신으로서 경덕왕대(742~765)에 활동했다. 스님에 대한 행장을 적고 있는 기록으로는 『송고승전(宋高僧傳)』과 『신승전(神僧傳)』·『육학승전(六學僧傳)』 및 『삼국유사(三國遺事)』 등이 있는데 각각 조금씩 차이를 보이고 있어 스님의 정확한 생몰년대는 알 수 없다.

스님의 속성은 정씨로서, 아버지 진내말과 어머니 길보랑 사이에서 태어났

진표율사 부도
절의 실질적인 창건주라 할 수 있는 진표율사는 평생을 수행과 교화로 일괄된 삶을 사셨던 분이었다고 한다.

으며 집안은 시골에서 대대로 사냥을 하면서 살았다. 12세에 금산사에서 출가하여 숭제법사를 스승으로 섬겼다. 12살이라는 어린 나이에 출가하게 된데는 다음과 같은 애틋한 일화가 『송고승전』에 전한다.

개원 연간(당나라 현종의 연호, 713~742)의 일이다. 어느 날 진표는 사냥을 나가서 한참동안 짐승을 쫓다가 잠시 밭두둑에서 쉬게 되었다. 마침 물가에 개구리가 많은 것을 보고는 모두 잡아 버드나무 가지에 꿰어 놓았다. 그리고는 사냥이 끝난 뒤에 가져갈 생각으로 물 속에 담가 두었다. 다시 사냥에 열중하던 진표는 집으로 돌아가면서 다른 길로 가느라 그 개구리를 까맣게 잊고 말았다.

이듬해 봄, 진표는 다시 사냥을 나갔다가 물 속에서 우는 개구리 소리를 듣고는 그 물 속을 들여다 보았다. 그곳에는 30여 마리의 개구리가 꿰미에 묶인채 고통스럽게 울고 있었던 것이다. 그제야 진표는 지난해의 일이 생각났다. 자신은 잊은 채 일년이 지났는데 몸을 꿰인 개구리는 그때까지 살아 있었던 것이다. 그는 자기의 잘못을 뉘우치면서 곧 개구리를 풀어 주었다. 이를 계기로 그는 출가의 뜻을 품게 되었다.

이와 같은 진표율사의 출가 동기를 두고서 몇몇 사람들은 그가 멸망한 백제 출신이므로 통일신라 사회에서 억압받는 백제의 유민들을 구제하기 위해 출가하였다고도 한다. 즉 꿰미에 묶여 고통스럽게 살아있던 개구리가 바로 백제의 유민들을 상징하는 것이라는 해석이다.

금산사에서 출가생활을 시작한 진표는 어느 날 스승에게서 『공양차제비법(供養次第秘法)』 1권과 『점찰선악업보경(占察善惡業報經)』 2권을 받았다. 이와 함께 스승으로부터, "너는 이 계법을 지니고 미륵과 지장의 두 성인 앞에서 간절히 구하고 참회하여 친히 계법을 받아 세상에 널리 전하라."는 당부를 듣는다. 이에 진표는 스승의 가르침을 받고 물러나와 두루 명산을 유력하면서 수행에 전념하였다.

선계산 부사의암(不思議庵)에서 머물 때 진표는 마침내 계를 얻게 되는데, 처음 7일을 기약하고 몸이 상하는 가혹한 망신참(亡身懺)을 행하였다. 그러나 효험이 없자 몸을 버리기로 하고 다시 7일을 기하여 14일을 마쳤다. 드디어 지장보살이 나타나 정계(淨戒)를 주었는데 그의 나이 23세 때였다. 그러나 뜻이 미륵에 있었으므로 중지하지 않고 영산사(靈山寺)로 가 처음과 같이 부지런하고 용감하게 수행하였다. 과연 미륵이 감응하여 나타나『점찰경』두 권과 증과간자(證果簡子) 189개를 주었다.

지장과 미륵 두 보살에게서 교법을 전해 받은 진표는 산에서 내려왔다. 그러자 뭇 짐승들이 그의 걸음 앞에 엎드리고, 하늘에서는, '보살이 산에서 내려왔는데 어찌 영접하지 않는가.'라는 외침이 울렸다. 이를 듣고 마을의 많은 백성들이 정성을 다해 그를 맞이했다. 어떤 사람은 머리를 풀어서, 또 어떤 사람은 옷을 벗어서 그가 가는 길에 진흙이나 먼지가 묻지 않도록 깔았다. 한편 큰 연못에서는 용왕이 나타나 옥과 가사를 바치기도 하였고, 그 용왕의 8만 권속(眷屬)이 금산사의 중창을 도왔다. 절을 중창하면서 미륵전에다 지장과 미륵에게서 계를 받았던 모습을 벽화로 조성하였다고 한다.

그 뒤 진표는 금산사를 떠나 속리산을 거쳐 강릉으로, 다시 금강산으로 옮겨 다니면서 중생교화에 전력하였다. 이러한 교화행각의 과정에서 늘 진표에게는 신령한 일들이 이어졌다. 속리산으로 가던 도중에는 수레를 끌던 소와 그 수레에 탔던 사람에게 계를 주었고, 명주(溟州)의 해변가에 이르러서는 고기떼가 몰려나오자 역시 계법을 설하였다고 한다.

이처럼 진표의 교화가 사람은 물론 짐승에게도 미치자, 그의 명성은 왕실에까지 퍼져 나갔다. 당시 경덕왕은 그를 궁중으로 맞아들여 보살계를 받았고, 왕실 종친들도 역시 계를 받고는 많은 황금과 물품을 하사하였다. 진표는 하사받은 물건을 모두 여러 사찰에 분배하여 불사에 충당하도록 하였다.

금강산에서 진표는 발연사(鉢淵寺)를 창건하여 7년 동안을 머물며 점찰법회(占察法會)를 열었다. 이때 그는 흉년으로 굶주리는 많은 사람들을 구제하였다고 한다. 이곳 발연사에서 진표는 아버지를 모시고 함께 살면서 효도를 다했다.

발연사의 동쪽 큰 바위에 앉아 입적하자, 제자들은 시체를 옮기지 않은 채 공경하다가 유골이 흩어지자 흙을 덮어 무덤을 만들었다. 진표에게는 영심(永深)·융종(融宗)·불타(佛陀)를 비롯하여 진해(珍海)·진선(眞善)·석충(釋忠) 등의 여러 제자가 있었다.

위와 같이 진표율사의 생애를 살펴 보았는데, 스님의 평생은 수행과 교화로 일관되었음을 알 수 있다. 출가 동기부터가 개구리의 고통에 대한 참회에서 비롯되어, 각지를 편력하면서 가는 곳마다 설법과 교화에 힘썼다. 특히 스님의 교화에는 소와 물고기로 상징된 어려운 백성들이 주대상이었다. 어쩌면 잃어버린 나라 백제에 대한 그리움과 통일신라 사회에서 억눌렸던 백제 유민들의 정신적 지도자 역할을 해냈던 것인지도 모를 일이다.

● 고려시대의 중창주 혜덕왕사

혜덕왕사(慧德王師) 소현(韶顯, 1038~1096) 스님은 1079년(문종 33)에 금산사를 중창하고 가람의 남쪽에 광교원(廣敎院)을 창건하여 가장 큰 규모의 가람으로 가꾼 분이다. 특히 광교원에서『법화현찬(法華玄贊)』·『유식술기(唯識述記)』등을 비롯한 장소(章疏) 32부 353권을 간행하여 학문과 포교에 남다른 공헌을 했다. 스님이 세운 광교원은 임진왜란 때 전소되어 폐허로 남아 지금은 부도밭이 되었지만, 이 곳에 스님의 비〈혜덕왕사진응탑비〉가 남아 있어 이를 통해 스님의 자세한 생애를 알 수 있다.

스님은 1038년(정종 4) 7월 3일 개성의 남쪽 불령리에서 중서령 이자연(李子淵)의 아들로 태어났다. 이자연은 슬하에 11남매를 두었는데 그 가운데 딸 셋을 문종의 왕비로 들이는 등 외척 세도가로서 입신했던 인물이다. 또한 인종의 막후에서 외척으로서 왕위를 찬탈하려했던 이자겸(李資謙)은 이자연의 손자이자 혜덕왕사의 조카이다.

왕사의 속명은 민(民)이고 자는 범위(範圍), 법명을 소현이라 하였다. 11

혜덕왕사비
스님은 고려 법상종의 고승이었
다. 경전간행과 유포에 힘쓰며 평
생을 학문연구와 포교에 바쳤다.

세 때 출가하여 진표율사의 법상종을 계승한 해린(海麟)국사의 제자가 되었
다. 출가 후 스승에게서 『금광명경』과 『유식론』 등을 배우면서 법상종을 익
혀나갔다. 12세 때에는 부흥사(復興寺)에서 열린 궁단(宮壇)에 참여하여 구
족계를 받았다. 1061년(문종 15) 왕륜사(王輪寺)에서 열린 오교대선장(五敎
大選場)에서 대덕(大德)의 법계를 받았고, 1069년에는 중대사(重大師),
1071년에는 삼중대사(三重大師)가 되었다.

그 뒤 스님은 왕실에서 법회를 열기도 하고 여러 사찰을 유력하면서 법석을
개설하였다. 스님의 설법 내용은 대개 법상종에 바탕한 유식(唯識)이었고,
신앙적으로 미륵신앙이 중시되었을 것이라 생각된다. 1079년에 스님은 금산

사 주지로 부임하면서 절을 창건이래 가장 큰 규모로 중창했다. 자세한 가람의 규모는 알 수 없지만, 특히 광교원을 설립하여 경전 간행과 교학 장소로 사용한 것은 교학불교의 진흥에 힘을 기울인 결과이다.

1083년(순종 1)에 스님은 개국사(開國寺)와 자운사(慈雲寺)에서 열린 선장(選場, 승과고시 시험)에서 회주를 맡았다. 또 그 해에 승통(僧統)에 임명되어 잠시 현화사(玄化寺)에 머물기도 하였다.

1096년(숙종 1) 12월 18일 스님은 금산사의 봉천원에서 입적하니, 세랍 59세, 법랍 48세였다. 예종이 혜덕왕사라는 시호를 내렸고, 탑호를 진응(眞應)이라 하여 탑비를 세웠다.

스님은 고려 법상종의 고승이었다. 스님이 설립한 금산사 광교원에는 따로 금당을 두고, 그 안에 노사나불을 비롯해서 현장(玄奘)·규기(窺基)의 세 상을 봉안했다고 한다. 현장은 중국 법상종의 창시자이고, 규기는 그의 수제 자로서 법상종의 제2세가 되는 분이다. 이처럼 스님은 철저하게 법상종에 전 념하면서 교의를 체득하려 노력하였고, 이를 바탕으로 경전 간행과 유포에 힘 쓰며 평생을 학문연구와 포교에 바쳤던 것이다.

● 원명대사 해원

혜덕왕사 이후 금산사를 중창한 분이 원명 해원(圓明海圓, 1262~1330) 스님이다. 스님은 고려 말에 원나라에서 활동한 유가학승(瑜伽學僧)으로서 묘탑과 비석이 중국 숭은복원사(崇恩福元寺)에 전한다.

속성은 조(趙)씨로 완산주 함열군에서 대호군 조혁(趙奕)의 아들로 태어 나 12세에 금산사의 석굉(釋肱)법사 문하에서 출가했다. 1294년(충렬왕 20) 에 승과고시인 오교대선에 응시하여 상상과(上上科)에 합격한 후 불주사(佛 住寺)의 주지를 맡았다.

1305년에는 원나라 안서왕(安西王)이 스님의 계행이 매우 높다는 말을 듣 고 사신을 보내 초빙했다. 원나라는 당시 목축을 생업으로 삼았기 때문에 대개 육식을 주식으로 하고, 그 가죽옷을 즐겨 입었다. 그러나 스님은 중국에 처음 건너가 불제자로서 굶주릴지언정 절대로 육식을 하지 않겠다고 다짐하고는 더욱 철저히 계율을 지켰다. 그러자 안서왕은 스님을 더욱 공경하게 되어 늘 가까이 두고자 하였다.

1311년(충선왕 3) 원나라 무제(武帝)의 원찰로서 숭은복원사가 창건되었다. 원나라 인종은 중국의 여러 고승을 제쳐두고 스님을 초대 주지로 임명하였고, 이후 스님은 원 황실의 존경을 한 몸에 받게 되었다. 한편 스님의 명성은 되돌아 고려 국내에 자자하게 알려졌고, 이에 충숙왕은 1328년(충숙왕 15) 원 황제에게 서신을 보내 스님을 돌려보내 달라고 요청하였다. 이에 스님은 충숙왕에게서 혜감원명편조무애국일대사(慧鑑圓明遍照無碍國一大師)

혜감원명비
부도전 혜덕왕사비 아래에 있다. 혜덕왕사 이후 금산사를 중창하였다.

라는 법호를 받고 귀국하여 금산사에 머물며 절을 중창하였던 것이다.

중창 뒤 얼마 안 있어 1330년 2월 28일에 원나라 숭은복원사에서 입적하니 제자로는 현인(玄印)을 비롯한 30여 명이 있었다.

스님은 마음가짐이 관대하고 온화하였으며, 몸가짐은 위엄이 있어 많은 사람들의 존경을 받았다. 특히 유식학의 교의에 통달하여 많은 사람들과 논쟁을 펼쳤는데 그 때마다 사람들을 설복시켰다. 사람을 대함에 있어서는 천하고 귀함을 가리지 않았고, 한마음으로 맞으니 많은 사람들이 모여들었다. 제자들에게는 항상 백성의 힘으로 이룩된 도량에서 사치와 음식을 탐하는 것은 어리석음이 아니면 미친 짓이라고 가르쳤다고 한다.

● 뇌묵대사 처영

1592년에 발생한 임진왜란은 7년간에 걸쳐 조선의 국토를 황폐화시켰다. 개국이래 문관(文官) 중심으로 이루어진 국정은 상대적으로 국방의 약화를 초래하였고, 마침내 일본의 침략에 무방비로 많은 인명이 살상되고, 수없이 많은 문화유산이 약탈 파괴되었던 것이다. 그러나 한민족의 강인한 저항의식은 곳곳에서 의병의 봉기로 이어졌는데, 여기에는 출가자인 스님도 예외가 아니었다. 서산(西山)대사와 사명(四溟大師)대사 등은 바람 앞의 등불처럼 위태롭던 조선의 국운을 되돌려 놓은 위대한 분이었다.

일본군이 거침없이 한양까지 밀려오자 선조는 의주로 몸을 피하고, 이때 서산대사는 전국의 승려에게 총궐기할 것을 호소하는 격문을 보냈다. 전라도에서는 금산사를 중심으로 1,000여 명의 승병이 궐집하였고 이들은 뇌묵 처영(雷默處英)의 지휘 아래 일본군에 맞서 싸웠다.

특히 스님과 권율(權慄)장군이 함께 싸운 금산의 배고개전투는 의승군의 대승리였다. 스님은 이후 권율장군과 함께 북진하여 수원 독왕산성에 진을 치고 왜적의 공격을 물리쳤다. 또한 권율이 행주산성에 주둔하였을 때는 700여 의승병을 이끌고 함께 참여하여 적병 2만 4천 명을 살상하는 최대의 수훈

뇌묵대사 진영
어려서 금산사에 출가한 스님은 임진왜란 당시 서산·사명대사와 함께 위태롭던 국운을 돌려 놓은 분이었다. 대흥사 소장.

을 세웠다. 스님의 공적을 치하하여 조정에서는 절충장군(折衝將軍)이라는 직함을 내렸다.

스님은 이처럼 전란의 와중에서 의연히 일어나 불법의 정도(正道)를 몸소 실천하였지만 아쉽게도 자세한 생몰년이나 행장은 알려지지 않는다. 다만 어려서 금산사에서 출가하였고, 뒤에 서산대사를 찾아가 선지(禪智)를 익혔다는 사실만이 전한다.

한편 1794년(정조 18)에는 국가에서 서산대사·사명대사 그리고 스님의 진영을 해남 대둔사와 묘향산 수충사에 봉안하여 봄 가을로 제사를 올리도록 하였다.

■ 금산사와 미륵신앙

미륵신앙은 미래불 신앙이다. 사람들은 대개 자기가 살고 있는 시대를 말세라 생각하고 역사상 어떤 시대보다도 힘들고 고통스럽다고 한다. 이러한 말세관(末世觀)은 미래에 대한 막연한 기대와 희망으로 나타나기 마련인데, 이를 불교적으로 승화시켜 사상적으로 체계를 이룬 것이 바로 미륵신앙이다. 그래서 미륵신앙은 희망의 신앙이라고도 한다.

미륵신앙에 관해서 설하고 있는 경전은 상당수를 헤아린다. 흔히들 미륵신앙의 소의(所依) 경전으로 미륵육부경을 들고 있으나, 직간접으로 미륵신앙의 내용을 담고 있는 경전은 50종에 이른다. 이와 같이 많은 미륵경전은 이른바 『하생경(下生經)』·『상생경(上生經)』·『성불경(成佛經)』의 미륵삼부

미륵전 미륵존상

경 속에 대부분 포함된다. 이들 경전을 통해 미륵신앙의 구조를 살펴 본다.

일생보처보살(一生補處菩薩)로서의 미륵은 도솔천에 있으면서 천부(天部)의 여러 천중에게 설법하고 교화하는 하화중생(下化衆生)의 모습을 지닌다. 석가입멸 후 56억만 년이 지난 뒤 미륵이 염부제(閻浮提)에 하생하는데 이때의 염부제 모습은 오탁(五濁)으로 가득한 말법시대의 상황이었다. 이곳에 양거왕(穰佉王)이라는 전륜성왕이 출현하여 사욕(邪欲)과 사법(邪法), 질병에 허덕이는 민중을 정법으로 다스려 온화하고 평화로운 이상세계를 이룩하게 된다.

그 모습은 이미 깨달음을 이룬 것과 같이 몸에서는 휘황한 빛이 발하고, 그 욱한 향기를 풍기어 32상 80종호를 모두 갖추었다. 이윽고 세간의 중생들이 오욕과 생사의 고해에 빠져 헤매는 모습을 본 미륵은 출가하여 용화수(龍華樹) 아래에서 깨달음을 이루고 3회의 설법을 통해 중생을 불법의 세계로 이끈다고 한다.

인도에서 처음 성립된 미륵신앙은 서역 여러 지방을 거치면서 중국에 전래되었다. 중국에서의 미륵신앙의 전개는 초기에 유가사상과 밀접한 연관을 맺으면서 발전하였고, 수나라 말과 당나라 때에 이르면 구세말법사상(救世末法思想)과 연결된 민중신앙으로서의 양상도 나타나게 되었다.

우리나라에 미륵신앙이 전래된 것은 삼국시대에 불교의 수용이 이루어지면서 부터이다. 신라 최초의 사찰인 흥륜사(興輪寺) 금당의 주존불이 미륵상이었다는 사실은 신라의 초기 불교에서 미륵신앙이 얼마나 큰 위치에 있었는가를 알게 해준다. 또한 백제의 미륵사는 미륵신앙에 바탕을 두고 창건된 사찰이었다. 그런데 여기서 주목되는 사실은 고대의 미륵신앙은 대개가 미륵하생 신앙에 바탕을 두고 있다는 점이다.

특히 신라 사회의 청소년 집단으로서 국가를 이끌어가는 원동력이 되었던 화랑도는 미륵신앙이 현실에 구체적으로 투영된 경우이다. 즉 하생한 미륵의 모습은 청소년 집단으로서 심신을 연마하고 사회를 이끌어갔던 화랑과 동격으로 간주되었던 것이다. 선덕여왕 때 석생의(釋生義)를 통해서 미륵이 신라

미륵하생경변상도
우리나라의 미륵신앙은 삼
국시대에 불교의 수용이 이
루어지면서 시작된다. 백제
의 미륵사 역시 미륵신앙에
바탕을 두고 창건되었다. 일
본 지은원 소장.

국토에 출현하였고, 진덕여왕 때에는 술종공(述宗公)이 한 거사를 장사지내
고 석미륵을 조성한 선업으로 죽지랑(竹旨郎)을 얻는데 그가 후일 삼국통일
에 기여하였다는 『삼국유사』의 이야기는 이를 잘 말해준다.

　신라 하대에 이르면 미륵신앙은 정치·사회적 혼란의 와중에서 말법사상이
반영된 구원적(救援的) 신앙으로 변모한 듯하다. 후삼국의 격동기에 스스로
를 미륵불이라 칭하였던 궁예는 신라 말 민중의 농민봉기와 현실적 고통에서
의 구제라는 기대를 미륵하생신앙으로 적용한 경우이다.

　위에서 본 것처럼 신라의 미륵신앙은 하생신앙 중심으로 전개되어왔다. 물
론 미륵신앙이라 할 때 상생신앙과 하생신앙은 별개가 아니지만, 미륵신앙이
지니는 미래불 신앙으로서의 성격은 상생보다는 하생신앙에서 더 잘 드러난

다고 볼 수 있다.

이러한 고대사회에서의 미륵신앙 전개과정에서 금산사는 대단히 중요한 위치를 갖는다. 즉 창건주라 할 수 있는 진표율사가 몸을 돌보지 않는 철저한 수행을 통해 지장과 미륵에게서 계법을 전해 받고, 마침내 금산사를 대규모로 중창하면서 금당에 미륵장륙상을 봉안했다는 사실은 신라 미륵하생신앙의 극치를 보여주는 듯하다. 더욱이 금당벽에 미륵에게서 계를 받는 모습을 불화로 조성하였으니, 금산사의 금당은 그야말로 미륵불이 하생하는 용화세계를 그대로 옮겨 놓은 듯 했을 것이다.

진표율사에게서 비롯된 금산사의 미륵신앙은 이후 면면히 계승되어 고려시대에 이르면 미륵을 주불로 모시는 법상종(法相宗)의 근본도량이 되었다. 절의 중창주로서 법상종 스님이었던 혜덕왕사나 원명국사는 모두 진표율사의 법맥을 잇는 고승들이었다.

금산사를 중심한 미륵신앙은 근세에까지 이어져 절이 위치한 모악산은 미륵신앙과 유사한 신흥종교의 집결지가 되었다. 그리하여 비록 종교적 의궤는 다르다 할지라도 미륵하생의 안온한 용화세계처럼 새로운 세상을 꿈꾸는 기도와 신행이 계속되고 있다.

이 모두가 신라이래 금산사가 지녀온 미륵신앙의 힘이다. 금산사는 이제 단순히 역사 속의 미륵신앙 도량만이 아니라, 새로운 한국 불교의 도약을 기대하는 많은 사람들의 바람을 한 몸에 받으며 중흥의 불사가 한창 이루어지고 있다.

■ 성보문화재

금산사가 자리잡은 모악산은 전라북도의 명산이다. 모악산을 빙둘러 전주와 정읍·김제, 그리고 익산과 군산이 멀지 않아 많은 도시인의 발길이 금산사를 찾고 모악산을 오른다.

예로부터 호남의 4경(四境)이라 하여 사계절에 따라 네 곳의 절경을 꼽았

금산사 내경 경내에서는 고찰의 향기가 가득한 성보문화재를 곳곳에서 찾을 수 있다.

는데 첫째가 금산사의 봄 경치, 두 번째는 변산반도의 여름 경치, 세 번째는 내장사의 가을 단풍, 네 번째는 백양사의 설경(雪景)이다. 바쁜 현대생활에 쫓기듯 살지만 일년을 작정하고 호남의 4경을 두루 찾아본다면 인생의 여유와 삶의 기쁨을 더없이 누릴 수 있을 것 같다.

봄철의 금산사는 새싹이 싱그러운 고목과 화사하게 피어나는 꽃들이 어우러져 도솔천의 안락함이 이와같지 않을까하는 생각이 들 정도다. 원평(院坪)에서 배나무 단지를 따라서 동쪽 모악산을 향해 둑길로 오르면 확트인 호반 금평저수지가 한눈에 들어온다. 여기에는 금산사의 여러 계곡에서 흘러내린 물과 구릿골의 계곡물이 만나 늘 풍성한 담수량을 자랑한다. 저수지를 지나 잘 정비된 주차·숙박시설이 갖춰진 사하촌(寺下村)을 오른쪽으로 바라보며 한 걸음에 오르면 금산사 입구가 펼쳐진다. 후백제의 견훤이 쌓았다는 홍예문을 지나면 아름드리 벚나무 거목들이 양 옆에 늘어서 절을 찾는 참배객을 맞이한다. 여기서부터가 금산사 경내이다.

금산사의 가람은 금강문·천왕문·보제루·대적광전·미륵전·대장전·명부전·나한전·삼성각·요사 등의 전각과, 당간지주·방등계단·오층석탑·석련대·육각다층석탑·석등·노주 등의 성보문화재로 이루어져 있다.

오랜 세월 법등이 이어져오면서 이 밖에도 많은 전각이 새로 들어서고 중수가 이루어지기도 했지만 지금은 남아 있지 않고 이름만 전하는 전각이 허다하다. 1598년(선조 31)의 정유재란 직전에 기록한 내용을 보면 가람의 전각은 다 옮겨 적기 어려울만큼 대단히 많았다. 크게 대사구(大寺區)·봉천원구(奉天院區)·광교원구(廣敎院區)의 세 구역으로 나누어 적은 기록 속에서 지금은 사라진 해장전(海藏殿)·극락전·능인전·문수전·보현전·원통전·미륵수계전(彌勒授戒殿)·지장수계전(地藏授戒殿)·선등전(禪燈殿) 등이 대사구에 있었음을 볼 수 있다. 또한 봉천원구에는 대광명전을 중심으로 도솔전·칠성전·종각·왕사각(王師閣) 등이 있었고, 광교원구에는 보광명전·설법전·축리루(祝釐樓)·진표영당(眞表影堂)·해동육조영당(海東六祖影堂) 등이 있었다. 그러나 1635년(인조 13) 절을 중창하면서 봉천원구와 광교원구의 가람은 일체 복구되지 못하였고, 대사구에서도 중심 전각만이 재건되면서 현재 가람의 기본 골격을 이루게 되었다.

● 미륵전

보제루를 지나 가람의 중심에 이르면 오른쪽으로 국보 제62호인 웅장한 규모의 미륵전이 보인다. 일찍이 진표율사가 가람을 중창하면서 미륵보살에게 계를 받았던 체험 그대로를 가람에 적용하여 미륵전을 세웠다. 안에는 미륵장륙상을 본존으로 모셨으며 남쪽 벽에 미륵과 지장보살에게서 계를 받는 광경을 벽화로 조성하였다.

이후 미륵전은 금산사의 상징처럼 오랜 세월동안 중수를 거듭하면서 금산사의 미륵신앙, 나아가 우리나라의 미륵신앙을 대표하는 중요한 의미를 지니게 되었다. 지금의 모습은 정유재란 때 소실되었던 것을 1635년(인조 13)에

미륵전

미륵전은 금산사의 상징처럼 오랜동안 중수를 거듭하면서 우리나라의 미륵신앙을 대표하는 중요한 의미를 지닌 건물이 되었다. 국보 제 62호.

수문대사가 재건하였고, 이후 1748년(영조 24) · 1897년(광무 1) · 1938년 · 1994년 등 여러 차례의 보수를 통해 이루어졌다.

건물은 팔작지붕의 3층 구조이다. 1층과 2층은 앞면 5칸, 옆면 4칸이고 3층은 앞면 3칸, 옆면 2칸으로 줄어든다. 전각을 세우기 위해 장대석의 기단을 마련하고 그 위에 막돌초석을 올렸다. 여기에 민흘림의 기둥을 세워 창방과 평방을 짜올리고, 공포를 기둥 위와 기둥 사이에 얹은 다포건물이다. 처마는 겹처마이고 추녀에는 활주(活柱)를 세워 건물의 무게를 분산시켰다.

미륵전내 벽화 하나의 통층으로 이루어진 건물의 내부에는 해학적인 벽화가 곳곳에 그려져 있다.

미륵전은 용화전·산호전(山呼殿)·장육전 등의 여러 가지 이름을 지녔다. 지금도 특이하게 1층에는 대자보전(大慈寶殿), 2층에는 용화지회(龍華之會), 3층에는 미륵전이라는 각기 다른 편액이 걸려 있다. 이름은 다르지만 모두가 미륵불의 세계를 나타낸다. 우선 대자보전이란 미륵을 뜻하는 범어 Maitreya를 한자로 번역하여 자씨(慈氏)라고 부르는 데서 유래하였다. 용화지회는 미륵이 석가 입멸 후 56억 7천만 년이 지나 사바세계에 도래하여 용화수 아래에서 성불한다는 의미이다. 즉 용화지회는 미륵의 하생을 뜻한다. 그리고 3층의 미륵전은 말 그대로 건물 안에 미륵불을 봉안하였다는 뜻이다. 이처럼 하나의 건물에 3개의 편액이 걸렸지만 결국 미륵을 모셨다는 미륵전이라는 이름 하나로 귀결되는 것이다.

이러한 다층의 사찰 건축으로서 미륵전은 법주사의 팔상전과 함께 한국 건축사의 위대한 업적으로 꼽힌다. 일찍이 신라시대부터 황룡사에 구층목탑을 세우면서 축적된 기술적·미학적 아름다움은 국토 곳곳을 불국토의 장엄으로

제석천룡도 용준·정선·오종 등의 스님이 그린 이 불화는 1890년에 조성되었다.

만들어 나갔던 것이다.

미륵전 안은 겉모습과 달리 하나의 통층(通層)으로 이루어졌다. 곧 계단이 있어 맨 위까지 올라갈 수 있는 것이 아니고 하나의 공간으로 되어 있는데, 안에는 높은 4개의 고주(高柱) 중앙에 미륵삼존불과 협시 보살 2기가 봉안되어 있다. 미륵불 본존은 높이가 11.82m이고 삼존불 중의 협시는 8.79m에 달하는 거대한 규모이다. 신라시대 진표율사가 미륵전을 조성할 당시에는 3년간에 걸쳐 완성한 미륵장륙상 한 분만이 모셔졌었다. 그 후 조선시대 수문대사가 다시 복원 조성하면서 소조(塑造) 삼존불로 봉안했는데, 1934년에 실화로 일부가 소실되었다. 4년 만인 1938년에 우리나라 근대 조각의 개척자로

대적광전 조선시대 건물이었으나 화재로 전소된 후 최근에 복원되었다. 가람의 중심에 위치해 있다.

평가받는 김복진(金復鎭, 1901~1940)이 석고에 도금한 불상을 다시 조성해 오늘날의 모습을 지니게 되었다.

미륵본존은 거대한 입상이지만 전체적으로 균형과 조화를 이룬 모습이다. 불과 약 60년 전에 조성되었다고 믿기 어려울 만큼 전통불상의 양식에 충실하고 있다. 이는 조선 중기에 소실된 원래의 불상을 충실히 계승하였고, 더 올라가서는 신라 때 진표율사가 조성한 초기의 양식과도 맥이 이어지는 것이라 생각된다. 지금도 남아 있는 불단 아래의 거대한 청동대좌는 정확한 조성 시기를 알 수 없지만 잦은 소실과 복원의 과정에서도 오랜 세월동안 변함없이 그 자리에 있으면서 여러 불상을 받들고 있는 역사의 대변자가 되는 셈이다.

본존불은 오른손을 들어 손바닥을 바깥으로 향하고, 왼손 역시 손가락을 조금 오므렸지만 밖을 보이게 한 시무외인이다. 대개 미륵불은 다른 불상과 구별되는 별개의 특징을 지니지 않는다. 물론 반가사유상이라는 독특한 모습으로 조성되기도 하였지만, 그 외 미륵불의 모습은 여타의 불상들과 차이가 없다. 법주사의 미륵불이나 충북 중원의 미륵석불 등 많은 불상들이 상호나 모습만을 가지고는 존명을 알 수가 없을 정도이다. 다만 조성 당시의 연기(緣起) 등을 통해 존명을 지니게 되는 것이다.

본존불 양옆의 협시 보살은 왼쪽이 법화림(法花林)보살이고, 오른쪽이 대묘상(大妙相)보살이다. 조선 중기에 본존을 복원하면서 새로 조성하였고, 역시 1934년에 재건되었다. 그래서인지 얼굴이 신체에 비해 다소 커 보이고 경직된 느낌을 주는 것이 조선시대 불상의 보편적 모습임을 알 수 있다. 협시 보살 좌우에는 언제 봉안하였는지 모르는 또다른 협시 보살 2구가 있다. 본존의 협시보다 약간 작지만 역시 금을 입힌 소조상이다.

한편 오른쪽 벽에는 1890년(고종 27)에 조성한 제석천룡탱화가 봉안되어 있다. 용준(聳俊)·정선(定善)·오종(午從) 등의 금어(金魚)가 그렸는데, 적색과 녹색이 주조를 이루며 불법을 수호하는 신중의 모습을 잘 표현하였다.

● 대적광전

미륵전의 서쪽 즉 가람의 중심에 대적광전(大寂光殿)이 자리한다. 앞면 7칸, 옆면 4칸의 다포식 팔작지붕으로 조선시대 건물이었으나 1986년에 화재로 전소된 후 1994년에 본래대로 복원하였다.

대적광전은 대웅대광명전(大雄大光明殿) 또는 대법당이라고도 불렀다. 신라 때 진표율사가 창건하면서 지금의 미륵전을 금당(金堂)이라고 기록한 것을 보면 아마도 이 자리에는 법당이 들어 서 있었을 것이다. 이후 여러 차례의 중창과 중수가 있어오면서 대적광전은 꾸준히 이 자리를 지켜왔다. 동쪽의 방등계단이 계율사상의 중심 역할을 하고, 이 건물에서는 직접 수계와 설법 등의 의식이 이루어졌다고 생각된다. 대적광전이 지금의 웅장한 규모를 갖게 된 것은 1635년 수문대사의 중창에 의해서였다. 정유재란 때 절이 전소된 후 대사가 중창하면서 소실되기 전에 있었던 대웅전·대광명전·극락전·약사전·나한전 등의 다섯 전각을 대적광전 하나로 통합해 창건하였던 것이다.

1986년 12월 6일 밤 전소되기 전의 대적광전은 장대석으로 기단을 쌓고 기둥을 올렸으며 귀솟음기둥을 세워 처마끝이 하늘로 향하게 하였다. 거대한 규모이면서도 날렵한 느낌을 주는 것은 이러한 한국 전통건축의 기능적·예술적 지혜 덕택이다.

안에는 고주를 세우고 뒤쪽 고주 사이에 후불벽을 두어 이 앞에 불단을 설치하였다. 불단에는 비로자나불을 비롯한 5여래와 그 협시로서 6보살을 봉안하였다. 5여래는 비로자나불을 중심으로 왼쪽에서부터 아미타불·석가모니불·노사나불 그리고 약사불이다. 6보살은 역시 왼쪽에서부터 대세지보살·관음보살·문수보살·보현보살·일광보살 그리고 월광보살이다. 5여래는 모

대적광전 내부

대적광전 수미단 각 보살의 존명을 새기고 구체적인 영험과 가피력을 적어 놓았다.

두 목조좌상으로 높이는 대개 2.56m 안팎이고, 6보살은 모두 소조입상으로 높이가 2.73m 정도이다. 수인은 불상에 따라 각기 선정인·지권인·시무외인 등을 취하였고, 보살상은 한결같이 화관(花冠)으로 장엄하였다. 조선 중기에 전각을 중창하면서 불보살상도 이때 조성한 듯 간략화한 법의와 다소 경직된 상호 등에서 조선 중기의 일반적 경향을 살필 수 있다.

　이처럼 5여래와 6보살을 봉안한 전각은 그 유례가 없다. 한국의 불교는 흔히 통불교(通佛敎)라고 한다. 불타의 진리를 깨우치기 위해서 어느 하나의 사상이나 종파에 치우침이 없었고, 선과 교가 둘이 아님을 일찍부터 체득했던 때문이다. 전국의 명산대찰 어느 곳을 가 보더라도 쉽게 알 수 있다. 주존불을 어떻게 모셨는가에 따라 중심 전각만이 대웅전·무량수전·비로전 등으로 나뉠 뿐이고, 그곳에는 공통적으로 관세음신앙과 지장신앙·약사신앙 등이 어우러져 있다. 심지어 재래의 토속신앙마저 융화시켜 산신신앙으로 불교화하고 있음은 이러한 한국 불교의 통불교적 특성을 잘 보여준다.

　금산사가 미륵전을 토대로 미륵신앙을 표방하였지만 한국 불교의 이러한 통불교적 경향은 고려시대 이후 반영되었을 것이다. 그 뒤 조선시대에 들어와 마침내 대승불교의 대표적 부처와 보살을 모두 수용한 대전각을 건립하게 되었던 것이다.

1994년에 전각을 복원하면서 불보살상과 닫집 등을 모두 새로 봉안하였는데 이 때 이전에 있었던 목조나한상은 조성하지 않았다. 새로 복원하면서 불단아래 부분에 각 불보살상의 존명을 새기고 구체적 영험과 가피력을 적어놓았다. 또한 불단 2층에는 5여래의 모습을 각각 경전에 바탕하여 특징적인 장면을 조각하고 그 설명을 덧붙여 놓았다. 한편 왼쪽 벽에는 1991년에 당시 주지 월주 스님과 증명(證明) 월산 스님이 조성한 제석천룡탱화를 봉안하였다.

● 대장전

미륵전의 정면 서쪽에 앞면과 옆면 각 3칸씩의 다포식 팔작지붕인 대장전(大藏殿)이 자리한다.

이 건물은 본래 진표율사가 절을 중창하면서 세워졌다. 미륵전을 짓고 이를

대장전 본래 목탑형식으로 지어진 것으로 꼭대기에는 복발과 보주 등이 남아 있다. 보물 제827호.

장엄하는 정중목탑(庭中木塔)으로서 팔각원당형의 건물을 조성했던 것이다. 당시의 양식은 탑과 같이 산개형(傘蓋形)의 층옥(層屋)으로서 맨 꼭대기 옥개에는 솥뚜껑 모양의 철개(鐵蓋)를 덮고, 다시 그 위에 불꽃 모양의 석조 보주(寶珠)를 올렸다고 한다.

그 뒤 조선시대에 들어와 1635년(인조 13)에 가람을 중창하면서 본래의 모습과는 다르게 전각의 형태로 변형되었고 대장전이라는 이름이 붙여졌다. 그리고 다시 1922년에는 아예 지금의 자리로 옮겼다.

이렇듯 숱한 변화가 있었지만 전각 꼭대기에는 복발과 보주 등이 아직 남아 지금도 신라 때의 목탑양식을 엿볼 수 있어 보물 제827호로 지정되었다.

건축 형식을 보면, 잘 다듬은 기단 위에 막돌초석을 얹고 그 위에 기둥을

대장전 문살
앞면, 옆면 각 3칸씩의 아담한 건물 중앙 분합문에 소슬꽃무늬살 장식을 하였다. 아랫부분에는 안상을 조각한 판벽을 댔다.

올렸다. 앞면의 중앙칸에는 분합문을 달고, 좌우에는 아랫부분에 안상(眼象)을 조각한 판벽을 댔다.

안에는 목조 석가여래좌상을 본존으로 모시고 가섭과 아난의 제자상을 협시로 봉안하였다. 불상이 안치된 불단은 4단으로 구획하고 정교한 솜씨로 투조(透彫)하여 수미단(須彌壇)의 장엄을 나타내고 있다. 삼면의 벽은 모두 10폭의 벽화로 장엄하였는데, 흔히 볼 수 있는 십우도나 극락세계의 장엄 등이 아니라 구체적 인물과 사건이 등장하는 모습이다. 몇 개만 열거하면 부운거사의 도술담, 용파대사가 물위로 걷는 모습, 치계대사의 전생담, 희운선사의 행적 등이다.

한편 대장전의 내부 출입문 위에는 건물을 중수할 때 참여한 사람들의 인명과 불상의 개금불사에 시주한 사람들 이름을 적은 현판이 걸려 있다.

● 명부전

대장전 오른쪽에 있는 명부전은 앞면과 옆면 각 3칸씩의 맞배지붕 건물이다. 잘 다듬은 장대석의 기단을 쌓고 기둥을 올린 후 기둥마다에 공포를 올려놓은 주심포 양식이다.

건물 연혁은 1857년(철종 8)에 중건했다는 기록이 전할 뿐 그 이전의 일은 알지 못한다. 다만 1598년(선조 31)에 정유재란의 화를 입어 절이 소실되기 직전의 기록에 '시왕전 9칸'이라는 기록이 보이므로 지금의 명부전은 조선 중기의 시왕전이 바뀐 것이라 생각된다.

안에는 지장삼존, 곧 지장보살과 무독귀왕·도명존자를 봉안했는데 지장보살은 왼손에 금강보륜을 쥐고 있다. 상호는 비교적 각진 모습에 도식화된 느낌이 들어 아마도 명부전의 중수가 이루어지던 1857년 무렵에 조성된 듯하다. 지장삼존의 뒤에는 지장후불탱화가 걸려 있는데 1861년(철종 12)에 월출산 도갑사(道岬寺)에서 조성되어 이안되었다는 화기가 보인다.

지장삼존의 좌우로는 시왕상 10구와 판관·녹사·인왕상·동자상 각 2체가

명부전 대장전과 대적광전 사이의 건물로 1875년에 중건하였다는 기록만 전하며 그 이전은 알지 못한다.

명부세계의 모습을 그대로 재현하고 있다. 한편 내부 정면의 출입문 위에는 「금산사시왕전중수기」를 비롯한 현판 8개가 나란히 걸려 있다.

  우리나라에서 지장신앙이 번성한 것은 일찍이 신라 때부터인데 시대를 달리하면서 오늘날까지도 꾸준히 신앙되고 있다. 더욱이 금산사의 명부전에서 펼쳐지는 지장신앙은 진표율사의 수행과정에서 출현한 지장보살을 생각할 때 더욱 각별해진다. 진표율사는 몸을 돌보지 않는 철저한 수행의 힘으로 마침내 지장보살에게서 계를 받고, 더욱 정진하여 미륵에게서 다시 계를 받았다고 한다. 이처럼 진표율사의 수행에서 지장신앙은 미륵신앙과 함께 매우 큰 비중을 차지한다. 이보다 앞서 진표율사는 금산사의 스승 숭제법사에게서 『점찰선악업보경(占察善惡業報經)』 2권을 물려받았다. 이 경전은 줄여서 『점찰경』이라고도 하는데, 지장보살이 견정신보살(堅淨信菩薩)의 물음에 답하는 형식으로 목륜상(木輪相)을 통해 숙세의 업과 길흉고락(吉凶苦樂) 등을 점찰(占察)하는 법을 설한다. 곧 『점찰경』은 지장보살이 주인공으로 지장신앙의 한 형태를 이룬다. 스승에게서 이 경전을 물려받은 이후 진표율사는 지

명부전 내부 지장삼존의 좌우로 시왕상·판관·녹사·인왕상·동자상이 도열하여 명부세계의 모습을 그대로 재현하고 있다.

장신앙의 교리를 체득하며 수행에 전념하였고, 말년에는 다시 제자들에게 이 경전을 물려주기도 하였다.

이처럼 진표율사의 지장신앙은 『점찰경』을 통해 형성되었다는 특성을 지닌다. 아쉽게도 지금의 명부전에서는 진표율사의 지장신앙 흔적을 살펴 볼 수는 없지만, 어쩌면 보이지 않는 스님의 투철한 정진의 힘이 시대를 초월하며 면면히 흐르고 있는지도 모를 일이다.

● 나한전

나한전은 얼마전까지 방등계단의 바로 옆에 자리하고 있었다. 이곳에서 계단을 참배하였기 때문에 계단예배전(戒壇禮拜殿)이라고도 불렀다. 이보다 앞선 조선 중기에는 정확한 위치는 모르나 7칸의 건물로 나한전이 있었다.

현재는 대적광전 뒤에 1995년에 새로 지은 나한전이 자리한다. 앞면 3칸,

나한전 최근 대적광전 뒤에 지어진 건물로 석가여래를 중심으로 16나한과 오백나한상을 모시고 있다.

옆면 2칸의 팔작지붕 건물로서 안에는 석가여래를 본존으로 문수·보현보살을 봉안하였다. 또한 석가여래의 여러 제자 가운데 으뜸이라고 하는 아난과 가섭을 모셨고, 16나한상과 2인의 시자상도 목조로 조성하였다. 그리고 전각 이름에 걸맞게 소형의 오백나한상을 계단식의 단을 마련하여 가득히 봉안하였다.

● 금강문·천왕문

금산사에 오르는 산길에서 처음 만나는 건물이 「모악산 금산사」라는 현판이 걸린 일주문이다. 1975년에 세운 목조의 맞배지붕 양식이다. 이곳을 지나 100m 쯤 오르면 작은 개울 건너에 자리잡은 금강문(金剛門)이 보인다.

금강문에는 가람의 외곽에서 불법을 수호하는 금강신을 봉안한다. 이 건물은 1994년에 앞면 3칸, 옆면 2칸의 맞배지붕으로 새로 지어 안에는 인왕상 2체와 사자를 탄 문수동자, 코끼리를 탄 보현동자를 모셨다.

본래 금산사에는 조선시대부터 내려온 금강문이 따로 있다. 현재의 금강문을 지나 바로 오른쪽에 「모악산 금산사」 현판이 걸린 앞면 1칸, 옆면 2칸의 팔작지붕 건물이 그것이다. 1994년에 가람을 일신할 때 절의 입구를 변경하면서 본래의 금강문 왼쪽 앞에다 새롭게 금강문을 세웠던 것이다. 지금은 새로 세운 금강문에 자리를 내주고 전각 이름마저도 사라졌지만, 1556년(명조 11)에 인언(仁彦)·경휘(敬輝) 스님이 재건한 뒤 1972년의 중수 때까지 오랜 역사를 지닌 유서깊은 건물이다.

금강문과 일직선 상에 있는 천왕문은 앞면 3칸, 옆면 2칸의 맞배지붕 건물로서 1994년에 가람을 중수하면서 새롭게 조성했다. 안에는 사방에서 불법을 외호하는 사천왕상을 봉안하였다.

천왕문 금강문과 일직선 상에 자리한 천왕문은 최근 가람을 중수하면서 새롭게 조성되었다.

● 보제루

　천왕문을 지나 가람의 중심에 이르는 누각 건물이 보제루(普濟樓)이다. 앞면 5칸, 옆면 3칸의 2층 누각식 건물로서 아래층은 절 앞마당으로 오르는 계단 역할을 한다.

　우리 나라 사찰에서 누각 건물이 본격적으로 자리잡기 시작한 것은 조선시대에 와서의 일이다. 잦은 외침에 따라 승병이 조직되고 사찰이 의승군의 결집장소가 되면서 군사적 필요에서 누각이 번성하였다고 한다. 이후 승병이 사라지면서 누각 건물은 법회와 강설, 그리고 대중집회의 장소로 사용되었고, 오늘날에는 이러한 실용적 기능보다는 가람의 한 구성요소로서 자리잡고 있다.

　보제루는 정확한 연혁이 남아 있지 않지만 조선 중기에 만세루(萬歲樓)라는 12칸짜리 누각이 있었으므로 아마도 이를 계승한 건물이라 생각된다.

　이밖에도 절에는 가람의 서쪽에 서래선원(西來禪院)이 있고, 동쪽 일곽에는 최근에 적묵당(寂默堂)을 비롯한 여러 채의 요사와 승당이 건립되었다.

보제루 이미 속세를 벗어난 경내에 들어서면 하늘을 받들어 올린 듯 서 있는 보제루를 만난다.

● 당간지주

금강문에서 동북쪽으로 50m 쯤 떨어진 곳에 보물 제28호로 지정된 당간지주가 있다.

장방형의 계단식 3층 기단과 그 위에 당간을 받치고 있던 간대(竿臺), 지주를 놓던 기단석 등이 잘 남아 있다.

기단부는 6매의 장대석을 조합한 지대석(支臺石) 위에 지주를 낀 기단석을 받치고 있다. 기단석은 4매의 장대석으로 장방형을 이룬다. 각 측면마다 우주와 탱주를 두어 면을 둘로 구분하였고, 위아래의 가장자리에 볼록하게 솟은 띠를 둘렀다. 둘로 나뉜 기단의 각 면에는 안상(眼象)을 새겼다. 지주 높

당간지주

당간지주는 불보살의 위신과 공덕을 표시하는 장엄구를 달아 사찰 입구에 설치하고, 사찰이라는 신성한 영역을 표시하는 구실을 하였다. 보물 제28호.

이는 3.55m로서 상중하의 세 곳에 홈을 파고서 당간을 고정시켰던 흔적이 그대로 보인다. 지주의 안쪽면은 수직을 이루나 바깥면은 꼭대기 부분에서 안쪽으로 굽혀져 날렵한 느낌을 준다. 또 앞뒷면에는 가장자리를 따라 볼록한 띠를 둘렀으나 좌우의 옆면에는 중앙과 가장자리에 수직의 띠를 양각하는 등 변화를 주었다.

정연한 기단부와 지주의 다양한 조각 등이 우리나라에 현존하는 당간지주 가운데서 가장 완성된 격식을 갖춘 작품이다. 지주에 세 곳의 홈을 마련한 예는 익산의 미륵사지와 경주 보문리 당간지주에서도 볼 수 있어 같은 조성년대, 곧 8세기의 조성으로 추정된다. 한편 진표율사가 절을 중창한 것이 766년(혜공왕 2)의 일이므로 당간지주의 조성시기를 이 무렵으로 보아도 크게 틀리지 않을 것 같다.

석등
오랜 가람의 변화에도 불구하고 제자리를 잃지 않고 법등을 밝혀 왔을 이 석등은 대장전 앞에 서 있다. 보물 제828호.

● 석등

대장전 앞에 보물 제828호인 고려시대의 팔각석등이 있다. 지대석에서 보주까지 거의 완전한 모습으로 남아 있고 전체 높이는 3.9m이다. 사각형의 지대석 위에 하대석을 얹고 그 위에 간주석(竿柱石)·연화석(蓮華石)·화사석(火舍石)·옥개석·보개·보주의 순서로 조성되었다.

하대석은 둥근 연화대받침 위에 여덟 잎의 복련(覆蓮)을 새겼고, 윗면에 간주석을 끼우는 팔각의 받침을 마련하였다. 간주석은 팔각형으로서 아래에서 위로 올라가면서 점차 너비가 줄어든다. 상대석은 둥근 평면의 석재에 여덟 잎의 앙련을 조각했다. 화사석도 역시 팔각형으로 간주석처럼 위로 올라가면서 너비가 줄어드는데, 네 면에는 창문이 달린 화창을 두어 등(燈)의 기능을 하도록 만들었다. 팔각의 옥개석에는 2단의 받침이 있고, 모서리에는 귀꽃을 두어 장식하였다. 옥개석 위에는 보개와 보주가 놓였는데 보주는 연꽃봉우리 모양이다.

이 석등은 화창에 시설했던 창문만을 제외하면 현재 거의 완벽한 모습을 남기고 있다. 더욱이 오랜 가람의 변천에도 불구하고 제자리를 잃지 않고 은은한 법등을 밝혀왔다는 사실 하나만으로도 금산사의 귀중한 성보문화재라 하겠다.

● 석련대

대적광전에서 동남쪽으로 10여m 떨어진 곳에 보물 제23호 인 석련대(石蓮臺)가 있다. 불상의 대좌로서 정확한 이름은 석조연화대인데 높이 1.67m, 둘레 10.3m가 넘는 거대한 작품이다. 유례를 찾아보기 힘든 대형 연화대좌인 데다가 하나의 화강석으로 각 면에 조각한 수법이 정교하고 아름답다.

하나의 석재에 상대·중대·하대의 구조를 지녔다. 지대석이 놓였으나 땅속에 묻혀 있고, 하대석은 10각형으로 각 면마다 세밀한 안상을 음각했다. 안상의 내부는 8면에 꽃문양을 하나씩 나타냈고, 나머지 2면에는 사자상을 조각

석련대 화려하게 조각된 화강석 연화대좌로 그 유례를 찾아보기 힘들 만큼 대형이다. 보물 제23호.

하였다. 하대석의 윗부분에는 출렁이는 물결모양의 복판복련화(複瓣覆蓮花) 10개를 굵고 크게 묘사하여 강인한 느낌을 준다. 중대석은 6각으로 각 면에는 하대석과 마찬가지로 안상을 마련하고, 그 안에 귀꽃같은 문양을 양각했다. 중대석의 받침은 2단의 6각형이다.

불상을 안치하였던 상대석은 윗부분이 평평하고, 불상의 발에 돌기를 만들어 끼워넣었던 듯 두 개의 네모난 구멍이 나 있어 입상의 불상이 안치되었음을 알 수 있다. 불상이 놓이는 바깥면에는 이중의 둥근 테를 돌렸다. 평면 아래에는 윗면을 떠받치는 연꽃잎이 사방을 에워싸고 있는데, 밑부분에 10개 그리고 그 사이마다 하나씩 모두 20개의 앙련(仰蓮) 문양이다. 상부의 꽃잎 사이에도 다시 작은 연꽃잎을 새겨 전면을 빈틈없이 채운 화려한 장엄이 마치 부드러운 목조 조각과도 같은 착각에 들게 한다.

이 석련대의 위치가 현재의 자리가 제자리인지 다른 자리에서 옮겨진 것인지 알 수 없다. 규모가 워낙 거대해서 이동하기에는 무리가 있었을 것을 감안

한다면 제자리일 가능성이 높다. 그렇다고 한다면 고려시대 이후 언젠가 절을 중창하면서 석련대가 놓였던 전각은 사라지고, 그 위에 봉안된 불상은 다른 전각이 새로 들어서면서 그곳으로 옮겨 갔을 것이다. 한편 이 정도의 대좌가 필요했던 불상이라면 그 규모도 엄청났을 것을 쉽게 짐작할 수 있다. 금산사의 역사를 가만히 생각해보면 역시 이 대좌의 주인공은 미륵장륙상이라는 생각이 든다.

그런데 여기에는 하나의 전제가 뒤따라야 한다. 즉 석련대의 조성시기가 미륵장륙상을 봉안했던 8세기 후반과 맞아 떨어져야 하지만 이 석련대를 대개는 10세기 초의 작품으로 보는 견해가 지배적이다. 정확한 문헌자료가 없을 때는 작품의 양식을 통해 조성시기를 판단하는 것이 보통이지만, 이 석련대의 경우는 충분한 역사적 정황이 성립될 수 있으므로 신라 하대의 작품일 것이라는 가능성도 생각해 보아야 할 것이다.

● 육각다층석탑

대적광전 오른쪽 앞마당에 보물 제27호인 육각다층석탑이 자리한다. 탑의 재질이 흑색의 점판암으로 된 특이한 경우인데, 완전한 모습은 아니지만 정교하면서도 우아한 공예적 석탑이다. 본래의 자리는 봉천원구에 있던 대응대광명전의 앞마당이었다. 봉천원구는 혜덕왕사가 1079년(문종 33)에 절의 주지로 있으면서 창건했으므로 탑도 이 무렵에 조성된 것이라 생각된다. 그 뒤 조선시대에 들어와 정유재란으로 봉천원구가 모두 소실되자 수문대사가 대사구, 곧 지금의 금산사를 중창하면서 지금의 자리로 탑을 옮겨 왔다.

본래 12층으로 조성되었던 탑은 현재 11층만 남아 전체 높이가 2.18m이다. 탑은 기단부·탑신부·상륜부로 구분되는데 각각의 구조는 모두 별개의 돌로 구성되었고, 기단은 탑신과 달리 화강석으로 구성하였다. 기단은 위로 올라가면서 조금씩 체감되도록 6각 3단으로 쌓았고 각 면에는 사자를 양각하였다. 기단과 탑신의 사이에는 6각의 점판암으로 연화대, 곧 앙련석과 복련석을

육각다층석탑

흑색 점판암으로 만들어진
탑으로 본래 12층으로 조
성되었으나 지금은 11층이
남아 있다. 보물 제27호.

두었는데 그 사이에 중석을 끼웠던 자리가 남아 있다.

탑신부는 6각으로 옥신과 옥개석이 모두 1매씩이지만 옥신은 10층과 11층
만이 남았고 나머지는 결실되었다. 남아 있는 옥신석은 6각의 면에 모두 우주
가 있고 면석 중앙에는 좌불상을 선으로 조각하였다. 옥개석은 기단부의 연
화대 위에 겹겹이 쌓았는데, 추녀 밑에는 풍경을 달았던 구멍이 보이고 윗면
의 경사는 완만하지만 전각에서는 반전을 나타냈다. 옥개석 아래면 가운데에
는 탑신받침이 있고 그 주위에 초화문(草花紋)·용문(龍紋) 등을 가늘게 새

겼다. 옥개석의 상하에는 탑신을 끼우는 홈이 새겨져 있는데 하나의 부재로 탑신을 올린 것이 아니라 각 면을 한 개씩의 판석으로 맞춰 끼웠던 흔적이다. 상륜부는 화강석으로 보주를 올렸는데 이는 후대에 보수한 것이다.

이 탑은 신라시대의 일반적 석탑에서 고려시대의 화려하고 장식적 공예탑으로 넘어가는 초기의 작품이다. 완전한 모습은 아니지만 각 층의 체감비례가 적절하고, 옥개석의 조각이 섬세한 점 등이 이후 고려시대의 공예탑이 지니는 초기적 수법을 간직하고 있다.

● 방등계단

송대(松臺)라고 부르는 미륵전의 북쪽 높은 대지에 방등계단(方等戒壇)이 있다. 또한 이 계단의 중앙에 보물 제26호인 부도가 1기 있어 그 형태에 따라 석종형(石鍾形) 부도라고 부른다.

방등계단은 수계법회(受戒法會)를 거행할 때 수계단을 중앙에 마련하고, 그 주위에 삼사(三師)와 칠증(七證)이 둘러 앉아서 계법을 전수하는데 사용했던 일종의 의식법회 장소이다. 이러한 예는 양산의 통도사(通度寺)와 개성의 불일사(佛日寺) 등지에서만 찾아볼 수 있는 한국 불교의 독특한 유산이다. 불교의 정신을 대표하는 계(戒)·정(定)·혜(慧) 삼학(三學) 가운데 계는 으뜸으로서, 계를 지킴은 불교의 기본 토대가 된다. 이 계의 정신이 일체에 평등하게 미친다는 의미에서 방등계단이라는 이름이 붙었다고 한다.

구조를 보면 상하의 2단으로 정방형의 기단을 만든 뒤 그 위에 석종형 부도가 놓였다. 하층기단은 한 변의 길이가 약 12.5m, 높이가 0.8m이며 상층기단은 길이가 8.5m, 높이가 0.6m에 이르는 거대한 규모이다. 기단은 대석·면석·갑석으로 구성되는데, 2단의 면석 모두에는 고려시대의 기법이 잘 표현된 불상과 각종 신장상이 있다. 이들 조각 가운데는 조선시대에 새롭게 추가된 것도 있어 방등계단 자체를 조선 중기 이후에 조성된 것으로 잘못 생각하는 경우도 있다.

방등계단 중천에 별들은 금찰을 밝히는데 밤중에 바람과 우뢰가 석단을 감싸도는구나. (김시습 시 중)

하층기단의 4면에는 난간을 둘렀던 것으로 보이는 석주가 남아 있고 이 석주에는 인왕상인 듯한 조각을 했다. 또한 난간의 사방 모서리에는 사천왕상을 세워 그 내부가 성스러운 불법의 공간임을 상징하고 있다.

계단의 중심에는 한 돌의 판석으로 기단을 마련하고 그 위에 부처님의 진신사리를 모신 석종형 부도를 세웠다. 부도의 기단 모서리에는 사자의 머리를 크게 새겨 불법을 지키는 용맹의 정신을 나타냈고, 가운데 부도를 받치는 곳에는 복판의 연꽃을 돌렸다. 화강석의 부도는 범종을 본따 만들었는 듯 아래에는 꽃무늬의 띠를 돌리고 정상에는 아홉 마리 용을 조각했다. 용머리 위에는 다시 별개의 돌로 앙련을 섬세하게 조각하고, 그 위에 복발과 보주를 얹었다. 이와 같이 석종형 부도 자체만으로도 고려시대의 뛰어난 예술감각과 그것을 뒷받침하는 불교정신을 엿볼 수 있다. 그런데 석종형 부도는 단순히 묘탑의 역할에만 그치는 것이 아니라 수계의식을 거행하는 계단의 의미가 합쳐져 불탑계단(佛塔戒壇)이라는 독특한 특성을 지니게 되었다.

한편 방등계단의 성격을 도솔천(兜率天)의 세계를 표현한 것이라고 보기도 한다. 즉 미륵신앙의 근본 도량인 금산사에는 미륵의 하생처로서 미륵전을 조성하고, 그 위에 도솔천을 구현하여 미륵상생신앙을 나타냈다는 말이다. 결국 금산사는 미륵상생신앙과 하생신앙을 조화롭게 겸비한 신앙적 성격을 지녔다는 뜻이 된다.

조선 초 생육신의 한사람이었던 김시습(金時習, 1435~1493)이 절을 찾아 이곳 방등계단에서 남긴 시가 한 수 전한다.

구름 기운 아물아물, 골 안은 널찍한데,
엉킨 수풀이 깔린 돌에는 여울소리 들려오네.
중천에 별들은 금찰(金刹, 금산사)을 밝히는데,
밤중에 바람과 우뢰가 석단(石壇, 방등기단)을 감싸 도는구나.
낡은 짐대[幢]엔 이끼끼어 글자가 희미한데,
마른 나무에 바람스치니 저녁 추위 생기누나.
초제(招提, 객실)에서 하룻밤 자고 가니,
연기속 먼 종소리에 여운이 한가롭지 않다.

● 오층석탑

미륵전의 북쪽 위 송대에 보물 제25호인 오층석탑이 자리한다. 정사각형 판재를 이용한 이 석탑은 높이가 7.2m로서 소박하고 단순한 구조를 지녔다. 본래 기록에 따르면 9층이라 하였는데 지금 남아 있는 옥개석의 형태나 체감율 등에서 6층 이상이 손실되었음을 알 수 있다.

기단부는 2단인데 하층의 면석 각 면에는 양쪽에 우주를 중앙에는 탱주 하나씩을 정연하게 새겼다. 하층기단의 갑석은 여러 장의 판석이고, 그 위에 상층기단을 받치는 굄대가 있다. 상층기단의 갑석은 8매의 판석으로 이루어졌고, 그 위에 탑신을 받치는 굄대가 있다. 탑신은 1층만이 옥신과 옥개가 별개의 부재이고, 2층 이상은 옥신과 옥개를 하나의 돌로 조성하였다. 1층의 옥신은 좌우에 우주가 새겨진 판석을 세우고 그 사이에 앞뒤로 면석을 끼웠다. 2층 이상의 탑신은 체감이 둔화되면서 올라가는데 모두 옥개받침을 3단씩 마련했다. 낙수면의 경사는 위에서 급히 내려가다가 중간부터는 완만히 내려가고 전각에서는 반각을 이룬다.

상륜부는 노반부터 보주까지 온전히 남아 있다. 노반은 일반적인 석탑보다 크고 넓은 각석형으로 양쪽에 우주가 있는 등 얼핏보면 또하나의 옥개석으로 잘못 보기 쉽다. 노반 위에 복발이 있고, 다시 그 위에 앙련을 새긴 앙화와 보륜·보주가 잘 남아 있다.

오층석탑
석탑의 내부에서 중창기가 발견되어 고려시대에 조성되었다는 것이 밝혀졌다. 보물 제25호.

오층석탑 앞에는 방등계단이 있다. 일반적으로 계단 앞에는 석등을 안치하는 것이 상례이지만 이곳에서는 석등 대신에 석탑을 조성하고 있어 주목을 끈다. 대개 사리신앙과 관련을 갖는 듯하나 그 조성배경은 알 수가 없다. 전체적으로 석탑은 신라시대의 일반형 석탑에 비추어 볼 때 하층기단이 탑신에 비해 협소하고 옥개받침이 3단으로 줄어드는 등 신라시대와는 큰 차이를 보인다.

전설에 따르면 후백제의 견훤(甄萱)이 금산사를 창건하면서 이 석탑을 건립하였을 것이라 하나 이는 잘못된 것이고, 고려시대에 조성되었다는 확실한 기록이 전한다. 즉 1971년 11월에 석탑을 해체 수리하는 과정에서 〈모악산금산사오층석탑중창기〉가 발견되었는데, 그 내용 가운데 979(경종 4)년에 시작하여 981년에 완성했다는 사실이 보인다. 한편 탑속에서는 중창기와 함께 금동관음상을 비롯한 여러 소불상이 발견되었는데, 이 탑의 복장품은 현재 동국대학교 박물관에서 소중하게 보관하고 있다.

● 노주

대적광전 오른쪽에는 독특한 형태의 노주(露柱)가 있다. 노주란 '노반지주(露盤之柱)'의 줄임말로서 처음에는 전각의 정면 귀퉁이에 세우는 두 개의 장대였다가 나중에 탑의 상륜부를 구성하는 부재로 사용되었다. 그러나 아쉽게도 우리는 탑의 일부분인 이 노주가 왜 별도의 조성물로서 만들어졌는지는 알 수가 없다.

사중 기록에 보면 '노주'는 잘못된 명칭이고 '광명대(光明臺)'로서 미륵전 앞에서 미륵불에게 광명을 공양하던 석등이었다고 한다. 이 말이 맞다고 한다면 지금의 모습은 불을 밝히는 곳인 화사석(火舍石)이 없어진 상태가 된다.

현재 이 석조물의 구조는 지대석·하대석·중대석·상대석·상륜부로 이루어져 총높이가 2.3m이다. 지대석은 하나의 돌인데 윗면을 평평하게 하고 1단의 높은 괴임을 두어 하대석을 받치고 있다. 하대석은 사각형으로 우주와 탱

주가 있고 위아래를 구분하는 횡대를 새겼다. 각 면에는 안상을 표현하였고,
그 안에는 아래에 꽃문양을, 위에는 복련을 조각했다. 하대석 윗부분은 두 단
의 괴임과 몰딩으로 구성되어 중대석 즉 간석(竿石)을 받치고 있다. 중대석
은 아무런 장식이 없이 석탑의 탑신부와 같이 단순한 모습이다.

상대석은 복판의 앙련을 새겼는데 하대석의 그것과는 달리 좁고 긴 모습이
다. 윗면에는 방형의 높은 괴임 1단이 있어 상륜부를 받치고 있다. 상륜부는
원형으로서 보개와 연꽃모양의 보주로 이루어졌다. 앞에서 말했듯이 이 석조
물의 기능이 석등과 같은 것이라고 한다면 상륜부는 지금의 상대석 위가 아

니라 그 사이에 화사석과 같은 부재가 놓인 후 맨 위로 올라가야 한다. 고려
시대의 조성기법을 간직하고 대체로 온전한 모습으로 남아 있어 보물 제22호
로 지정되었다.

● 혜덕왕사진응탑비

절의 동쪽, 지금은 동비전(東碑殿)이라고 부르는 옛 봉천원구 북쪽 언덕에
보물 제24호 혜덕왕사진응탑비(慧德王師眞應塔碑)가 있다.

혜덕왕사(1038~1095)는 앞의 주요인물편에서 자세히 살펴 보았듯이 1079
년에 절의 주지로 있으면서 금산사를 대대적으로 중창하고 광교원을 새로 창
건하여 수백 권의 경전을 간행했던 분이다. 왕사는 1095년에 금산사의 봉천
원에서 입적하였는데, 국왕이 혜덕왕사라는 시호를 내렸고, 탑호를 진응이라
하여 1111년에 탑비를 세웠다.

현재 탑비는 귀부와 비신만이 남아 있고 이수(螭首)는 결실되었다. 대리석
의 비신은 높이 2.78m, 너비 1.5m로서 심하게 손상되어 비문은 판독하기 어
렵다. 그러나 다행히『해동금석원』 등에 그 내용이 전한다. 비문의 글씨는
약 2cm의 크기로 구양순의 해서체인데 활달하고 쾌적한 멋을 지녔다. 비의 앞

혜덕왕사비 귀부
비의 몸체를 받쳐
주는 귀부는 신체
에 비해 머리가 작
은 편이나 발과 비
늘의 표현이 마치
살아 있는 듯하다.
보물 제24호.

면에 43행 77자씩으로 스님의 출생과 교화활동, 입적 등을 적었으며 그 둘레는 당초문으로 장엄했다.

귀부는 방형의 지대석 위에 놓였는데 신체는 장대하나 머리는 작은 편이다. 등에는 육각의 갑문(甲文)을 새기고 등 위에 비신을 얹는 삽입부를 마련했다. 역동적인 발과 비늘의 표현이 마치 살아 있는 듯하여 고려시대의 탑비 가운데 우수한 작품임을 알게 한다.

● 부도전

금산사에서 심원암으로 가는 동쪽길을 300m쯤 오르면 왼쪽 산기슭에 부도전이 있다. 이곳이 고려시대의 봉천원으로서 혜덕왕사의 비도 여기에 있다. 나지막한 돌담 안에 2기의 비와 12기의 부도가 'ㄷ'자형으로 늘어서 있는데, 이들 부도는 고려 때부터 최근에 이르기까지 금산사를 거쳐간 고승들의 묘탑이다.

입구의 오른쪽에서부터 차례로 부도의 이름을 열거하면, 1. 용봉대선사, 2.

부도전 고려시대 부터 최근에 이르기까지 금산사를 거쳐간 고승들의 묘탑이 모셔져 있는 곳이다.

소요당대사, 3. 혜덕왕사진응탑비, 4. 남악당, 5. 백곡당, 6. □운당, 7. 진표율사(1984년 조성), 8·9·10. 불명, 11. 해운당, 12. 서봉당 13. 벽허당, 14. 인봉당 등이다.

그 밖에 「명문당」의 부도가 최근에 세워졌다.

이상에서 금산사의 성보문화재를 살펴 보았지만 여기서 하나 더 빠뜨릴 수 없는 것은 현재 일본의 동경국립박물관에 소장되어 있는 금산사 향로대좌이다. 향로는 사라지고 대좌만이 남았는데 높이는 28㎝, 지름은 35.5㎝이다. 대좌의 가장자리에 1178년(명종 8)에 조성하여 미륵상 앞에 봉안하였다는 명문이 적혀 있다.

이 향로대좌가 어떻게 건너가게 되었는지 연유야 알 수 없지만, 머지않아 절에 성보유물전시관이 들어선다고 하니 이 곳에서 배관할 수 있는 날이 오기를 기대해본다.

■ 산내암자

● 청련암

홍예문을 지나 동쪽으로 난 길을 1.5km 쯤 오르면 청련암(靑蓮庵)을 만나게 된다. 이 암자는 언제 창건되었는지는 알 수 없으나 금산사의 산내암자로서 조선 중기까지는 청사굴(靑社窟)이라 불렀다. 가람은 1959년에 세운 극락전과 삼성각, 그리고 2동의 요사로 구성되어 있는데 1962년에 대법화 보살이 절을 중창했다.

극락전은 앞면 6칸, 옆면 4칸의 팔작지붕 건물이다. 안에는 극락전의 이름에 걸맞게 아미타보살을 본존으로, 관음보살과 대세지보살을 협시로 봉안하였다. 그 뒤로는 석가·비로자나·약사의 삼불후불탱화를 걸었다. 또한 좌우의 벽에는 1961년에 당시 주지 영전(映傳) 스님과 법주 대법화보살이 봉안한

청련암 조선 중기까지 청사굴이라 불리던 곳으로 지금은 극락전과 삼성각 등의 건물이 있다.

지장탱화·극락탱화·신중탱화가 봉안되어 있다.

삼성각은 앞면 4칸, 옆면 1칸의 우진각지붕 건물인데 지붕을 함석으로 올렸다. 안에는 1984년에 주지 목정(目精) 스님과 대법화보살이 봉안한 칠성탱화·산신탱화·용왕탱화가 있다.

● 심원암

심원암(深遠庵)은 금산사에서 동북쪽으로 1.5km 지점의 혜덕왕사비가 있는 부도전 위쪽에 자리한다. 창건시기는 정확하지 않으나 1635년(인조 13)에 수문대사가 금산사 가람을 중창할 당시 이미 존재해 있었다. 인법당과 삼성각으로 이루어진 자그마한 암자이기 때문인지 연혁이 거의 전하지 않는다.

인법당은 앞면 6칸, 옆면 3칸의 팔작지붕으로 안에는 아미타좌상과 관음보살상·후불탱화·신중탱화를 봉안하였다.

심원암 인법당과 삼성각이 있으며 절은 수문대사의 금산사 중창 당시 이미 존재하고 있었다고 한다.

삼성각은 앞면과 옆면 각 2칸씩의 팔작지붕 건물인데 현재 천정이 내려앉을 정도로 많이 퇴락한 상태이다. 안에는 1946년에 조성한 칠성탱화·산신탱화·독성탱화를 봉안하였다. 한편 암자의 북쪽 산록에는 보물 제29호로 지정된 고려시대의 심원암북강삼층석탑이 있다.

◆ 심원암북강삼층석탑

심원암 인법당의 오른쪽 작은 길을 따라 정상을 향하여 20분쯤 걸어 올라가면 고려시대의 건물지가 나타난다. 이곳은 취령암(鷲嶺庵) 터로서 잘 다듬어 쌓은 석축이 남아 있고 주위에서 기와와 청자편들을 볼 수 있다. 이 위쪽에 보물 제29호인 삼층석탑이 자리하고 있다.

전체 높이는 4.5m이고 2층의 기단 위에 3층의 탑신을 세우고 그 위에 상륜부를 얹었다. 여러 개의 장대석으로 지대석을 마련하고, 그 위에 하층기단을

북강삼층석탑

심원암 뒷편의 취령암
터위에 자리하고 있는
이 탑은 고려시대에 조
성되었다. 보물 제29호.

없었다. 하층기단에는 우주와 탱주가 있으나 하대와 면석, 갑석들의 넓이가
거의 동일하여 신라 정형의 석탑에서 퇴화된 양식을 보인다. 상층기단은 4매
의 판석으로 만들었는데 2면에는 우주와 탱주가 있는 판석을 끼우고, 다른 2
면에는 탱주만이 있는 판석을 끼웠다.

탑신은 별개의 화강석으로 옥신과 옥개석을 조성하였다. 옥신에는 탱주가
없이 우주만을 나타냈고, 옥개석은 넓은 편으로 추녀밑이 곡선을 그리며 반전
하는 고려시대 특유의 양식을 지녔다. 옥개석은 낙수면이 급하고 전각의 끝

부분에서 반전을 이루어 예리한 귀퉁이를 만들었다. 추녀끝의 좌우에는 풍경을 달았던 구멍이 있고, 옥개받침은 4단씩으로 고려 중기 이후에 탑이 조성되었음을 알게 한다. 상륜부에는 노반만이 남아 있고 나머지 보개나 보주 등은 모두 결실되었다.

전체적으로 이 탑은 기단에서 시작하여 탑신에 이르기까지 체감율이 적어 안정감이 부족하다. 또한 석재의 결구에 있어서도 규칙성을 잃었고, 우주 등의 표현이 미약하다. 이러한 현상은 깊은 산중에 탑을 세우면서 어쩔 수 없이 그저 탑의 기본적 골격만을 염두에 두었던 탓이라 생각된다. 근래에는 도굴꾼의 손길이 미쳤는지 1층과 2층의 탑신이 부분적으로 파손되기도 하였다.

금산사 가람배치

귀신사

귀신사(歸信寺)는 김제시 금산면 청도리 81번지 모악산(母岳山)에 자리한 대한불교조계종 제17교구 본사 금산사의 말사이다.

절은 676년(문무왕 16)에 의상(義湘) 스님이 창건하여 국신사(國信寺)라고 했던 것에서 비롯한다. 당시의 규모는 짐작할 수 없지만 당대의 대학자인

귀신사 의상스님이 창건하여 국신사로 시작된 절은 고려시대에 와서 원명국사가 중창하였다.

최치원(崔致遠, 857~?)이 그의 「법장화상전(法藏和尙傳)」을 이곳에서 쓴 것으로 보아 통일신라 말까지 대사찰로서의 면모를 유지했던 듯하다. 「법장화상전」에는 국신사(國神寺)로 표기되어 있다. 그리고 절에 있는 통일신라 시대의 삼층석탑 등의 유물을 보아서도 당시 절은 상당히 큰 규모였음을 알 수 있다.

한편 절은 백제 법왕(法王, 재위 599년) 때 원당(願堂), 곧 왕실 사찰로 창건되었다고 보는 견해도 있는데, 경내에 있는 석수(石獸)가 백제 왕실의 자복사찰(資福寺刹)에서만 볼 수 있는 석물이라는 견해 때문이다. 또한 뒤에서 소개될 자수 무경 스님의 〈전주무악산귀신사사적사인〉에도 절은 백제 왕실의 원당이었다는 글이 있다.

■ 연혁

귀신사는 고려 때도 창건 당시의 규모가 유지되었는데, 건물과 암자가 즐비했던 대찰이었다고 한다. 특히 원명국사(圓明國師, 1090~1141)는 1120년대에 절을 중창하며 머무르기도 했다.

이 무렵에 절은 구순사(口脣寺) 또는 구순사(狗脣寺)로 불렸다. 이것은 절 주위의 지형이 풍수지리설에서 말하는 구순혈형(狗脣穴形)인 것에서 유래되었기 때문으로 풀이하고 있다. 그리고 『동국여지승람』에 보면 고려 말인 1376년(우왕 2) 무렵 왜병이 이 지역에 쳐들어와 성을 함락시키고는 절에 주둔했는데, 이 때 병마사 유실(柳實)이 적병을 물리쳤다.

조선시대에는 숭유억불의 정책 탓인지 초기에 절은 매우 퇴락된 듯하다. 그것은 이른바 생육신 가운데 한 사람으로 잘 알려진 김시습(金時習, 1435~1493)이 이 곳을 찾은 뒤 지은 〈귀신사허(歸信寺墟)〉라는 시문을 통해 짐작할 수 있는데, 시 가운데 '탑은 무너지고 비석은 끊어져 있다'라는 내용이 있어 15세기 당시 절의 상황을 짐작케 한다.

한편 절의 연혁에 관한 기록으로는 지금 절에 전하는 상량문 및 〈귀신사중

귀신사 석탑

대적광전 뒷편 축대 위에
있다. 고려초의 석탑양식을
지니면서도 백제탑의 특징
을 간직하고 있다.

수기〉(1823년) · 〈시주질〉(1884년) · 〈전라북도전주군무악산귀신사명부전개
와기〉(1914년) 등의 현판, 그리고 17~18세기에 활동한 자수 무경(子秀無
竟, 1664~1737) 스님의 『무경집』에 수록된 〈전주무악산귀신사사적사인(全
州母岳山歸信寺事蹟詞引)〉과 〈무악산귀신사팔상전기(母岳山歸信寺八相
殿記)〉와 같은 기문을 들 수 있다.

　이 가운데 특히 1633년(인조 11)에 작성된 상량문은 현재 전하는 절에 관
한 기록 가운데 가장 오래된 것이라 주목된다. 다만 어느 건물에서 나온 것인
지 확실히 알려져 있지 않은 것이 아쉬운데, 본문의 내용으로 보아서는 아마

도 나한전에서 나온 듯하다. 이 상량문은 종이 위에 글씨를 쓴 두루마기 형태의 필사본으로서 앞부분의 내용은 결실되었으나 중간부터는 잘 남아있어 작성된 연대와 관계 인명들을 알 수 있다.

이 상량문에 따르면 임진왜란으로 절은 폐허가 되었는데 이곳을 지나던 염화(拈花)·신허(信虛) 스님이 황폐화된 절을 가슴 아프게 여겨 전각을 짓고 절을 중건했다. 그리고 이어서 덕기(德奇) 스님이 절을 대대적으로 중창했다. 먼저 여래삼존을 봉안하고 이어서 승당(僧堂)과 정문(正門), 그리고 미륵보전을 짓고 여기에 미륵탱화를 봉안했다. 또한 시왕전을 지은 뒤 지장보살과 시왕 및 그 권속을 모셨고, 이어서 천왕문을 짓고 사천왕을 봉안했다. 그리하여 절에는 여러 당우가 자리잡게 되었다. 다만 나한전이 없으므로 도헌(道軒) 스님이 발심하여 나한전을 짓고 그 안에 석가불상과 그 좌우보처로 가섭·아난·16나한·제석 및 사자상(使者像) 등 전부 25위를 봉안했다고 한다.

한편 〈전주무악산귀신사사적〉에서는 절은 백제의 원당으로 창건되었으며 그 뒤 몇차례의 중건·중수를 거치며 법등을 이어오다 임진왜란으로 퇴락되

기단석 절의 곳곳에는 절의 오랜 역사를 말해주는 탑재와 장대석 그리고 기단석 등이 흩어져 있다.

배례석 대적광전 앞의 작은 수풀 속에는 본래 마당 한 가운데 자리하고 있었을 배례석이 있다.

었고, 쇠락한 절을 다시 일으킨 것은 1624년(인조 2)의 일로 기록되어 있다. 전쟁과 광해군의 폭정으로 아무도 남지 않은 절에 인조가 등극한 후 사람들이 다시 절로 모여들어 힘을 합하여 새로 절을 중창하기 시작해 금당에 이어서 요사 등의 건물을 계속해서 세웠다는 것이다. 이것은 위에서 본 상량문의 내용과 연관시켜 볼 때 서로 부합되는 것을 알 수 있다. 상량문이 1633년에 작성된 것은 곧 1624년부터 시작된 중창불사가 이 해에 마무리된 것으로 이해할 수 있을 것이다.

또한 〈귀신사중수기〉에는 임진왜란 직후인 1601년(선조 34)에 중수를 시작했다고 하는데, 〈전주무악산귀신사사적〉과 20여 년의 시차가 보이지만 결국 위와 같은 내용을 기록한 것으로 보인다.

그런데 〈전주무악산귀신사사적〉에는 이 때의 중창은 옛터가 아닌 새로운 터 위에 이루어졌다고 기록되어 있다. 그것이 맞다면 지금 절 뒤편에 있는 삼층석탑 자리가 옛 절터이고 지금 절이 있는 곳은 이 때 비로소 새롭게 들어선 자리인 듯하다. 그 뒤에도 얼마 안 있어 비바람으로 인해 전각이 퇴락하자

1657년(효종 8)에 대웅전 등을 중수했다고 한다.

절은 그 뒤 사운(寺運)이 기울었는지 다시 쇠락하여 간신히 법등을 잇는 정도가 되었다. 그러나 두감(斗瑊) 스님이 주석하면서 절은 새롭게 중창의 기운을 얻었다. 스님은 대중을 모으고 널리 시주를 받아 1707년(숙종 33)에 여러 전각을 중창하기 시작했는데, 이 해에 대웅전을 비롯한 여러 전각을 지었다. 그리고 이어서 1715년에는 팔상전을 짓고 이듬해에 불상을 봉안했다.

조선 후기에 와서는 1873년(고종 10)에 춘봉(春峰) 스님이 중창했다. 그런데 흔히 이 때 스님이 절이름을 지금의 귀신사로 바꾼 것으로 말하고 있으나, 앞에서 보았듯이 김시습의 시에 이미 '귀신사'로 나타나는 것으로 보아서는 고려 말 또는 조선 초에 이미 귀신사로 바뀌어져 있었다고 할 수 있다.

1884년에는 명부전을 중수했으며, 1914년에 명부전 기와를 개수했고 1927년에도 명부전을 보수했다. 1934년에는 대적광전을 중수했다.

근래에 들어와서는 1988~1992년까지 혜견 스님이, 그리고 1992년에 자용·용타 스님이 주지로 잠시 동안 주석했다. 1993년 이후 지금까지는 용타 스님의 제자인 범현(梵玄) 스님이 주석하고 있다. 앞으로 요사 왼쪽 본래의 건물터로 추정되는 곳에 나한전을 새로 지을 예정이라고 한다.

앞에서 살펴본 여러 가지 문헌과 기록 등을 종합해서 절의 연혁을 알기 쉽게 표로 재구성하면 다음과 같다.

귀신사 연혁

시 대	내 용
676년	의상대사가 창건하여 국신사(國信寺)라 부르다.
1120년대	고려의 원명국사가 중창하다.
15세기	일시 황폐화되다. 그 뒤 어느 시기에선가 절은 복구되다.

시 대	내 용
1592년	임진왜란으로 절은 다시 폐허화되다.
1601년(?)	염화(拈花)·신허(信虛) 스님 등에 의해 부분적 중수가 이루어지다.
1624~1633년	덕기(德奇) 스님에 의해 대대적 중창이 이루어지다. 삼존불상 봉안, 승당·정문·미륵보전·시왕전·천왕문 등이 세워지고 미륵탱화 및 사천왕상·지장과 그 권속 등 25위가 봉안되다. 또한 도헌(道軒) 스님이 1633년에 나한전을 짓다.
1657년	대웅전을 중수하다.
1680년	전각을 중수하다.
1707년	두감(斗瑊) 스님이 대웅전 등을 중건하다.
1715년	두감 스님이 팔상전을 짓다.
1716년	두감 스님이 팔상전에 불상을 봉안하다.
1734년	전각을 중수하다.
1737년	전각을 중수하다.
1823년	법당을 중수하다.
1873년	춘봉(春峰) 스님이 중건하다.
1884년	명부전이 중수되다.
1914년	명부전 기와를 개수하다.
1927년	명부전을 보수하다.
1934년	대적광전을 중수하다.

■ 귀신사 관련 시문

절에 관한 시문으로서는 윤진(尹珍)과 김시습(金時習)의 시가 전한다. 윤진은 고려 말의 문신이며, 김시습은 생육신의 한 사람으로서 스님이 되어 설잠(雪岑)이라는 법명으로 불리기도 했다.

● 윤진의 시

北院颼颼百竿竹　南窓縹緲萬重山　松關石路過溪入　偶對高僧暫得閑

북원의 대나무밭에 바람이 솔솔 불어
남창을 바라보니 멀리 깊고 깊은 산이 아득하네
솔나무 돌길을 지나 시내로 들어가다
우연히 한 고승 만나 뵙고 잠시 한가함을 얻었네

● 김시습의 시

烟埋秋草夕陽中　獨立空山思不窮　壞塔已無花雨瑞　斷碑猶帶薛蘿叢
幾年成敗隨流水　千古關河送去鴻　世上興亡皆若此　不須懷耤問天公

가을풀 가득한 곳 석양 중에 와보니
홀로선 빈 산에서 생각은 끝없어라
탑은 무너져 꽃도 없는 곳에 단비가 부슬부슬 내리고
부서진 비석 위에는 들풀이 엉켜 있네
얼마간의 성패야 흘러가는 물같은 것
옛날에도 관하에서 기러기를 날려 보내지 않았나
세상의 흥망은 모두 이와 같을까
기다리지 못하고 천공에게 물어보네

■ 성보문화재

현재 절에는 대적광전·명부전·요사·수각 및 식당 건물이 있다. 그 밖에
절 경내에는 석탑·석수(石獸)·배례석(拜禮石) 및 부숴진 탑이 있다.

그리고 경내 여러 곳에 건물이 들어섰던 터가 남아 있으며, 거기에 장대석
과 주춧돌들이 여기저기 흩어져 있는 것을 볼 수 있다.

● 대적광전

맞배지붕에 앞면 5칸, 옆면 3칸 크기로서 다포식 공포를 하고 있으며 현재
보물 제826호로 지정되어 있다. 정확히 언제 처음 지어졌는지는 알 수 없으나
지금의 건물은 대체로 17세기 후반 무렵에 중건된 것으로 추정된다.

건축 양식을 보면 기단(基壇)은 큰 면석 위에 다시 납작하고 작은 돌을 얹
어 꾸몄는데 이같은 방식은 고식(古式)에 속하는 건축 수법이다. 주춧돌은
자연석이며 그 위에 배흘림이 있는 둥근 기둥을 세웠다. 지붕을 얹는 포작은

대적광전 비로자나 삼존불이 봉안된 건물은 17세기 후반무렵에 조성된 것으로 추정된다. 보물 제826호.

감제사자상
대적광전내에 봉안된 목조의
16나한상과 감제사자상 등은
작품성이 뛰어나고 사실적이
어서 마치 금방이라도 살아
움직일 듯하다.

내외2출목의 공포(栱包)로서 창방과 평방이 있다. 공포의 모양은 첨차 끝이
약간 휘면서 아래로 뻗은 건물 앞면보다 쇠서 위에 연봉이 장식된 뒷면의 것
이 보다 오래된 것으로 보여 여기에서도 이 건물 자체가 중건된 것임을 알 수
있다.

내부의 가구(架構)는 불단에 봉안된 불상이 높고 크기 때문에 천장을 높이
기 위하여 고주(高柱) 중간에 보를 꽂아 그 끝이 평주(平柱) 위에 얹히게
한 다음 그 보 위에 다시 보를 얹어 고주 위에 놓이도록 했다. 그래서 불상의
머리 옆으로 보가 지나가게 되었다. 이것은 곧 이 건물이 본래 중층이었다가
나중에 다시 지으면서 지금처럼 단층으로 고쳤다는 뜻도 된다. 실제로 〈귀신

사중수기〉에 보면 법당이 이층이었다는 구절이 있어 이같은 추측을 뒷받침해 준다.

건축학적으로 특색있는 부분은 앞면 벽체와 개구부(開口部)이다. 앞면 벽체는 5칸 중 가운데 한 칸만 출입할 수 있도록 했고 양쪽 칸은 빗살창 밑에 머름 청판(廳板)을 달았으며, 가운데 칸 빗살문 옆에도 청판이 있다. 양쪽 협칸은 전체를 회벽으로 바르고 그 밑에 머름 청판이 남아 있는데, 본래는 이곳에도 빗살창이 달렸을 것으로 추정된다.

대적광전은 창건이래 여러 차례의 중건·중수가 있었는데, 가장 최근에는 1823년과 1934년에 중수된 바 있다.

안에는 불단에 비로자나삼존불상이 봉안된 것을 비롯해서 석가삼존상(석가·아난·가섭)·16나한상과 인왕상·감제사자상·보살상 각 2체 등이 모셔져 있다. 대적광전 자체뿐만 아니라 그 안에 봉안된 성보문화재 역시 전부 작품성이 뛰어난 훌륭한 성보문화재들인데, 이 가운데 석가삼존상과 16나한상은 앞으로 나한전이 완성되면 그곳으로 옮길 예정이라고 한다.

불화로는 후불탱화와 신중탱화·산신탱화·독성탱화가 있는데 후불탱화 외에는 화기(畵記)가 없어 정확한 제작년대를 알 수 없다. 후불탱화는 1983년 주지 유견성(柳見星) 스님 당시에 봉안된 그림이다.

그 밖에 1934년 주지 강로(江露) 스님의 이름이 있는 〈대적광전중수방명록〉과 1984년의 〈후불탱화방명록〉과 같은 현판이 걸려 있고, 대적광전 한 쪽에는 중종(中鍾)이 있다.

● 명부전

맞배지붕에 앞면 3칸, 옆면 2칸 건물이다. 주춧돌은 자연석이며 그 위에 둥근 기둥을 놓았다. 안에는 소조(塑造) 지장상을 중심으로 도명존자·무독귀왕상이 있으며 시왕상 10체, 인왕·판관·녹사·사자상 각 2체와 동자상 7체, 작은 사자상 1체가 있다.

내부에는 현판 5매가 걸려 있는데, 1884년(고종 21)·1914년·1927년의 시주질(施主秩) 등이다.

● 삼층석탑

대적광전 뒷편 축대 위의 넓은 공간에 봉안되어 있으며, 현재 전라북도유형문화재 제62호로 지정되어 있다.

정확한 건립년대는 알 수 없는데, 대체적으로 고려 초의 석탑 양식을 보이면서도 백제탑의 특징을 간직하고 있는 점이 주목된다. 그래서 7세기 중엽 귀신사 창건 당시의 건립으로 보는 견해도 있고, 또는 그보다 앞선 6세기 후반으로 추정하기도 한다.

탑의 양식은 지대석 위에 단층 기단을 쌓고 그 위에 4장의 돌로 이루어진 갑석을 얹은 다음 3층의 탑신을 올렸다. 초층 탑신은 탱주(撑柱) 없이 네 모서리에 우주(隅柱)를 새겼으며 그 위를 역시 4장의 갑석으로 덮었다. 탑신과 옥개석 사이에는 별도의 다른 돌로 받침을 놓았는데, 옥개석 낙수면 끝은 위로 살짝 치켜올려진 형식을 하고 있다.

2층 탑신은 초층에 비해 거의 절반 정도 크기로 줄어들었으며 우주가 새겨졌고 역시 옥개석 사이에 1장의 돌로 된 받침이 끼워져 있다. 옥개석은 초층 옥개석과 마찬가지로 4장의 돌로 이루어졌고 그 위에는 받침돌 없이 바로 3층 탑신을 올려놓았다.

3층 탑신은 2층 탑신보다 조금 더 줄어들었으며 탑신과 옥개석 사이에 2장의 돌로 받침을 끼웠다. 옥개석 위에는 아무 무늬가 없는 노반(露盤)이 있으며 그 위는 남아 있지 않다. 전체 높이는 545cm이다.

● 부도

절 남쪽으로 약 300미터 가량 떨어진 청도원 마을 입구 논둑 위에 있으며, 현재 전라북도유형문화재 제63호로 지정되어 있다. 본래 흙속에 묻혀 있던

부 도

절 밖의 청도원 마을 입구 논 한가
운데 자리하고 있다. 고려 후기 혹은
조선 초기에 조성된 듯하다.

것을 발굴하여 복원했는데, 이 자리에 부도가 있는 것으로 보아서 이곳까지
절의 경내였음을 짐작할 수 있다.

부도의 구성은 팔각의 하대석과 간석이 있고 그 위에 상대석과 탑신 그리고
옥개석으로 이루어져 있다. 하대석은 윗쪽 면에 연꽃무늬가 돋을새김되어 있
다. 간석(竿石) 역시 팔각인데 다른 무늬는 없다. 상대석은 전체가 연꽃 형
태로 새겨진 팔각의 돌로서 맨 위에는 움푹 패인 곳이 있어 그 위에 탑신을
끼워 받치기 좋도록 되어 있다. 탑신은 둥근 원통형이며 그 위에 팔각의 옥개
석이 있다. 옥개석의 지붕은 용마루가 뚜렷해서 팔각을 구분하고 있고, 곡선
은 다소 급하게 기울어져 있다. 옥개석 위에는 보주(寶珠)가 있다.

전체적 양식으로 보아서는 고려 후기 혹은 조선 초기로 추정되며, 부도의
주인공은 알지 못한다. 전체 높이 약 240cm이다.

● 석수

석수(石獸)는 대적광전 뒤쪽 축대 위 삼층석탑 옆에 있으며 현재 전라북도 유형문화재 제64호로 지정되어 있다. 모습은 사자 형태로서 북쪽을 향해 엎드려 있다. 엎드린 밑에는 타원형의 낮은 대좌가 있는데 사자상과 한 돌로 되어 있다. 좌대 아래는 땅에 묻혀 있어 하대석이 있는지 확인되지 않는다.

사자상 위에는 지름 약 30㎝ 가량의 움푹 패인 부분이 있어 여기에 간석(竿石)이 있고 그 위에 또 하나의 작고 둥근 석주(石柱)가 있다. 석주는 밑에 잘린 부분이 보인다.

이렇게 석사자상이 있고 간석 및 석주가 올려진 구성은 다른 곳에서 찾기 힘든 매우 특이한 것으로서, 사자상 위의 간석 빛 석주를 남근석으로 보기도 한다.

크기는 좌대 길이 168㎝, 너비 85㎝이며 사자상의 길이는 156㎝, 그리고 간주석은 높이 72㎝, 너비 28㎝이며 간주석 위의 석주는 높이 41㎝, 너비 21㎝이다.

석 수

한편 이 석수의 조성에 대해서는 이 곳의 지형이 구순혈(狗脣穴)이므로 터를 누르기 위해 만들었다는 풍수지리적 견해가 있다. 또한 『금산사지』에 금산사가, '백제 법왕 때 왕실의 자복사찰로서 창건되었으며 석수가 있다.'는 내용이 있는 것에 주목해서

귀신사에도 석수가 있으므로 금산사와 같은 무렵에 창건되었거나, 혹은 위와 같은 금산사지의 기록이 귀신사의 내용을 혼동해서 잘못 실은 것이라고 보기도 한다.

● 탑재·배례석

절 경내에는 탑재·배례석을 비롯해서, 기타 건물지 곳곳에 장대석과 주초석·기단석 등이 흩어져 있다.

탑재(塔材)는 석탑·석등 부재 등을 모아서 삼층석탑 형태로 쌓아 놓았는데 통일신라·고려 등 여러 시대의 여러 석재가 한데 어우러져 있다.

배례석은 경내 풀밭에 놓여졌는데 산뜻한 형태라든가 조각된 안상(眼象) 등으로 보아서 통일신라시대의 우수한 작품으로 추정된다. 지금이 본래 위치는 아닐텐데, 앞으로의 조사를 통해서 제자리에 놓여지기를 희망한다.

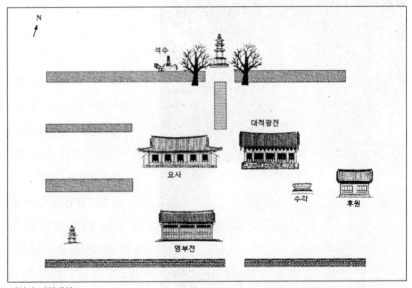

귀신사 가람배치

만복사

■ 위치와 창건

만복사(萬福寺)는 김제시 신곡동 13번지에 자리한 한국불교태고종 사찰이다. 절은 1931년에 현재 요사로 사용되는 인법당을 지으면서 창건되었다. 그런데 절에서 전하기로는 이 자리는 본래 고려 때 창건되었다가 조선시대 초에 폐사된 절터였다고 한다. 지금 법당에 봉안된 석불상은 1931년 지금의 절이 세워지기 전부터 있었는데 이 불상이 곧 본래 있던 사찰에 봉안되었던 것이

만복사   절이 세워지기 전부터 있었다는 석불상이 있어 예전에는 부처댕이라고도 불리웠다고 한다.

며, 그래서 이곳을 예전에는 '부처댕이'로 불렀다고 한다.

1938년 금산사에서 온 권상룡 스님이 법당을 새로 짓고 위봉사에서 모셔온 부처님을 봉안했으며, 1931년에 지은 법당은 요사로 사용했다.

이후 해방을 전후한 무렵 현재의 창림(暢林) 스님이 주지로 주석하면서 법당을 중수하고, 오층석탑을 세웠다.

■ 성보문화재

절에는 현재 대웅전·요사와, 그 안에 미륵석불·아미타삼존불상·치성광여래상 및 아미타후불탱화·산신탱화·칠성탱화·신중탱화·독성탱화 등이 있다. 아미타불은 위봉사에서 모셔온 것이라고 한다.

대웅전은 1938년 처음 세워진 뒤 한 차례 중수되었으며, 요사는 1931년에 지어졌다. 대웅전의 성보문화재 가운데 고려~조선 초로 전하는 미륵석불 외에는 전부 근래 봉안되었다.

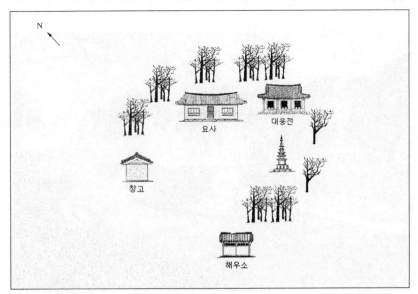

만복사 가람배치

망해사

■ 위치와 창건

　망해사(望海寺)는 김제시 진봉면 심포리 1004번지 진봉산(進鳳山)에 자리한 대한불교조계종 제17교구 본사 금산사의 말사이다. 진봉산은 심포(深浦) 어항(漁港)에서 약 1km 가량 떨어져 있고 그 산자락에 절이 자리한다.

　절에서 바라다보면 서해가 가까이 있고, 또한 고군산열도(古群山列島)가

망해사 전경　진봉산 산자락에 자리한 절은 서해 바다를 내려다 볼 수 있는 좋은 전망을 지니고 있다.

한 눈에 내려다 보인다. 절이름 그대로 서해 바다를 내려다 볼 수 있는 좋은 전망을 지니고 있다.

망해사는 영호 정호(映湖鼎鎬, 1870~1948) 스님이 지은 〈망해사중수기〉에 의하면 통일신라시대인 754년(경덕왕 13)에 중국 당나라에서 건너온 중도법사(中道法師)가 창건했다고 한다. 또는 다른 문헌을 보면 창건주는 중도법사가 아니고 도장법사(道藏法師) 혹은 통장화상(通藏和尙)으로 말하는 곳도 있다. 도장법사 외에 중도법사·통장화상에 대해서는 전하는 기록이 없어 어떤 스님이었는지 알 수 없으나, 어쩌면 세 가지 이름이 전부 한 사람을 가리키는 것으로도 생각된다.

그러나 한편으로는 백제 때인 642년(의자왕 2)에 부설거사(浮雪居士)가 처음 창건했고 이어서 중도법사가 중창했다고도 전한다.

고려시대에는 1073년(문종 27)에 심월대사(心月大師)가, 그리고 고려 말인 1371년(공민왕 20)에는 지각선사(智覺禪師)가 중창했다.

조선시대에는 초기에 억불정책으로 인해 절이 매우 쇠락되었다고 전한다.

낙서전 진묵스님에 의해 처음 지어진 뒤 여러차례 중수를 거듭하다 최근 새롭게 해체 복원된 건물이다.

그러나 1530년(중종 25)에 편찬된 『신증동국여지승람』에 절이름이 보이는 것으로 보아서는 나름대로 법등을 이어간 것으로 생각된다. 1624년(인조 2)에는 김제 출신의 고승 진묵 일옥(震默一玉, 1562~1633) 스님이 낙서전(樂西殿)을 새로 짓는 등 절을 중창하여 사세를 크게 넓혔다. 또한 18세기에 편찬된 『범우고』와 『가람고』에도 절이름이 보인다.

그러나 이후 쇠락과 중건을 몇 차례 거듭하다 조선시대 후기에 만화 관준(萬化寬俊, 1850~1919) 스님에 의해 중창되었다. 이어서 1915년에 계산(桂山) 스님이 중창했으며, 1933년에는 정희(整禧) 스님이 보광명전과 칠성각을 새로 짓고 낙서전을 중수했다.

근래에는 1977년에 남파(南坡) 스님이 요사·망해대(望海臺)를 새로 짓고 낙서전·보광명전·칠성각 등을 복원 중수했다. 이어서 1984년에 보광명전과 칠성각을 헐고 그 자리에 대웅전을 새로 지었다. 1986년에 낙서전을 해체 복원했으며 1989년 종각을 새로 짓고 1991년에는 대웅전을 중수해서 오늘에 이른다.

▓ 주요인물

● 도장 스님

도장(道藏) 스님은 백제 후기의 스님으로서 망해사의 창건주로 알려진 고승이다. 〈망해사중수기〉에 의하면 중도(中道)라는 이름으로 나오는데, 바로 도장 스님을 지칭하는 듯하다.

스님은 일본에 가서 성실종(成實宗)을 전한 분으로 유명한데, 그 행적에 대해서는 『일본서기(日本書紀)』·『본조고승전(本朝高僧傳)』·『속일본기(續日本記)』 등의 문헌을 통해 알 수 있다. 675년에 일본에 갔는데 684년 여름에 날이 가물므로 왕이 스님을 불러 비를 빌게 하니 해가 채 뜨기 전에 비가 대지에 가득 내려 그로부터 왕이 스님을 존숭했다.

망해사와 서해 종각에 올라서면 하늘과 바다를 한눈에 넣을 수 있다.

721년에는 왕이 글을 내려, '도장 스님은 부처님의 동량(棟梁)이며 법문(法門)의 으뜸인데, 나이가 80세가 넘어 기력이 쇠약해졌으므로 시물(施物)하여 잘 공양하도록 하라.'는 명을 내리기도 했다. 스님은 90세가 넘어서 일본 남경(南京)에서 입적했다. 스님은 구사(俱舍)·삼론(三論)에 능한 학자로 평가받으며, 저술로는 『성실론소(成實論疎)』 16권이 있으나 전하지는 않는다.

■ 성보문화재

현재 절에는 대웅전과 종각 및 요사인 낙서전(樂西殿)·청조헌(廳潮軒) 등의 건물이 있다.

대웅전은 팔작지붕에 앞면과 옆면 각 3칸씩으로서, 1991년에 중창되었다. 안에는 아미타삼존불상과 영산후불탱화·지장탱화·칠성탱화·조사 영정 및 범종이 있다. 1924년에 제작된 신중탱화를 제외하고는 전부 근래에 봉안되었다.

낙서전은 전라북도문화재자료 제128호로 지정되었으며, 팔작지붕에 'ㄴ'자 모양을 하고 있다. 1624년 진묵 스님에 의해 처음 지어진 뒤 여러 차례 중건·중수를 거듭하다 최근에는 1986년에 해체 복원되었고 현재는 요사로 사용된다.

종각은 1989년에 세워졌는데 전에 칠성각에서 보관하던 범종을 이곳으로 옮겼다.

또한 경내에는 조선시대의 부도 4기가 있다. 부도의 주인공은 서쪽에서부터 부도 몸체에 〈만화탑(萬化塔)〉·〈심월당(心月堂)〉·〈호심당(湖心堂)〉·〈덕유당(德有堂)〉으로 적혀 있다.

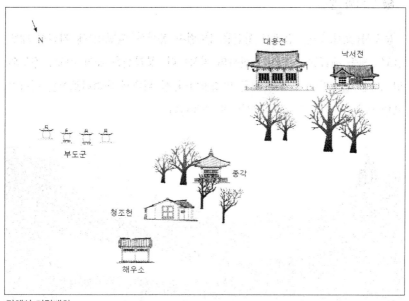

망해사 가람배치

문수사

■ 위치와 창건

문수사(文殊寺)는 김제시 황산동 산6번지 봉황산(鳳凰山)에 자리한 대한
불교조계종 제17교구 본사 금산사의 말사이다. 봉황산은 높이 100m 정도의
얕으막한 산이지만 주위가 너른 만경평야라 산 위에서 내려다보이는 시야가
제법 넓으며, 절은 그 정상 가까이에 위치한다.

문수사 봉황산 자락에 자리한 절은 혜덕왕사가 문수보살의 현몽으로 문수골에 창건하였다고 한다.

절은 백제 말인 624년(무왕 25)에 혜덕왕사(惠德王師)가 문수보살의 현몽으로 문수골에 창건했으며 당시 이름은 '문수사'였다고 전한다.

고려에서는 957년(광종 8)에 불타 없어졌으나 그 해에 혜림왕사(慧林王師)가 본래 있던 터에서 조금 물러나온 지금의 자리에다 중창했다. 이 때 새로운 터로 옮긴 것은 혜림왕사가 절을 중창하려 할 때 '문수암'이라고 쓴 현판이 어디에선가 날라와 이곳에 떨어졌으므로 터를 옮겼다고 한다. 그 때의 현판이 1990년까지만 해도 절에 보관되고 있었다 하는데, 지금은 확인되지 않는다.

고려 후기인 1105년(숙종 10)에 청원(淸元) 스님이 중창했고, 이어서 1232년(고종 19)에 인계(仁溪) 스님이 다시 중창했다.

조선시대의 연혁은 거의 알려지지 않는데, 다만 1914년에 윤보룡(尹寶龍) 스님이 중창했다고만 전한다.

근래에는 한국 전쟁을 거치면서 쇠락했으나 1967년 창법(暢法) 스님에 의해 시작된 중창불사로 면모를 일신했다. 이 해에 대웅전을 중창했으며 선원인 천불전을 늘려 지었고, 1969년에는 범종각을 새로 지었다. 또한 1972년에는 염불당과 열반당을 새로 짓고 미륵불상을 봉안했다. 그리고 이어서 1974년에는 삼성각을 중수하면서 중창을 마무리했다.

최근에는 1990년에 진신사리탑을 조성하고 대웅전 개금불사를 했다.

한편 절 앞에는 '귀목(貴木)'으로 불리는 오래된 느티나무가 있다. 고려시대인 1202년(신종 5)에 무불(無佛) 스님이 이곳에서 문수보살을 친견하고 그 자리에 이 나무를 심은 것이라고 전한다. 신령한 나무라 김제시에서는 매해 음력 정월 14일 밤에 목제(木祭)를 지내며, 절에서도 산신제를 함께 드린다. 나무 밑둘레는 530cm이고, 나무가 차지하는 면적은 14.4평이나 된다.

■ 성보문화재

현재 절에는 대웅전·삼성각·선원(천불전)·범종각 및 요사로 사용되는 염불당·열반당·선방 등의 건물이 있고, 절 마당에는 1972년에 봉안된 미륵

범종각과 느티나무

해질녘 산사의 모습은 오랜
느티나무가 말해주듯 고찰의
역사 만큼 긴 그림자로 드리
운다.

입상 및 오층석탑이 서 있다.

절 부근의 부도밭에는 '화산선사'·'화봉선사'·'만암당' 등의 부도와, 문
수사의 창건주 혜덕왕사의 비석이 1981년에 세워졌다.

대웅전은 팔작지붕에 앞면 3칸, 옆면 3칸 건물로서 1967년에 중창되었다.
안에는 아미타불·석가불·관음보살의 삼존상 및 지장보살·문수보살상을 봉
안했으며, 불화로는 영산후불탱화와 지장도·문수보살도·천룡도가 걸려 있
다. 또 범종도 있다.

삼성각은 맞배지붕에 앞면 2칸, 옆면 1칸이며 1974년에 중수되었다. 안에는

마애불

절 뒤편 암벽 앞에는 고려시대
에 조성된 것으로 보이는 마애
불이 있다.

치성광여래상을 비롯해서 칠성도·산신도·현왕도·독성도 등이 있는데, 칠
성도는 1974년 그리고 독성도는 1991년에 그려지는 등 대부분 근래에 봉안되
었다.

선원에는 '천불전' 현판이 함께 걸려 있다. 팔작지붕에 앞면 6칸, 옆면 4칸
으로 1967년에 고쳐 지었다. 바깥쪽에 〈문수사〉라는 사액(寺額)이 걸려 있
는데 앞에서 말한 957년 혜림왕사가 중창할 때 어디선가 날라온 그 현판은
아니라고 한다. 안에는 석가불상과 천불상이 있고, 시문 등이 적힌 현판 3매
가 걸려 있다.

그 밖에 범종각은 1969년, 염불당과 열반당은 1972년에 새로 지었다.

한편 절 뒤편 암벽에는 '산신위(山神位)'라는 글이 새겨져 있는데, 절이나 지역 주민들에게 매우 신성시되는 장소로서 매년 이곳에서 봄 가을로 제를 지낸다고 한다.

또한 이 암벽 앞의 바위에는 고려시대로 추정되는 마애여래불좌상이 새겨져 있다. 굵은 선각(線刻)으로 전체적인 윤곽을 표시했으며, 연화대좌 위에 앉은 채 두 손을 가슴께에서 모은 모습이다. 다만 손 부근의 선각이 희미해서 어떤 수인(手印)을 지은 것인지는 분명하지 않다. 상호는 머리 위에 육계가 큼직하게 표현되었고, 두 눈은 거의 감은 듯하며, 원만하면서도 두 뺨에 다소 살집이 느껴지는 점 등은 고려시대의 특징이라고 할 수 있다. 그리고 불의는 통견을 입었는데 오른쪽 어깨에서 왼쪽 어깨로 넘어가는 옷자락의 표현과 결가부좌한 발 아래로 흘러내린 옷주름 등은 통일신라의 양식을 이어받은 것으로 볼 수 있다. 이와같은 양식을 종합해 볼 때 11~12세기 무렵의 불상으로 추정된다.

문수사 가람배치

용봉사

■ 위치와 창건

　용봉사(龍鳳寺)는 김제시 용지면 봉의리 산18번지 봉의산(鳳儀山)에 자리
한 태고종 사찰이다.

　절의 역사에 대해서는 거의 알려진 바가 없어 현재로서는 1995년 절에서 세
운〈봉의산용봉사사적비〉에 의거할 수 밖에는 없다. 이 사적비를 토대로 해

용봉사　청암스님이 주석하면서부터 시작된 중건불사로 절은 한층 더 새로운 모습을 갖추게 되었다.

미륵상과 종각　최근에 미륵상과 종각, 그리고 불탑 등이 세워졌다.

서 절의 창건 및 연혁을 살펴본다.

　절은 조선시대 후기에 창건된 것으로 전한다. 본래 이 부근은 동래 정씨가 잡은 집터였는데, 정조(正祖, 재위 1777~1799년) 임금 때 풍수지리에 능한 한 스님이 지나치다 보고는 좋은 절터라 하여 용봉사를 창건했다. 그래서 당시 마을사람들은 이곳을 새로 지은 절, 곧 '새절'이라고 불렀고 마을 이름도 '새절마을(新寺里)'이라고 했다.

　그러나 절은 동학운동의 영향으로 불타 없어졌다가 그 뒤 김창배(金昌培) 등 7명의 거사가 수행을 위해 1897년(광무 1)에 초암(草庵)을 지어 법등을 이었다.

　근래에 들어와서는 1958년부터 청암(淸庵, 1908~1988) 스님이 주석하면서 지금과 같은 모습을 갖추게 되었다. 스님은 1969년에 미타전을 중수하고 1985년에 대웅전 · 삼성각을 새로 지으면서 중건불사를 이루었다. 이 불사에는 청암 스님과 더불어 화주 최보현화보살의 시주가 큰 힘이 되었다고 한다.

최근에는 1989년부터 청암 스님의 제자 법전(法田) 스님이 주석하고 있는데, 1990년에 범종 및 범종각 불사를, 그리고 1992년에는 미륵존불을 봉안했고 1995년에 불탑을 세워서 오늘에 이른다.

■ 성보문화재

현재 절에는 대웅전과 미타전·삼성각(영산전)·종각·요사 등의 건물이 있다. 또한 경내에는 1989년에 봉안된 석조미륵입상 및 1995년 세워진 사사자(四獅子)삼층석탑을 비롯해서 석조지장보살입상·석조약사불좌상 등이 있다. 건물 및 불상·불화들은 전부 1960년대 이후 절이 중창되면서 봉안되었다.

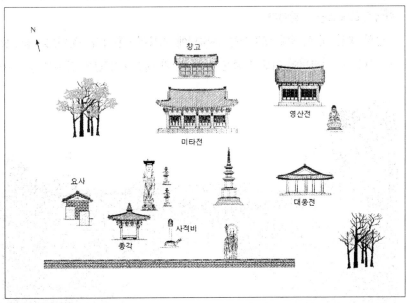

용봉사 가람배치

원각사

■ 위치와 창건

원각사(圓覺寺)는 김제시 요촌동 415번지 벽성산(碧城山) 아래에 자리한 한국불교태고종 사찰이다.

절의 창건 및 연혁에 대해서는 1984년에 기록된 〈원각사사적비〉를 참고할 수 있다. 이 사적비에 따르면 절은 일제강점기 때인 1927년에 일본인 승려 아

원각사　해방직후 지금의 주지인 춘명스님에 의해 인수되어 사세를 점차 확장하였다.

오키타로(靑木太郞)가 일본 동본원사(東本願寺) 계통의 작은 규모의 사찰로 창건했다고 했으며, 당시 이름은 '진조사'였다고 한다. 그 뒤 해방직후인 1945년에 지금의 주지인 춘명 창석(春明暢錫) 스님이 절을 인수하면서 원각사로 절이름을 바꾸고 사세를 점차 확장했다.

1968년에 대웅전 그리고 1970년에는 종각을 새로 지었으며, 1975년에는 최연지화 화주의 시주로 오층석탑을 봉안했다. 이듬해에는 미륵불입상을 봉안하여 오늘에 이른다.

■ 성보문화재

현재 절에는 대웅전과 종각, '안심암(安心庵)'으로 편액된 요사 등의 건물이 있다. 대웅전을 비롯한 전각과 그 안의 불상·불화는 전부 1968년 중창 이후에 봉안되었다.

원각사 가람배치

조앙사

■ 위치와 창건

조앙사(祖仰寺)는 김제시 만경면 화포리 431번지 유앙산(維仰山)에 자리한 한국불교태고종 사찰이다. 유앙산은 불앙산(佛仰山) 또는 주행산(舟行山)이라고도 한다. 또한 절이 위치한 화포리는 곧 진묵조사가 탄생한 예전의 불거촌(佛居村)이기도 하다.

절은 1915년 진묵조사를 숭앙하기 위하여 절이름을 조앙사라 하면서 창건

조앙사 진묵대사가 탄생한 불거촌에 자리한 절은 대사를 기리기 위해 조앙사로 창건되었다.

성모 묘역 부근에는 성모암이 자리하고 있고 이곳에는 진묵대사의 어머니인 조의씨의 묘역이 있다.

되었다. 당시는 대웅전만 있었으나 1925년에 요사를 짓고 1928년에는 칠층석탑을 세웠다. 1958년에는 종각을 짓고 이어서 1962년에 삼성전을 새로 지었는데, 삼성전은 허물어지고 지금은 남아 있지 않다. 그리고 1977년에는 그전의 대웅전을 헐고 새로 지었다.

한편 절 근처인 화포리 385번지에는 진묵 조사의 영정을 모신 진묵사(震默寺)가 있다. 이 절은 실질적으로 조앙사의 조사전 역할을 하고 있으며 현판도 '진묵조사전'으로 되어 있다. 진묵사는 처음 1928년에 창건되었고 그 뒤 1930~1940년대에 만경현(萬頃縣)의 동헌(東軒) 건물을 이곳으로 옮겨다가 지었다. 또한 화포리 388번지에도 조앙사와 관련 깊은 성모암(聖母庵)이 자리하고 있다. 성모암에서 전하기로는 절은 진묵 조사의 어머니 조의씨(調意氏)를 모시기 위해 1917년에 창건되었다고 한다. 그 뒤 절의 부전 스님들을 따로 모실 목적으로 1928년에 앞서의 진묵사를 지었으며, 여기에서 조앙사가 독립되었다고 한다. 현재 성모암에는 진묵 조사와 어머니의 영정을 봉안하고 있으며, 절 부근에 조의씨의 묘역(墓域)이 있다.

■ 성보문화재

조앙사에는 현재 대웅전과 영각 · 종각 · 요사 및 진묵조사전 등의 건물 그리고 칠층석탑이 있다.

● 대웅전

콘크리트 건물에 기와를 얹은 건물로서 좌우에 1칸씩의 방이 딸려 있다. 법당 안에는 1931년에 봉안된 후불탱화를 비롯해서 지장탱화(1935년) · 산신탱화 · 독성탱화 · 석가여래도 · 신중탱화 · 칠성탱화(1927년)와, 최근에 봉안된 진묵조사 및 어머니의 진영이 있다.

그런데 탱화 가운데 특히 후불탱화와 칠성탱화의 화기에 '개교(開敎)5년' · '개교9년' · '대화교포교당(大華敎布敎堂)' 등의 연도 표시가 보여 눈길을 끈다. '개교'는 곧 대화교를 창종(創宗)한 것을 말하는데, 1923년에 해당된다. 대화교는 손은석(孫殷錫)이 서울에서 창립한 종교로서, 최제우(崔濟愚)를 교조로 하는 제우교(濟愚敎)를 만들어 포교를 시작했다가 1920년에 용화교(龍華敎)로 바꾸었다. 그를 이은 윤경중(尹敬重)이 불교성을 가미해서 1923년에 대화교로 새출발했으며 이 때부터 처음의 천도교 사상에서 벗어나 미륵불을 존숭하는 불교 단체가 되었다. 대화교는 대략 1930년대 무렵에 퇴보 · 소멸된 것으로 추정한다.

진묵조사 진영은 봉서사에서 조성되어 이곳으로 옮겨온 또다른 한 점도 있는데, 화기가 없어 정확한 연대는 알 수 없으나 대체로 보아서 20세기 초에 그린 듯하다. 그 밖에 석가삼존불 · 독성상 · 진묵조사상과 괘불함도 있다.

● 영각 · 진묵조사전

영각(影閣)은 중국의 『삼국지』에 나오는 관운장(關雲長)의 진영을 봉안했고, 그 밖에 신장도 등의 탱화 5점이 있다.

진묵조사전

건물 안에는 진묵 조사의 진영과 어 머니 그리고 조사 의 누이 동생을 그린 진영이 모셔 져 있다.

 진묵조사전(震默祖師殿)에는 진묵조사 진영과 '성자모조의씨(聖慈母調意 氏)' 진영, 그리고 진묵조사의 누이 동생을 그린 '대조사소매진영(大祖師小 妹眞影)'이 봉안되어 있다. 기록에 따르면 본래의 진묵조사 진영은 그 제작 년대가 꽤 올라가는 작품으로 알려져 있으나 현재 전하지는 않는다.

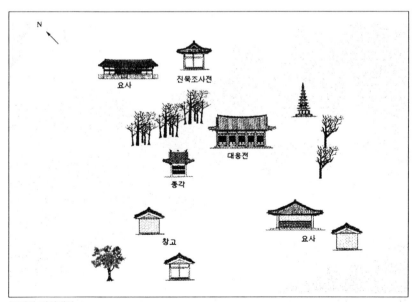

조앙사 가람배치

청운사

■ 위치와 창건

청운사(靑雲寺)는 김제시 청하면 대청리 91-2번지 청하산(靑瑕山)에 자리한 한국불교태고종 사찰이다.

절은 19세기에 보천 스님이 단칸의 초가집을 짓고 주석한 것에서 시작된다. 이후 사람들이 이 곳의 샘물이 좋다하여 많이 찾았다고 한다.

청운사 대웅전은 만경현 동헌에 있던 건물을 옮겨 지은 것이라고 하며 그 앞에는 탑재가 놓여져 있다.

그 뒤의 연혁을 살펴 보면, 1927년에 월인(月印) 스님이 초가 법당을 3칸으로 늘리고 지금의 대웅전 자리에 요사도 지었다. 1931년에는 초가 법당을 헐물고 그 자리에 법당을 새로 지으면서 절을 중창했는데 이 법당이 곧 지금의 관음전이다. 1938년 벽운(碧雲) 스님이 아미타불과 관음·세지보살을 봉안했으며, 1959년에는 현재의 염불원 오른쪽에 있는 요사를 새로 지었다.

　　1970년에는 1927년에 지었던 요사를 헐고 그 자리에다 옛 만경현 동헌(東軒)에 있던 건물을 매입해 옮겨와 대웅전을 삼았다고 한다. 1973년에는 종각과 범종을 봉안했고, 1990년에 요사로도 사용되는 염불원을, 그리고 1992년에 미륵불을 봉안하면서 현재에 이른다.

탑 재

옛 옥구군의 한 절터에서 가져 왔다는 탑의 석재로 옥개석과 탑신석 일부가 남아 있다.

■ 성보문화재

현재 절에는 대웅전·관음전·염불원(念佛院)·종각·요사 등의 건물이 있다.

대웅전은 팔작지붕에 앞면 4칸, 옆면 3칸으로서 옛 만경현 동헌에 있던 건물을 옮겨 지은 것이라고 전하며, 안에는 아미타삼존불상을 비롯해서 아미타후불탱화·칠성탱화·현왕탱화·천룡도·산신도·신장도 2폭이 걸려 있고, 소종 및 중종이 1구씩 있다.

한편 법당 앞에는 오층석탑이 있고, 한쪽에는 탑재가 있는데 이것은 옥구군의 한 이름 없는 절터에서 가져온 것이라고 한다.

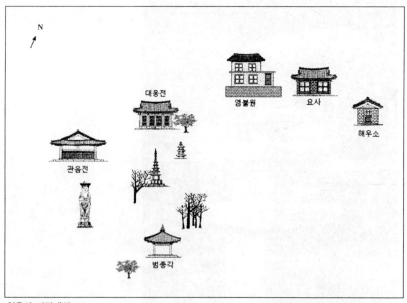

청운사 가람배치

학선암

■ 위치와 창건

학선암(鶴仙庵)은 김제시 금산면 금산리 309번지 구성산(九城山)에 자리한 대한불교조계종 제17교구 본사 금산사의 말사이다.

절의 창건은 분명하지 않지만 통일신라시대 말에 함월(含月) 스님에 의해 이루어졌다거나 혹은 고려 초인 988년(성종 7)에 창건되었다고 전하는데, 그

학선암 모악산 자락 구성산에 자리한 절은 최근 인법당을 고쳐짓고 칠성각을 중수하여 지금에 이른다.

보살상

인법당 안에는 아미타불을 중심으로 한 삼존상이 봉안되어 있다.

에 관한 확실한 문헌기록은 남아 있지 않다. 조선시대 중기에는 진묵 일옥(震默一玉, 1562~1633) 스님이 머물렀다고 한다.

근대에서는 1913년에 윤문주(尹文周) 스님이 중창했고, 최근에는 1980년 도웅(道雄) 스님이 주석하면서 수행도량으로서의 모습을 갖추었다. 1992년에 인법당을 고쳐지었고, 이듬해에는 요사를 중건하고 칠성각을 중수하여 오늘에 이른다.

한편 절 위쪽에 봉화대(烽火臺)가 있었으며, 그곳에서 기우제를 지내기도 했다고 한다.

■ 성보문화재

절에는 인법당과 칠성각 및 요사 3채, 부속 건물 1채 등이 있다.

인법당은 팔작지붕에 앞면 5칸, 옆면 3칸 건물이다. 안에는 아미타불을 중심으로 관음보살과 대세지보살이 좌우로 선 삼존상이 모셔져 있으며, 1986년에 봉안된 후불탱화와 신중탱화 및 작은 범종이 하나 있다.

칠성각은 우진각지붕에 앞면 3칸, 옆면 1칸 건물로서 1976년까지는 법당으로 사용되었다. 그 때의 불상이 곧 현재 인법당에 모셔진 삼존불이다. 안에는 가운데에 독성상이 봉안되었고, 그 밖에 1938년과 1967년에 각각 봉안된 지장탱화와 산신탱화 및 근래에 봉안된 칠성탱화·독성탱화가 있다. 절에서 전하기로는 독성상은 조선시대 작이라고 한다.

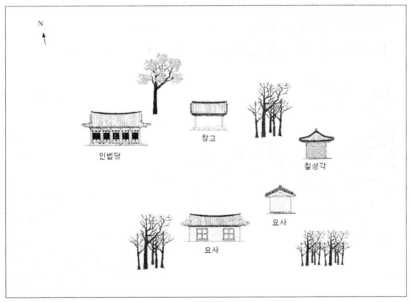

학선암 가람배치

흥복사

■ 위치와 창건

흥복사(興福寺)는 김제시 흥사동 263번지 승가산(僧伽山)에 자리한 대한 불교조계종 제17교구 본사 금산사의 말사이다.

절은 650년(의자왕 10)에 고구려에서 온 보덕(普德) 스님이 창건했는데 당시 절이름은 승가사(僧伽寺)였다고 한다. 이 무렵 이 지역에는 한 때 도교

흥복사 고구려에서 온 보덕스님에 의해 창건되었다고 하는 절은 당시 승가사라는 이름으로 시작되었다.

(道敎)가 성행했다고도 하는데, 아마도 당시 고구려가 중국으로부터 도교를 도입해 한창 숭상하던 때였으므로 그 영향을 받았는지도 모른다. 그러나 절은 곧이어 불교 도량으로서의 기반이 확고해지면서 많은 고승들이 이곳에서 수도했다고 전한다.

아쉬운 것은 창건 이후 조선 중기까지의 연혁이 거의 전하지 않는다는 점이다. 여러 차례의 중건·중창이 있었으나 현재로서는 알 수 없고, 1597년(선조 30)의 정유재란으로 절은 폐허가 되었다.

그러나 얼마 안 있어 1625년(인조 3)에 김제에 살던 흥복(興福)이라는 처사(處士)가 부처님의 감응을 받아 절을 기원도량으로 삼기 위해 극락전을 중건하면서 다시 법등을 잇게 되었다. 이 때 지금의 흥복사라는 이름으로 바뀌었다.

그 뒤 절은 다시 퇴락되었다가, 근대에 들어와서는 1943년에 법운(法雲) 스님이 극락전과 관음전 등을 중수하면서 본격적으로 발전하기 시작했다. 1954년 불교정화운동 때는 흥복사가 임시 조계종 전북종무원으로 되어 약 1년간 교단의 행정본부가 되었으며, 1961년에는 월주(月珠) 스님이 금산사와

요사 불교정화운동 때는 절이 임시 조계종 전북종무원이 되어 교단의 행정본부가 되기도 하였다.

대웅전 본래의 절터보다 산쪽으로 올라간 자리에 지어진 건물 안에는 삼존불과 팔상도 벽화 등이 있다.

흥복사의 주지를 겸임하면서 전라북도 지역 불교정화운동의 핵심 역할을 했다. 이어서 1965년에는 전강(田岡) 스님을 강사로 하여 선원(禪院)을 개설하는 등 많은 발전을 이루었다.

　근래에는 1969년에 도영 스님이 주지로 부임한 이래 1976~1979년에 걸쳐서 대대적 중창불사가 거행되어 절의 면모가 일신되었다. 본래의 절터에서 산쪽으로 올라간 곳에 새롭게 터를 잡고 여기에 대웅전·삼성각을 새로 지었고, 옛터에는 미륵전·사천왕문·요사 등을 지었다. 또 이 기간 동안 관음전과 정혜원(定慧院)을 보수했으며 각 법당에 11폭의 탱화를 모시는 등 여러 성보문화재를 봉안했다. 그리고 1996년에는 1979년의 중창불사 때 지었던 시멘트 건물로 된 요사를 헐고 그 자리에 지금의 요사를 새로 늘려 지었으며, 별도의 식당 건물을 새로 지었다.

■ 성보문화재

　현재 절에는 대웅전을 비롯해서 관음전·미륵전·삼성각·사천왕전·정혜원(요사)·요사 및 수각(水閣)인 불유각(佛乳閣) 등의 건물이 있는데, 관음전을 제외한 전각들은 전부 1976년 이후에 세워졌다. 그리고 그 밖에 조선시대 후기의 석조미륵상과 〈승가산 홍복사 사적비〉(1980년), 〈시주공덕비〉(1994년) 및 근래에 봉안한 팔각오층석탑 등이 있다.

한편 『전북고적』에 보면 절 경내에 있는 수령(樹齡) 500년이 넘었다는 신단목(神壇木)과, 김제로 부임한 수령마다 길러다 마셨다는 설천(雪泉)이라는 맑은 우물이 있어 청자기와와 함께 홍복사의 3대 진물(珍物)로 손꼽혔다는 내용도 보인다. 1960년에 편찬된 『전북고적』에는 그 밖에도 조선시대 후기의 명필인 이삼만(李三晩, 1770~1845)이 쓴 현판 1매가 있는 것이 기록되어 있는데, 절에서 전하기로는 본래 극락전에 걸려 있던 그 현판은 어떤 연유에선지는 모르지만 지금은 대구에 있는 어느 사찰로 옮겨져 걸려 있다고 한다. 이삼만은 정읍 출신의 조선 후기의 유명한 서예가로서 전라북도 사찰 일대에 그의 현판 글씨가 많이 걸려 있다.

석조미륵상

● 대웅전

안에는 가운데 불단에 삼존불이 봉안된 것을 비롯해서 삼존후불탱화·지장탱화·신중탱화 등의 불화가 걸려 있으며, 내부 벽에는 팔상도 벽화가 그려져 있다. 대부분 1977년 이후에 봉안되었다.

한편 전에는 지금의 대웅전 자리 아래의 평지에 극락전이 있었는데, 『전북고적』에 보면 이 극락전에 고려시대의 청자기와가 있었다고 하지만 지금은 확인되지 않고 있다.

● 관음전

절의 전각 가운데 가장 오래된 건물로서 지금으로부터 대략 50여 년 전에 지어진 듯하다. 안에는 관음상과 관음후불탱화 및 〈제흥복사(題興福寺)〉를 비롯한 시문(詩文) 3매와 〈관음전중창시주〉 등 현판 3매가 걸려 있다. 본존으로 모셔진 관음상은 절에서 전하기로는 진묵조사가 봉안한 것이라고 하는데 확실하지는 않다. 또한 관음후불탱화는 1946년에 그려졌다.

그리고 관음전 옆에는 높이 265㎝의 석조미륵상이 있다. 전에는 이 상이 관음전 옆에 있고, 또한 보관(寶冠) 부분에서 여래상이 나와 보관에 화불(化佛)을 장식하는 관음상의 형식과 일치하는 것으로 생각해 관음상으로 생각했으나 현재는 미륵불상으로 부르고 있다. 전체적 조각 수법을 볼 때 기법이 거칠고 신체 각 부분간의 비례가 잘 맞지 않은 것으로 보아 조선시대 후기에 서민 계급에서 발원해서 봉안한 불상임을 알 수 있다.

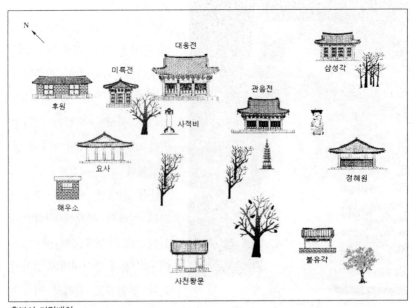

흥복사 가람배치

II. 익산시

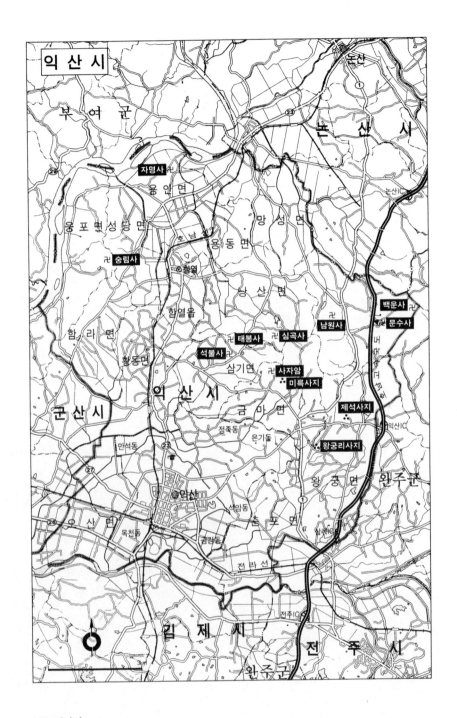

익산시의 역사와 문화

　익산시(益山市)는 전라북도 북서부에 위치하며 동쪽은 완주군, 서쪽은 군산시, 남쪽은 만경강을 경계로 김제시, 북쪽은 충청남도 논산시·부여군과 접해 있다. 1995년 5월 10일 이리시(裡里市)와 통합되었으며, 1996년 12월 말 현재 인구는 33만 10명, 행정구역은 1읍 14면 20동리(법정동)로 이루어져 있다.

　자연 환경은 노령산맥의 서쪽에 위치하여 동쪽에는 산지가 있으나 서쪽에는 구릉과 충적평야가 넓다. 특히 북동쪽의 금마면·여산면에는 미륵산(彌勒山, 430m)·천호산(天壺山, 500m) 등의 명산이 있어 동쪽의 완주군으로 이어진다. 또한 북서부에는 함라산(咸羅山, 241m) 등 비교적 낮은 산지가 있다.

　역사는 신석기시대의 유물인 돌도끼·화살촉·선돌 등이 많이 발견되었으며, 호남평야의 중심지로서 농경문화가 발달되었다. 삼한시대에는 기자(箕子)의 41대손인 기준(箕準)이 위만(衛滿)의 난을 피해 이 곳으로 내려와 마한을 세웠다는 설이 전하는데, 실제로 미륵산에 있는 익산미륵산성을 기준산성(箕準山城)으로 부르기도 한다.

　백제에 병합된 뒤에는 금마저(金馬渚)가 되었으며, 무왕(武王)은 이곳에 도성을 두기도 했다. 이 때 미륵사(彌勒寺)·제석사(帝釋寺)가 창건되고 왕궁평성(王宮坪城)이 축조되면서 백제의 정치·경제·문화의 중심지가 되었다. 삼국통일 뒤 668년(문무왕 8)에는 문무왕이 이곳에 고구려의 왕족 안승(安勝)을 왕으로 임명해 보덕국(報德國)이 세웠다가 683년(신문왕 3) 폐하고, 경덕왕 때 금마군(金馬郡)으로 개칭되었다.

고려시대에는 1344년(충혜왕 복위 13)에 익주(益州)로 승격되었으며, 많은 역참(驛站)이 설치되는 등 지방 교통의 중심지가 되었다.

조선시대에는 1413년(태종 13)에 익산군으로 바뀌었고, 1895년에 전주부 익산군으로 개편되었다가 1896년에 전라북도 익산군이 되었다.

일제강점기 때인 1914년의 군면통폐합 시에는 익산군·여산군·함열군·용안군이 통합되어 익산군으로 개편되었다. 그 뒤 1931년에 읍·면제의 실시에 따라 익산면이 익산읍으로 되었다가 곧 이리읍으로 바뀌었다.

해방후 1947년에는 이리읍이 이리부(裡里府)로 승격되어 익산군에서 분리되었고, 1979년 함열면이 읍으로 승격되면서 그 해 군청사가 이리시에서 함열읍으로 옮겨졌다. 최근에는 1995년 5월 10일 익산군과 이리시가 통합되어 익산시가 되었다.

문화유적으로는 금마면 서고도리 오금산 선사유적지에서 세문경·세형동검, 춘포면 오산리 선사유적지에서 마제석검·석촉 등의 청동기 유물이 출토되었다.

불교관련 유적·유물로는 사적 제150호 미륵사지의 미륵사지석탑(국보 제11호)과 당간지주(보물 제236호)를 비롯해서, 왕궁리오층석탑(보물 제44호)·익산연동리석불좌상(보물 제45호)·고도리석불입상(보물 제46호)·숭림사 보광전(보물 제825호) 등의 국가지정 문화재 및 그 밖의 여러 불교문화재가 있다. 또한 절터로는 미륵사지 외에 오금사지(五金寺址)·제석사지(帝釋寺址)와 왕궁리오층석탑 유적의 절터도 중요하다.

남원사

■ 위치와 연혁

남원사(南原寺)는 익산시 여산면 제남리 224번지 독자천(篤子川) 옆의 평지에 자리한 대한불교조계종 제17교구 본사 금산사의 말사이다.

절의 창건에 대해서는 확실하지 않지만, 1968년에 이 사찰의 주지 이동원(李東元)에 의하여 건립된 사적비의 기록에 의하면 통일신라시대인 831년

남원사 독자천 옆 평지에 자리한 절에는 남원부사의 꿈에 나타났다는 미륵불상이 봉안되어 있다.

(흥덕왕 6)에 진감국사(眞鑑國師) 혜소(慧昭) 스님이 법당사(法堂寺)라는 이름으로 창건했다고 한다.

그 후의 연혁은 자세히 전하는 것이 없다. 오랜 세월이 흐르면서 폐사가 되었는데, 1591년(선조 24)에 남원부사 윤공(尹公)이 부임차 남원으로 가던 중 이곳에서 머물 때 꿈에 석불이 나타났다. 다음날 일어나 꿈 속의 그곳을 파보니 석조연화좌대 위에 있는 미륵불상이 나왔고, 석조거북과 오층석탑도 출토되었다. 이에 3칸의 법당을 짓고 이름을 남원사라 하였다고 한다. 당시의 것인지는 확인되지 않지만 현재 절에는 실제로 탑비를 받치는 귀부(龜趺) 용도로 만든 석조거북이 전한다.

근래에는 1946년에 한성이(韓聖履) 스님이 주지로 부임한 뒤 중건했다.

최근에 와서는 주지 혜돈(慧頓) 스님이 주석 중인데, 스님이 오기 전에는 미륵전·종각 및 지금의 대웅전 앞에 16평된 요사가 있었다고 한다. 현재의 가람 규모는 스님의 주석 이후에 이루어진 것이 많다. 스님은 1992년에 대웅전, 이듬해에 요사를, 그리고 1994년에는 해탈문을 새로 지었다.

절은 신라시대 사찰로 전하고 있으나 현존하는 사찰내 유적·유물 가운데서 통일신라시대의 것으로 확인된 것은 아직 없다.

■ 성보문화재

절은 일주문인 해탈문을 들어서면 정면에 근래에 세운 대웅전이 있으며, 왼쪽에는 오층석탑과 요사가 있다. 그리고 오른쪽에는 종각과 함께 미륵전이 자리한다. 여기서 주목되는 성보문화재는 석불좌상과 오층석탑이고 나머지는 근래에 만들어진 것들이다.

● 대웅전

1990년에 상량하고 1992년에 완성된 앞면과 옆면 각 3칸씩의 다포식 건물로서 기둥과 기둥 사이에는 2개씩의 공간포를 설치하였다. 두공은 외2출목

미륵불상

방형의 연화대좌 위에 결가부좌
하고 앉아 있다. 고려시대에 조
성된 것으로 추정된다.

내3출목의 구조이며, 중앙 기둥머리에는 2개의 용두 장식이 있다. 안에는 아
미타여래를 주존으로 모시고 있으며, 오른쪽에 지장보살 그리고 왼쪽에 관음
보살을 협시불로 봉안하였다. 탱화로는 영산회상도를 비롯해서 산신탱화·칠
성탱화·신중탱화가 걸려 있는데 전부 근래에 봉안한 작품이다.

대웅전 앞에는 석조거북이 있는데, 탑비를 받치던 귀부(龜趺)로 제작된 것
이다.

● 미륵전·종각

낮은 자연석 기단에 자연석 초석을 사용하고 있으며, 앞면 3칸 옆면 2칸의
작은 규모로서 현재 전라북도문화재자료 제88호로 지정되어 있다. 처마는 겹
처마이고 지붕은 맞배지붕을 하고 있다. 안에는 석조미륵불상과 석조좌대, 그
리고 1937년에 그린 영산회상도가 걸려 있다.

종각과 범종은 1982년에 봉안되었는데, 종각은 6모 지붕의 형태에 시멘트기와를 이었다. 현재 옆으로 조금 기울어져 있다.

● 미륵불상

미륵전 안에 봉안된 미륵불좌상으로서 고려시대에 조성된 것으로 추정된다.

본래의 얼굴은 결실되었고, 지금의 상호는 뒤에 새로 모신 것임을 직감 할 수 있을 정도로 몸 전체와 불균형을 이룬다.

방형대좌 위에 결가부좌를 하고 있는데, 법의는 통

오층석탑 파괴가 심하게 되어 지대석과 탑신 일부도 없던 것을 보수 정비하여 지금의 모습을 갖추었다.

견(通肩)이지만 가슴과 오른쪽 어깨를 거의 드러내고 있어 마치 우견편단처럼 보인다. 왼손은 가슴에 대고 보주(寶珠)를 든 모습으로 금물로 도색되었으며, 오른손은 항마촉지인을 짓고 있다.

대좌는 네모난 방형좌로서 하대석과 중대석만 남아 있고 상대석이 없어 그 대신 판석을 마련해 그 위에 불상을 안치했다. 하대석은 두겹 연꽃의 앙련으로서 연화대 위에 3단의 중대받침이 있고 그 위에 굽형의 받침이 있다. 중대석은 방형으로 각면마다 안상(眼象)을 배치했는데, 앞면에는 안상 내부에 꽃잎 장식을 조각했다.

● 오층석탑

전체적으로 파괴가 심하게 되어 지대석도 없고 탑신도 일부 자연석을 활용했던 것을 1988년에 보수 정비하고, 그 옆에 보수한 내용을 적은 빗돌을 세웠다. 지대석은 보수할 때 새로 만들었는데 2매로 구성되어 있다. 기단면석은 1매석으로 우주와 탱주를 새겼다.

갑석은 상면이 볼록한 형태이며 1단의 탑신받침을 새겼는데 몰딩한 흔적이 보인다. 1층 탑신도 1매석으로 우주를 새겼는데 갑석의 탑신받침과 잘 맞지 않아 본래는 1층 탑신이 아니었던 것으로 판단된다.

1층의 옥개석은 파손이 심한데, 3단의 옥개받침이 낮게 새겨져 있고 전각(轉角)의 반전(反轉)은 거의 없다.

2층부터의 탑신석은 모두 새로운 부재로 보수하였으나 균형이 잘 맞지 않는다. 2층 이상의 옥개석은 본래의 부재이며 1층 옥개와 같은 형태이다. 위층으로 갈수록 줄어들고 있다.

전체적 양식으로 보아 고려시대 작품으로 생각된다.

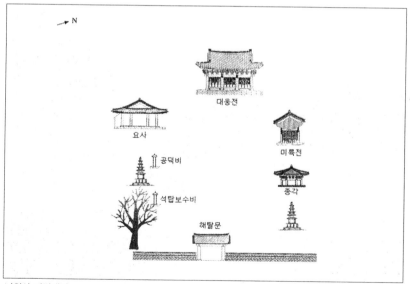

남원사 가람배치

문수사

■ 위치와 창건

문수사(文殊寺)는 익산시 여산면 호산리 69번지 천호산(天壺山)에 자리한 대한불교조계종 제17교구 본사 금산사의 말사이다.

절은 1961년 당시 주지였던 김종대(金鍾大)가 건립한 사적비에 의하면 신라시대인 881년(헌강왕 7)에 혜감(慧鑑)대사가 창건했고, 조선 초에 함허

문수사 문수보살의 도량으로 전해오는 절은 혜감대사가 창건하고 함허·허주스님 등이 중수했다.

(涵虛)스님이 중건했으며, 다시 19세기에 허주(虛舟)대사가 중수한 거찰이 었다고 한다.

일제강점기 때는 금엽(錦葉) 스님이 절을 중수했으나 근대에 들어와 많이 퇴락된 것을 1965년에 김종대 스님이 당시 군수였던 조영호(趙榮浩) 등 여러 신도들의 힘을 얻어 대웅전과 명부전·삼성각·요사 등을 중창했다. 이 가운데 명부전과 요사는 근래에 다시 건립했으며, 대웅전은 현재 새롭게 짓는 중이다.

이 문수사에서 가까운 천호산 아래에는 백운사(白雲寺)와 백련암(白蓮庵)이 위치해 있다. 문수사는 문수보살의 도량, 백운사는 보현보살의 도량, 그리고 백련암은 관음보살의 도량으로서, 이 일대는 옛날부터 삼대보살에 대한 신앙 성지로 전해 내려오고 있다.

■ 성보문화재

문수사는 서향한 대웅전을 중심으로 북쪽에 명부전이 있으며, 대웅전 뒤쪽 석축 위에는 삼성각과 부도 2기가 있다. 그리고 대웅전의 서북방과 서남방에는 근래에 지은 선방이 있다.

● 대웅전

현재 새롭게 짓는 중이다. 본래 문수사 대웅전은 전라북도문화재자료 제89호로 지정되어 있는데 지금의 삼성각이 바로 그 건물이다. 다시 말하면 이 대웅전은 문화재로 지정된 그 대웅전이 아니고 전혀 다른 건물인데, 이 건물을 헐고 현재 앞면 3칸, 옆면 2칸의 맞배지붕 건물로 새로 짓고 있다.

● 삼성각

현재 전라북도문화재자료 제89호로 지정된 대웅전이 바로 이 건물이다. 문

삼성각　이전에 대웅전으로 사용되기도 했던 건물로 보수하면서 지금은 삼성각으로만 사용되고 있다.

화재자료 지정 당시에는 하나의 건물을 한쪽은 대웅전으로, 다른 한쪽은 삼
성각으로 각각 다른 용도로 사용했는데, 대웅전 이름으로만 지정되었던 것이
다. 절에서는 1994년에 보수하면서 삼성각으로만 사용하고 있다.

　본래 이곳에는 목조아미타여래좌상 1체와 함께 목조로 된 독성상·사자고
대(獅子鼓臺) 등이 모셔져 있었다. 이 가운데 독성상은 조선시대 후기의 작
품으로 조각이 매우 섬세하였으나 근래에 분실되었으며, 아미타여래좌상은
요사에 봉안되어 있다.

　현재 안에는 삼성각의 용도에 맞게 산신상을 비롯해서 산신탱화·독성탱
화·칠성탱화가 봉안되어 있다.

　산신탱화는 화기를 통해 1914년에 그린 것임을 알 수 있다. 독성탱화는 화
기에 '임자사월일(壬子四月日)'이라고만 되어 있는데, 1912년에 해당되는
듯하다. 그리고 칠성탱화는 1936년에 제작된 것이다.

● 명부전

1994년에 옛 건물을 헐고 새로 지었다. 크기는 앞면 3칸, 옆면 2칸의 규모로서 초익공의 형식을 갖추었다. 처마는 겹처마이며, 지붕은 맞배지붕이다. 중앙칸과 좌우칸에는 각각 4분합(分閤)과 2분합의 문을 달았다.

안에는 지장보살상 및 도명존자·무독귀왕의 지장삼존상을 중심으로 시왕상 10체, 인왕상 2체, 판관·녹사상 각 1체, 동자상 10체 등이 모셔져 있다. 이 가운데 지장보살상은 목조불로서 연화대좌 위에 결가부좌를 하고 있는 좌상이다. 머리는 소발에 불의는 통견이며 금도색했다. 나머지 상들은 전부 흙으로 빚었다.

● 선방

절에는 선방 2채가 있는데, 대웅전 왼쪽에 있는 것은 1995년에 그리고 명부전 아래쪽에 위치한 것은 1996년에 새로 지었다. 이 가운데 명부전 아래쪽에

삼존불상 선방내에는 아미타삼존불상과 1932년에 봉안된 후불탱화와 신중탱화가 봉안되어 있다.

부도 삼성각 옆에 있으며 월명 막무와 일영 충운스님의 부도로 기해년이라는 간지가 새겨져 있다.

있는 선방 안에는 아미타여래좌상을 비롯해서 관음보살·세지보살 및 후불탱
화·신중탱화가 있다. 아미타여래좌상과 탱화들은 본래 대웅전·삼성각 건물
에 봉안되었으나 대웅전을 새로 지으면서 이곳으로 옮겨진 것으로서, 대웅전
이 완성되면 다시 옮겨져 봉안될 예정이다.

　아미타여래좌상은 금도색되어 있으며, 백호를 갖추고 있는 상호는 근엄한
형태로 머리를 약간 숙이고 있다. 법의는 통견이며 옷주름이 결가부좌한 무릎
아래까지 드리워져 있다. 무릎 위에 두손을 올려 중품중생인(中品中生印)을
짓고 있다. 그리고 아미타여래상의 좌우에는 근래에 만든 관음·세지상이 있
고, 1932년에 봉안된 아미타후불탱화·신중탱화가 있다.

● 부도

　삼성각 옆에 부도 2기가 나란히 놓여져 있는데 높이는 전부 1m 안팎이다.
부도의 주인공은 월영 막무(月影莫武)와 일영 충운(日影忠雲) 스님인데, 두

부도가 다 도식화된 앙련좌 위에 둥그스름한 공 모양의 탑신을 얹었으며 그 위에 옥개와 보주를 한 돌로 조각해 올렸다.

　이 부도들이 언제 만들어졌는지는 확실하지 않으나 충운 스님의 부도에는 '기해사월일(己亥四月日)'이라는 간지가 새겨져 있다.

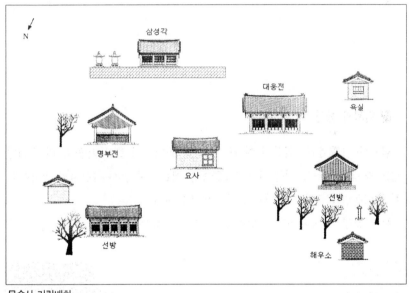

문수사 가람배치

백운사

■ 위치와 창건

백운사(白雲寺)는 익산시 여산면 호산리 65번지 천호산(天壺山)의 수려한 경관 속에 자리잡고 있는 대한불교조계종 제17교구 본사 금산사의 말사이다. 절은 이웃한 문수사보다 안쪽 골짜기에 자리한다.

현재 절의 창건과 연혁을 밝혀줄 수 있는 자료는 거의 없다. 그러나 현 주

백운사 보현전이 소실된 후 약사전과 선방 등을 새로 짓고 극락보전 등의 중창불사가 이루어졌다.

지스님이 밝히는 바에 의하면 백운사는 본래 신라시대인 928년(경순왕 2)에 백양선사(白楊禪師)에 의해서 창건된 법당산(法幢山) 혜정사(慧定寺)였는데, 언제부터인가 백운사라고 고쳐 부르게 되었다고 한다. 그런데 절에 봉안된 칠성탱화 등의 화기를 보면 '문수사 백운암'이라는 글이 있어 20세기 초에는 이웃한 문수사의 암자로 존재했음을 알 수 있다.

근래에 들어와서는 1956년에 중수되었는데 그 이전에도 건물은 있었다. 지금으로부터 약 20년전에 조사된 자료를 보면, '본당인 보현전(普賢殿)·삼성각(三聖閣)·요사로 가람을 형성하고 있으며, 건물의 양식이나 규모에 있어 특기할만한 것이 못되고 약 4~50년 전의 건물'임을 밝히고 있다. 1992년에는 선방 아래에 요사가 지어졌다.

그러나 1995년에 화재에 의해 보현전 전체와 칠성각 일부가 불타버렸다. 이후 약사전·선방 등을 새로 지었고, 지금은 보현전 자리에 극락보전을 세우는 중이다. 극락보전은 앞면과 옆면 각 3칸씩에 28평 규모로서 1997년 7월말 현재 기와를 얹는 중에 있으며, 가을 무렵에 아미타불·관음보살·지장보살을 모시고 완공할 예정이다.

그리고 앞으로는 삼성각 뒤쪽 언덕에 약 20척에 달하는 미륵대불을 모실 계획이라고 한다.

절이 있는 천호산 아래에는 문수사(文殊寺)와 백련암(白蓮庵)이 있는데, 백운사는 보현보살의 도량으로, 문수사는 문수보살의 도량으로, 그리고 백련암은 관음보살의 도량으로서 삼대보살에 대한 신앙도량이라고 전한다. 이들 사찰의 배치를 보면 백운사가 가장 위에 있고, 가운데에 백련암이 있으며, 맨 아래에 문수사가 자리한다.

이 지역에 전해오는 전설이 있다. 백운사 뒤쪽에는 3개의 봉우리가 있는데 이는 세 분의 도인이 나올 자리라는 것이다. 좌측의 첫 번째 봉우리는 대인봉(大人峰)으로서 나라의 대인이 나올 자리이며, 가운데는 용봉(龍峰)으로서 약사불이 나올 자리인데 이 약사불은 도인이 아니면 볼 수 없다고 한다. 그리고 우측 봉우리는 신통술사가 나올 자리라고 한다.

■ 성보문화재

절에는 현재 대웅전을 중심으로 삼성각·약사전·요사 2채가 있다.

대웅전은 앞면과 옆면 각 3칸씩으로 새로 짓는 중이며, 그 오른쪽에 약사전, 왼쪽에 선방이 있다. 약사전·선방은 1995년에 새로 지은 건물이다. 대웅전 뒤쪽에는 삼성각이 있고, 이곳에서 한 단 아래에는 1992년에 지은 요사가 있다. 한편 경내에는 석등 2기가 있고 그 아래에는 수각이 있다.

● 삼성각

삼성각은 앞면 2칸, 옆면 1칸의 규모로서 건물의 구조는 익공식의 형태를 하고 있다. 처마는 겹처마이며 지붕은 맞배지붕이다. 삼성각은 1995년의 화재 당시 다행히 일부만 불에 탔다.

안에는 산신상을 비롯해서 칠성탱화·산신탱·독성탱화를 봉안하고 있다. 이들의 제작년대는 1909년(융희 3)이다. 이들 탱화에 있어서 특히한 점은 화기에 기록된 연도에 '광무 13년'으로 쓴 것과 '문수사 백운암'이라고 쓴 점이다. 광무라는 연호는 10년까지만 사용하고 이어서 융희라는 연호로 바뀌었으나 이 화기에서는 어떤 이유에선지 광무 연호를 그대로 사용했다. 또한 '문수사 백운암에서 봉안했다'는 말은 곧 당시 절은 문수사의 속암인 백운암이었음을 나타내는 말로 볼 수 있다. 그림은 모두 금어 정련(定練) 스님이 그렸다.

● 약사전

약사전은 1995년에 지어졌다. 천호산(天壺山)의 '천호'는 하늘의 병(瓶)이라는 뜻인데 이는 곧 하늘의 약병이므로 약사의 기운이 있는 산이라서 약사전을 짓고 약사불을 봉안하였다고 한다.

산신도
정련스님이 그렸으며 문수사 백운암에 봉안했다는 기록이 있어 당시 절이 문수사의 속암이었음을 밝히고 있다.

현 약사전의 크기는 앞면 4칸, 옆면 1칸의 규모이며 건물의 구조는 익공식
이다. 처마는 겹처마에 지붕은 맞배지붕이다.

안에는 약사불을 중심으로 좌우에 미륵보살과 보현보살을 협시로 봉안했다.
이 삼존상은 청동제품으로 표면을 금도색했으며 최근의 작품이다.

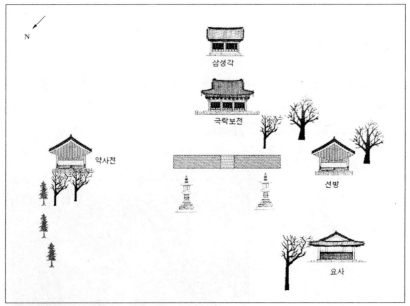

백운사 가람배치

사자암

■ 위치와 창건

　사자암(獅子庵)은 익산시 금마면 신용리 609-1번지 미륵산(彌勒山)에 자리한 대한불교조계종 제17교구 본사 금산사의 말사이다. 미륵산은 용화산(龍華山)이라고도 한다.

　절은 백제시대의 고찰로서 사적 제150호로 지정된 미륵사지(彌勒寺址)의

사자암 미륵사지의 주산 미륵산 장군봉에 위치해 있다. 최근 사자사라는 명문기와가 발견되기도 했다.

발굴현장 백제시대의 기와편들과 통일신라에서 조선시대에 이르는 다양한 유물들이 출토되었다.

주산(主山)인 미륵산 장군봉의 동남쪽 계곡 해발 320m의 8부 능선상에 위치한다.

이 사자암은 최근의 발굴조사에서 '사자사(師子寺)'명 명문와가 발견되어 『삼국유사』「무왕」조에 기록된 것과 같이 지명법사(知命法師)가 거주한 사자사(師子寺)임이 확인되었다.

『삼국유사』「무왕」조의 기록은 익산 미륵사의 창건 연기설화를 기록한 것이다. 신라 진평왕의 딸 선화공주와 결혼해 인심을 얻어 왕위에 오른 무왕(武王)이 선화와 함께 용화산 사자사의 지명법사를 찾아가던 중 용화산 아래 연못에서 출현한 미륵삼존을 뵙는 인연으로 미륵사를 창건하게 된다. 미륵사 창건 과정에서 지명법사는 신통력을 발휘하여 하루밤 사이에 산을 허물어 못을 메웠다고 기록하고 있다. 이러한 기록을 통해 볼 때 사자사의 창건은 백제시대에 미륵사의 창건보다 앞선 시기임을 알 수 있다(미륵사 창건설화 및 지명법사에 관한 것은 「미륵사지」편 참고).

그 뒤의 연혁에 대해서는 문헌자료로 남아 있는 것이 없다. 단지 발굴조사에서 백제시대의 기와편들과 함께 통일신라·고려시대·조선시대의 유물들이 출토되고 있는 것으로 보아 끊임없이 법등을 이어온 것을 알 수 있다.

다만 이 사자사(師子寺)가 언제 지금의 사자암(獅子庵)으로 바뀌었는지는 정확히 알 수 없으나 「至治二年」명의 명문와와 함께 사자사에 관련된 기록이 보인다. 지치 2년은 고려 충숙왕 9년(1322)에 해당하므로 고려시대까지는 사자사로 불렸던 것임을 알 수 있다. 그런데 조선시대에 만들어진 『신증동국여지승람』에는 사자암(獅子庵)이 용화산 위에 있다고 기록된 것으로 보아 조선시대에 접어들면서 사자암으로 바뀐 것이 아닌가 생각된다.

조선시대 말기에는 항일군(抗日軍)의 근거지가 되어 일군에 의해 폐허화되었으며, 그 무렵 미륵산에는 사자암을 중심으로 죽사(竹寺)·수백암(水栢庵)·만방암(萬房庵)·운혈사(雲穴寺)·명적암(明寂庵)·천정암(天定庵) 등이 있었다고 전한다.

■ 성보문화재

현재 절에는 대웅전을 비롯해서 삼성각·요사 2채가 있는데, 전부 최근에 지어졌다.

● 대웅전·삼성각

앞면 3칸, 옆면 2칸의 규모로서 1994년에 옛 법당을 헐어내고 발굴조사후 다시 지었다. 구조는 다포식의 2출목의 형태로서 기둥과 기둥 사이에는 각각 1개씩의 공간포를 두었다. 처마는 겹처마

사자암 출토 여래입상.

이며, 지붕은 맞배지붕의 형태이다.

안에는 석가모니불을 주존불로 하여 관세음보살과 지장보살을 협시로 봉안하였다. 몇 개의 탱화도 걸려 있으나 모두 근래에 만든 작품이다.

삼성각은 맞배지붕에 석벽(石壁)으로 되었으며, 안에는 1952년에 봉안된 칠성탱화와 산신탱화가 있다.

● 삼층석탑

십 수년 전에 사자암으로 들어오는 남쪽 길목인 현 위치에서 30여 미터 떨어진 곳에서 옮겨온 것이라 한다. 근래까지 법당 앞마당에 놓여 있었으나 발굴조사시 해체 조사한 후 대웅전 앞마당에 복원했다.

석탑은 온전한 상태가 아닌 채 기단부와 탑신부만 남아 있다. 석재의 크기

및 양식 등으로 보아 순수한 탑 석재로만 구성된 것은 아니고, 기단부인 지대석과 기단면석 · 복련대좌 및 팔각주의 간석 · 앙련석 등으로 보아 석등(石燈)의 부재가 일부 섞여 들어간 것을 알 수 있다.

기단부의 지대석은 2매의 석재로 되어 있고, 상면에 기단면석받침이 2단으로 몰딩 처리되어 있으며, 네 모퉁이에 우주가 놓일 수 있도록 돌출시켜 홈을 팠다. 그 위로 측면에 각기 2개씩의 안상이 부조된 기단면석이 역시 2매의 석재로 조합되어 올

삼층석탑

려지고, 석등 부재로 보이는 복련대좌가 기단갑석으로 쓰였으며, 그 위로 팔각주의 간석이 올라가고 다시 앙련대좌가 놓여 탑 1층은 완연한 석등의 양식을 하고 있다. 그 위로 우주(隅柱)를 간략하게 새긴 탑신이 놓이고, 3단의 옥개받침이 표현된 옥개석이 올라가고, 다시 모난 자연석과 그 위로 뒤집힌 상태의 삼단 옥개받침을 갖춘 옥개석이 놓여 있다. 이 위로 다시 모난 자연석이 올려져 있다. 석탑의 크기는 지대석부터 맨 상층까지 총 276cm이다.

사자암 가람배치

석불사

■ 위치와 창건

석불사(石佛寺)는 익산시 삼기면 연동리 산220-2번지 낮은 구릉의 능선상
에 위치하고 있다. 본래 대한불교화엄종 사찰이었으나 현 주지인 정운(淨雲)
이석준(李錫俊) 스님이 1994년에 한국불교화엄종 본산으로 종교단체 등록을
하였다.

석불사 끊어진 석불광배를 다시 세우고 작은 법당을 지으면서 새롭게 법등을 잇기 시작하였다.

절의 연혁을 살펴 볼 수 있는 자료는 거의 없다. 석불사라는 절이름도 1963년에 이르러 끊어진 석불광배를 다시 세우고 이곳에 미륵전이라는 작은 법당을 지어 법등을 새롭게 이어가면서 석불이 있기 때문에 그냥 석불사라고 불렀을 뿐 본래의 절이름도 알 수 없다. 그런데 이 석불은 다른 지역에서 옮겨온 것이 아닌 본래의 자리임이 발굴조사에서 밝혀져 이 석불의 조성시기인 7세기 초가 바로 현 석불사의 창건년대라고 할 수 있다.

이 석불에 대해서는 학자마다 약간의 이견이 있지만 대체로 7세기 전반의 양식으로 보고 있어서 석불사의 창건도 바로 이 시기라고 할 수 있으며, 발굴조사에서 출토된 유물도 이를 뒷받침하고 있다. 이 시기는 백제 무왕의 왕궁성·미륵사의 창건 등 익산 경영의 시기와도 일치된다고 할 수 있다.

이후의 연혁도 잘 알 수 없는데, 단지 발굴조사에서 출토된 기와 가운데 통일신라시대와 고려시대의 기와가 보이는 것으로 보아 적어도 고려시대까지는 법등을 이어온 것임을 알 수 있다. 더 정확히 언제 폐사되었는가를 발굴조사에서 출토된 기와들의 등(背)문양을 통해 살펴 보면 미륵사지에서 순청자와 상감청자와 함께 출토되는 기와의 등문양과 같은 것이 출토되고 있어서 12~13세기 무렵에 폐사된 것으로 판단된다.

석불사에 모셔진 석불은 얼굴 부분이 결손된 것을 후에 다시 만들어 붙였는데 여기에 대하여 전해오는 전설이 있다. 즉 불두가 떨어져 나간 것은 임진왜란때 왜장 가토기요마사(加藤淸正)가 칼로 쳐서 떼었기 때문이라는 것이다. 왜장 가토가 수만의 군사를 몰고 이곳으로 쳐들어오는데 안개가 느닷없이 짙게 끼어서 지척을 분간할 수 없게 되었다. 그리하여 군사를 풀어 무엇이 있는가를 보고 오라고 하였다. 군사가 돌아와서 아무것도 없고 돌부처 하나 외에는 본 것이 없노라고 했다. 가토는 이 말을 듣고 '이렇게 안개가 낀 것은 필시 돌부처의 조화일 것'이라고 하며 돌부처가 있는 곳으로 대군을 이끌고 와서 한 칼로 석불을 내리쳐 목이 떨어지고 말았다는 것이다.

이와 같은 전후의 사정을 보아 고려시대까지 법등을 이어오던 석불사는 폐찰된 후 조선시대에 접어들어 불상 뒤의 거대한 광배가 끊어지면서 석불의

목도 떨어져나간 것으로 판단된다. 이후 1963년에 광배를 다시 세우고 불두 (佛頭)도 새로 만들어 붙인 후 주변에 작은 보호각 형식의 법당을 지어 석불 사라고 했다.

근래에 와서는 1990년부터 새로운 법당을 세운 뒤 삼성각과 종각·석탑· 일주문 등을 지어 오늘날과 같이 가람의 면모가 일신되었다.

■ 성보문화재

1992년에 만든 일주문을 들어서면 절마당에 최근 지은 종각과 석탑·요사 3채가 자리잡고 있으며, 마당 석축 위에는 대웅전과 삼성각이 있다. 일주문에 는 일붕(一鵬) 서경보(徐敬保) 스님이 쓴 '미륵산석불사(彌勒山石佛寺)' 라 는 현판이 걸려 있다.

석불상
연동리 석불로 알려진 이 석불은 백 제 불교가 익산지방으로 전파된 경 로를 살필 수 있는 좋은 작품이다. 보물 제45호.

1994년에 새로 지은 종각은 1칸 규모로서 구조는 이익공 형식이며, 처마는 겹처마이고 지붕은 팔작지붕이다. 여기에 최근 만든 대형 범종과 함께 운판(雲板)이 걸려 있으며, 한쪽에는 대형 쇠솥이 놓여 있다.

삼성각은 1995년에 본래의 건물을 헐어내고 다시 지었다. 규모는 앞면 3칸, 옆면 2칸으로 안에는 청동여래좌상 및 산신상과 함께 산신탱화·칠성탱화·독성탱화 2축 등이 모셔져 있다. 1935년에 그려진 칠성탱화를 제외한 나머지 불상·불화는 대부분 근래에 봉안되었다.

한편 일주문 밖에는 1884년(고종 21)에 세운 〈군수김준병이내세불망비(郡守金俊炳怡來世不忘碑)〉가 서 있다.

● 대웅전

대웅전은 1990년에 새로 지었다. 크기는 앞면과 옆면 각 3칸씩으로서 구조는 일출목의 익공식이다. 처마는 겹처마이며 지붕은 팔작지붕이다.

안에는 보물 제45호로 지정된 석불좌상과 광배를 비롯해서 관음보살·세지보살 및 지장상, 그리고 지장탱화·신중탱화·독성탱화·산신탱화·제석천룡탱화 등이 있으며, 괘불함과 소종, 법고도 있다. 관음·세지보살상과 지장상은 근래에 봉안되었다. 탱화 가운데 제석천룡탱화는 1908년(융희 2)에 봉안되었고 나머지 탱화는 근작들이다.

● 석불좌상

대웅전에 봉안되어 있다. 본래의 법당은 바닥을 콘크리트로 만들었기 때문에 정확한 하부구조를 알 수 없었다. 그래서 일본의 학자들은 석불대좌가 앞으로 기울어 있는 점을 석불의 옷주름과 좌대에 걸쳐 있는 옷주름을 자연스럽게 연결하기 위한 의도적인 것으로 설명하기도 하고, 광배는 7세기 초이지만 석불은 그 보다 늦게 만들어진 것으로 보기도 하였다. 그러나 법당을 헐고 새로 지을 당시의 발굴조사에서 석불좌상 및 광배의 하부구조가 밝혀져 좌대

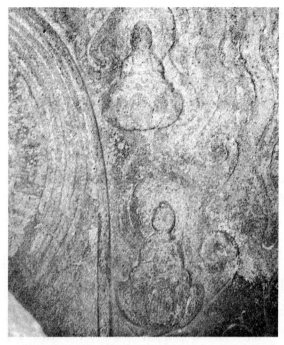

석불상 광배 화불

불상의 광배 전면에는 불꽃무
늬를 조각하고 좌우에는 각각
3구씩의 화불을 새겼다.

의 기울기는 의도적인 것이 아니라 지대석이 앞쪽만 빠져나간 때문인 것으로
확인되었으며, 석불과 광배는 같은 시기에 제작된 것으로 확인되었다.

먼저 석불을 보면, 화강암으로 만든 여래좌상으로서 얼굴은 새로 만들어 붙
여서 본래의 상호는 알 수 없다. 고운 옷주름을 잡아 늘어뜨린 통견의 법의는
배꼽 부근에서 그 자락을 손목에 걸쳐 넘기면서 굵게 주름을 잡아 결가부좌
한 무릎 위로 흘러 덮은 다음 다른 돌로 만든 좌대의 아래까지 덮은 상현좌
(裳懸座)이다. 그리고 가슴부분은 명치 근처에서 치마와 허리띠의 매듭 코를
법의 곁으로 살짝 드러나게 하였다. 그리고 왼손은 엄지와 중지를 맞대어 가
슴에 대고 있으며, 오른손은 가운데 손가락 2개를 구부려 무릎 안쪽에 올려놓
은 형태를 취하고 있다. 좌대 하단에 너비 13cm, 높이 5cm 가량의 돌출대(突
出帶)를 돌려 마감했다. 그리고 이 좌대 아래에는 지대석을 시설했으나 지금
은 모두 빠져 있다. 석불좌상은 새로 만든 두상을 제외한 높이가 156cm이다.

광배는 석불 전체를 감싼 주형(舟形)광배로서 두광에는 12판(瓣)의 폭이 넓은 연화문을 돌렸으며, 그 주위에 다시 24판의 연화문과 간엽(間葉)을 돌렸다. 둘레에는 모두 6중의 원권문(圓圈紋)을 돌려 두광을 마무리하였다. 이 두광 아래로는 좌우에 각각 2줄의 돌출대로써 신광(身光)을 표시하고 있는데, 돌출대 사이에는 각각 3개씩의 보주를 조각했다. 그 밖에 전면에 불꽃무늬를 조각하고 석불의 어깨 윗부분부터 좌우에 각각 3구씩의 화불(化佛)을 새겼다. 그리고 두광 상면에는 파손이 심하여 화불인지는 확실하지 않지만 조각수법이 화불과는 다른 형태를 보이는 조각이 있다. 광배의 대석은 길이 2.86m, 너비 1.5m의 크기로 2매의 석재를 맞대어 놓았는데 전체 높이는 67cm이다. 이 대석의 하부에는 위를 받치는 잘 가공된 지대석이 놓여 있는데, 일부는 제자리에서 빠져나갔다. 광배의 높이는 3.26m로서 삼국시대 최대의 규모이다.

이 석불과 더불어 인접한 태봉사에 백제시대 석불이 존재하고 있다는 점은 백제 불교가 익산지방으로 전파된 경로를 살필 수 있는 자료로서, 당시의 교통로와도 밀접한 관계가 있다고 판단된다.

■ 발굴유구

석불사 불전터의 발굴조사는 1989년 원광대학교 마한백제문화연구소에 의해 실시되었다. 시멘트 제품으로 세워졌던 보호각인 미륵전을 철거하고 새로운 건물을 짓는다는 소식을 접한 마한백제문화연구소에서는 자칫하면 중요한 백제 건물지가 훼손될 가능성이 있어 유구의 발굴조사를 통해 기록을 남기고자 10월부터 발굴조사를 실시하였다. 당시의 조사는 사역 전반에 걸친 조사가 아닌 불전터와 그 주변에 한정된 것이었다.

조사결과 기단은 익산 미륵사지와 마찬가지로 잘 가공된 석재를 사용하고 있었으나 대부분 제자리에서 빠져 있어 정확한 구조를 살필 수는 없었다. 그러나 전체적 기단의 규모는 전면이 13.8m, 측면이 12m로 거의 정방형에 가

신중탱화

대웅전 안에 봉안되어 있으
며 1908년에 조성되었다.

까운 형태로서 건물지의 중앙에 석불좌상과 광배를 모셨음을 알 수 있다.

　건물의 기단 내부에 초석은 남아 있지 않지만 2개소의 초석적심(礎石積心)
과 4개소의 굴립주공(掘立柱孔)이 밝혀져 이를 바탕으로 검토한 결과 앞면 3
칸, 옆면 3칸의 규모임이 확인되었다. 굴립주공은 내진고주(內陳高柱)가 위치하는 지점인 석불좌상 주변 4개소에서 확인되었으며, 나머지 변주(邊柱)는 모두 방형의 초석을 사용한 것으로 판단된다. 이와 같이 큰 규모의 사찰건축에서 내진고주를 굴립주로 한 예는 처음 밝혀진 것으로, 이는 건물이 앞으로 쏠리거나 뒤틀려 무너지는 것을 방지하여 대형의 광배나 불상의 손상을 막기 위한 것으로 판단된다.

석불좌상과 광배 주변은 일정한 깊이로 광을 파고 여기에 다시 점토를 깔면서 다진 굴광판축법(掘壙板築法)에 의해 기초를 다졌음이 확인되었다.

그리고 이 불전 터 주변에 대해 탐색갱을 설치해 다른 유구가 있는지를 확인하고자 하였으나 전혀 관계 유구가 나타나지 않았다. 이러한 현상은 주변 유구가 완전히 훼손되었기 때문인지는 알 수 없으나 현재로서는 백제의 전통적 사찰 가람배치와는 다른 불전 단독 건물만 있는 독특한 가람으로 판단된다.

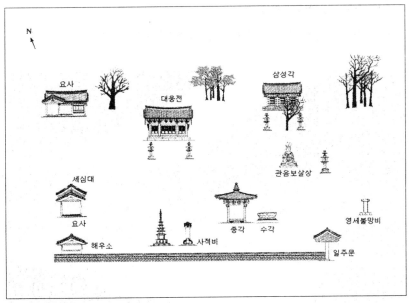

석불사 가람배치

숭림사

■ 위치와 창건

숭림사(崇林寺)는 익산시 웅포면 송천리 5번지 함라산(咸蘿山)에 자리한
대한불교조계종 제17교구 본사 금산사의 말사이다. 절은 함라산 골짜기의 소
나무밭 사이에 남향하고 있다.

숭림사라는 이름의 연원은 옛날 남천축(南天竺)의 달마대사(達摩大師)가

숭림사 달마대사가 숭산 소림사에서 좌선한 고사를 기르는 뜻에서 그 이름을 따서 숭림사라 하였다.

중국에 들어와 숭산 소림사에서 면벽 9년의 좌선을 행한 고사를 기리는 뜻에서 숭산의 '숭'과 소림사의 '림'을 따서 숭림사라 하였다고 한다.

절의 창건에 대해서는 통일신라의 경덕왕대(742~764)에 진표율사(眞表律師)가 금산사와 함께 창건했다는 설이 전하나 확실한 근거는 발견할 수 없다. 이후 숭림사에 대한 기록은 『익산군지』에, '숭림암은 함열면 북쪽 7리 함라산 아래에 있으며 보광전은 고려 충목왕 원년 을유년(1345)에 건축하였다'라고 기록되었다. 그리고 보광전 명문와에 지정5년(至正五年) 을유년(1345)에 행여선사(行如禪師)가 조성했다는 기록이 보인다고 하니 고려시대에서도 법등을 이어온 것을 알 수 있다.

조선시대에서는 임진왜란 때 보광전만 남고 불타버렸으며, 10년 뒤에 우화루(雨花樓)만을 중건했다고 전한다. 그리고 1697년(숙종 23)에는 영원전(靈源殿)이 지어졌다.

한편 조선시대 중후기 이후 절의 연혁은 위와 같이 문헌에 의한 기록보다는 절에서 전해내려오는 기록, 곧 현판(懸板)에 적힌 내용으로도 상당부분을 복원할 수 있다. 절에는 연혁을 기록한 현판이 특히 많은데, 우화루에 걸려 있는 〈숭림사공불계서(崇林寺供佛稧序)〉(1748년)·〈숭림사법당중수기〉(1882년)·〈화엄경류전서(華嚴經留傳序)〉(1887년)·〈성불암중수기(惺佛庵重修記)〉(1888년)·〈숭림사중수보조금명록〉(1912년)·〈제숭림사(題崇林寺)〉(1951년)·〈우화루중수기〉(1966년)·〈보광전중수기〉(1965년) 및 시문을 적은 현판을 비롯해서 정혜원에 〈정혜원상량기문〉(1589년), 나한전에 「나한전건축년대」(1965년), 영원전에 「영원전건축년대」(1966년) 등이 있다. 이 현판들의 내용을 토대로해서 연혁을 살펴보면 다음과 같다.

1737년(영조 13)에는 임치번(林致蕃)이 공불계(供佛稧)를 조직하여 약 100명의 계원과 함께 약간씩의 재물을 내어 불량답(佛粮畓)을 몇 년 동안 경영했다. 그래서 여기에서 나온 이득으로 부처님 앞에 늘 향화(香火)가 끊이지 않도록 경비를 충당했다. 「숭림사공불계서」는 이 불량답이 자손대대로 전해질 것을 기원하며 적은 글이다.

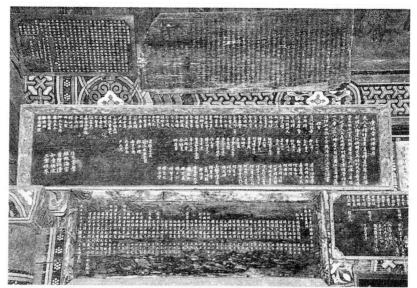

우화루내 현판들 조선 중기 이후의 절 연혁은 우화루의 현판 내용에서 많은 부분을 확인할 수 있다.

그 뒤 1819년(순조 19)과 1882년(고종 19)에도 보광전과 주변 건물을 중수했는데, 이로써 법당 및 가람의 면모가 일신되었다. 이같은 사실은 조희호(趙曦鎬)가 쓴 「숭림사법당중수기」를 통해 알 수 있다.

1855년(철종 6)에는 우화루를 중건했다. 1887년에는 한 스님이 『화엄경』 81권을 짊어지고 이곳으로 와서는 절에 맡기고 가므로 조희호와 김종규(金鍾奎)가 화주가 되어 서가를 갖추고 노전(爐殿)에 보관했다.

근대에 와서는 1912년에 주지 금산(錦山) 스님이 신도들의 도움을 얻어 법당을 중수했다. 1914년에는 영원전이 소실되어 1926년에 주지 황성렬(黃成烈) 스님이 성불암의 칠성각 건물을 이곳으로 옮겨와 영원전을 삼았다. 스님은 금산사 주지를 지냈던 분인데, 1928년에도 나한전을 새로 짓고 영원전 등을 중수해 면모를 일신했다. 이어서 1957년에 신도인 고광만(高光滿)의 지원으로 시왕전·나한전을 중수했고, 1964년에는 조영호(趙榮浩)·김용현(金容賢) 등의 도움으로 우화루를 중수했다.

최근에는 1976년에 세심교를 놓았고 이듬해 우화루 단청을 했으며 1982년에 나한전·영원전을 보수했다. 1992년에는 담장 및 우화루를 전면 보수했으며, 1993년에 보광전 기와를 보수했고 종각을 새로 지었다. 1995년에도 보광전을 보수하고 석축을 쌓았으며 이듬해 보광전 내부교체 수리를 했다. 앞으로도 산신각·요사·일주문 등을 새로 지을 계획이라고 한다.

■ 성보문화재

절에는 작은 개울의 다리를 건너서 앞면에 2층 누각 형태의 우화루가 있고, 이 우화루를 돌아 들어가면 정면에 사찰의 중심건물인 보광전이 있다. 이 우화루와 보광전 사이의 동쪽에는 영원전이, 그리고 서쪽에 요사로 활용되는 정혜원(定慧院)이 있다. 대웅전 동쪽에는 나한전이 있으며, 절 입구 서쪽에는 근래에 세워진 종각 안에 대형 범종이 걸려 있고, 동쪽 개울 건너에는 부도군이 있다.

보광전 자연석 석축기단 위에 세워진 건물은 맞배지붕을 올린 조선시대 전형적인 다포식 건물이다.

삼존불상 비로자나불을 본존으로 모시고 있으며 복장기문을 통해 광해군 때에 조성되었음을 알 수 있다.

● 보광전

보광전(普光殿)은 현재 보물 제825호로 지정되어 있다. 『익산군지』에 의하면 고려시대인 1345년(충목왕 1)에 만들어졌으며, 1345년에 행여(行如) 선사가 조성했다는 글이 적힌 명문와가 보인다고 전하므로 보광전이 처음 세워진 것은 고려시대임을 알 수 있다. 그러나 현존하고 있는 건물은 조선시대 후기의 양식을 보이고 있어서 당시의 건물은 아니라고 판단된다.

법당 안에 봉안된 불상의 복장기문(腹藏記文)에는 1613년(광해군 5)에 건물을 짓기 시작해서 이듬해에 완성했음이 기록되어 있다. 그리고 보광전 기와 가운데 1628년(인조 6)과 1682년(숙종 8)의 명문와가 발견된 바 있다고 한다. 따라서 보광전은 아마 임진왜란 때 불타버린 것을 그 뒤 다시 건립하고 1628년과 1682년에 각각 중수한 것으로 판단된다. 그리고 1882년에 조희호가 쓴 「숭림사법당중수기」에 보면 1819년에도 중수되었음을 밝히고 있다.

건축 양식은 2단으로 된 높은 자연석 석축기단 위에 세워졌다. 이 석축의 중앙에는 가공석으로 된 2단의 계단이 시설되어 있다. 건물은 거칠게 다듬은 자연석 초석 위에 원형 기둥을 세웠는데 좌우 측면 중앙에는 네모진 기둥을 세웠다. 앞면 3칸, 옆면 2칸의 규모로서 기둥 사이에 설치된 문은 3칸 모두 3분합문으로 구성되어 있다. 조선시대의 전형적 다포식 건물로서 공포는 기둥머리뿐만 아니라 기둥머리 사이에도 한 개씩의 공간포를 배치했다. 공포는 내외3출목의 구조로서 쇠서는 앙설형(仰舌形)이고 첨차의 양끝에 연화문을 조각하여 건물의 아름다움을 더해주고 있는 것이 특징이다. 처마는 겹처마에 지붕은 맞배지붕으로서 옆면에 방풍판을 달았다. 전체적으로 귀솟음과 안쏠림의 기법이 보이는 균형 있고 안정감이 있는 수작이라 할 수 있다.

건물 내부의 공간포는 초제공 끝에 수련(水蓮)을 새기고 2제공 끝은 용신을 새겼으며, 3제공은 용이 앞발로 여의주를 쥐고 있게 하였다. 살미는 용의 목부분이 되고 위쪽 끝에 별도로 용의 머리와 그 위에 봉황을 조각해 놓은 기법이 매우 특이하며, 조각이 아름답고 섬세하다. 건물 내부는 통칸의 구조로 단지 중앙 후면에 방주를 세워 후불벽을 구축하였다. 불단의 위쪽에는 섬세하

보광전내 벽화 건물 내부 한쪽 벽에는 피리를 불며 하늘을 나는 주악비천도가 그려져 있다.

고 정교한 조각으로 닫집을 만들어 불상을 장엄하고 있는데 용두와 봉황장식과 연화장식이 특이하나 용두 중 오른쪽 것은 없어졌다.

불단 위에는 본존으로서 비로자나불을 모셨으며, 이를 중심으로 오른쪽에 아미타여래, 왼쪽에 관음보살을 모신 배치를 보인다. 비로자나불은 항마촉지인을 하고 있어 특이한데, 불상의 후면에는 1913년에 정연(定淵)·만덕(萬德) 스님 등이 그린 후불탱화가 걸려 있다. 그 밖에 1923년에 제작된 신중탱화가 있었으나 도난당해 1991년에 새로 봉안했으며, 그 밖에 1952년에 봉안된 칠성탱화·산신탱화·독성탱화가 함께 걸려 있다.

● 우화루

우화루(雨花樓)는 「우화루중수기」 등에 의하면 통일신라 때 석덕(碩德) 스님이 창건한 건물로서, 1819년·1855년에 중건되었고 1964년과 1992년에도 중수되었다.

우화루 통일신라 때 창건된 건물로 최근에는 한 차례 중수가 있었다. 내부에는 많은 현판이 걸려 있다.

건물은 밖에서 보면 짧은 동자주(童子柱)를 받쳐 이층 누마루의 형식을 보이고 있으나 안쪽은 단층으로 개방되어 바로 마당과 통한다. 건물의 규모는 앞면과 옆면 각 3칸으로서 모두 원주(圓柱)를 사용했다. 건물의 구조는 익공계 형식이며 일출목으로 행공첨차를 두어 외목도리를 받치고 있다. 처마는 겹처마이고 지붕은 맞배지붕으로서 박공머리에는 방풍판을 달았다. 전면의 각 칸에는 두 짝씩의 널문을 달았다.

이러한 사원의 누각은 대체로 의식을 집행하는 장소가 되거나 범종·목어·운판·법고 등의 사물(四物)을 설치하기도 한다. 숭림사 우화루도 비교적 잘 조각된 목어와 길이 3.56m, 높이 70㎝인 목구시 하나가 보존되어 있다. 이외에도 「숭림사법당중수기」 등 많은 현판이 안쪽 벽에 걸려 있다.

● 정혜원

정혜원(定慧院)은 요사로 사용되는 건물로서 「정혜원상량기문」을 통해 보면, 1591년(선조 23)에 산불로 인해 소실된 것을 1644년(인조 22)에 재건하여 오늘에 이르고 있다고 한다.

두공의 구조나 주칸 등을 보면 본래 앞면 3칸, 옆면 3칸의 규모로 세워진 것을 우화루를 지을 때 한 칸 반을 더 달아낸 것으로 판단된다. 왜냐하면 달아낸 정혜원 건물의 두공 구조가 우화루와 일치하기 때문이다.

기단과 기둥은 낮은 자연석 기단 위에 원주를 사용했다. 건물의 구조는 익공계 구조를 하고 있으며, 일출목으로서 행공첨차를 두어 외목도리를 받치고 있다. 처마는 홑처마이며, 지붕은 맞배지붕이다.

● 영원전

영원전은 본래 1697년(숙종 23)에 지어졌으나 1914년에 소실되었고, 숭림사 북쪽 화산 기슭에 있던 성불암(惺佛庵)의 칠성각으로 사용된 건물을 1926

영원전 일반적으로 명부전으로 불리는 건물이다. 숭림사 북쪽 성불암의 칠성각 건물을 이건한 것이다.

년에 이곳으로 옮겨 지었다.

낮은 자연석 기단 위에 거칠게 다듬은 자연석 초석을 사용한 건물로서 앞면과 옆면 각 3칸씩의 규모이다. 건물의 구조는 이익공에 1출목의 구조인데 행공첨차를 두고 외목도리를 받치고 있다. 처마는 겹처마이며, 지붕은 맞배지붕으로 박공머리에 방풍판을 달았다. 전면 중앙에는 2분합문을 달았다.

영원전이라는 전각 이름은 명부전으로 부르는 경우가 보다 일반적이다. 이영원전에는 다른 사원의 명부전과 같이 목조의 지장보살상을 본존불로 모시고, 뒤에 지장탱화가 있다. 지장상 좌우보처에 목조의 도명존자(道明尊子)와 무독귀왕(無毒鬼王) 및 그 주위에 명부시왕 및 판관・녹사・사자・인왕상 각 2체, 동자상 4체를 목조로 만들어 봉안했다. 조각 수법은 다른 곳에서 볼 수 있는 시왕상과 비슷하다. 그런데 전하는 바에 의하면 이곳의 상설(像設)들은 나한전 나한상과 함께 보천사(普天寺)에서 옮겨왔다고 한다.

● 나한전

1929년에 새로 지었다. 낮은 자연석 기단에 거칠게 다듬은 자연석의 초석을 사용했으며, 기둥은 대부분 네모진 방주(方柱)를 사용하였으나 뒷면은 둥근 원주를 사용했다.

규모는 앞면 3칸, 옆면 2칸의 작은 건물이다. 전면의 처마는 겹처마이며, 후면은 홑처마이고 지붕의 형태는 맞배지붕이다. 그리고 중앙에는 2짝의 분합문을 달았다.

나한전 내부에는 석가불상을 중심으로 그 주위에 가섭·아난상, 16나한상, 인왕상 2체, 동자상 6체, 판관·녹사상 각 2체, 명부사자상 2체가 봉안되어 있다. 판관·녹사·명부사자상은 명부전의 것이 잘못 봉안된 것으로 짐작된다.

그런데 이곳의 나한상은 본래 군산시 서수면에 있는 보천사에 있던 것인데 일제강점기 때 일인들에 의해 일본으로 옮겨지다 풍파로 인해 못건너가고 이곳에 옮겨진 것이라고 전한다.

부 도 절 입구에는 4기의 부도가 있다. 이중 하나에는 유심당 일훈스님의 것이라 새겨져 있다.

석조연화문좌대 대웅전 옆에 놓여져 있으며 불상의 좌대로 짐작된다. 상대석과 하대석만이 남아 있다.

● 부도군

절 입구 오른쪽에 부도군이 있고 여기에 모두 4기의 부도가 위치한다. 가장 안쪽의 뚜껑돌이 없는 부도는 높은 대좌 위에 고복형(鼓腹形)에 가까운 탑신석이 있다.

부도 가운데 하나는 탑신석에 '기축년 2월 유심당(有心堂) 일훈(一訓)대사의 부도로 세웠다.'는 내용이 적혀 있다.

두 번째 부도는 높은 대좌 위에 고복형의 탑신과 팔각원당형 옥개석이 올려져 있는 형태로서 누구의 부도인지는 알 수 없으나 1684년(숙종 10)에 세웠다는 명문이 있다.

세 번째 부도는 높은 대좌 위에 구형(球形)의 탑신과 4각당형의 옥개석을 올렸는데 명문은 없으며, 마지막 부도는 역시 높은 대좌에 구형의 탑신과 형식화되고 경사가 심한 옥개가 올려져 있는데 근래에 만들어진 무애당(無碍堂)선사의 부도이다.

● 기타 성보문화재

 본래 법당 안에는 목사자상(木獅子像) 2점이 있었다고 한다. 현재는 그 가운데 1점만 남아 있으며, 법고(法鼓) 받침으로 사용된다. 목사자의 조각 수법은 생동감을 느끼게 할뿐만 아니라 섬세한 수법을 보이고 있다. 제작년대는 조선 후기로 짐작되는데, 다른 1점은 도난 당했다고 한다.

 청동은입인동문향로(靑銅銀入忍冬文香爐)는 전라북도유형문화재 제67호로 지정되어 있다. 조선시대에 만들어진 것으로 판단되는 이 향로는 작은 크기로서 몸체에 세 개의 다리가 붙어 있으며, 몸체의 옆면에는 2개의 사자머리형 손잡이가 붙어 있다. 뚜껑에도 사자형 손잡이가 붙어 있는데 조각이 매우 섬세하다. 그리고 몸체에는 인동문과 모란문을 은입상감(銀入象嵌)했는데 그 원형이 잘 보존되어 있다.

 그 밖에도 대웅전 옆에는 불상의 좌대로 짐작되는 연화문좌대가 있다. 중대석은 없어지고 상대석과 하대석만이 남아 있는데 연화문의 조각이 섬세하다.

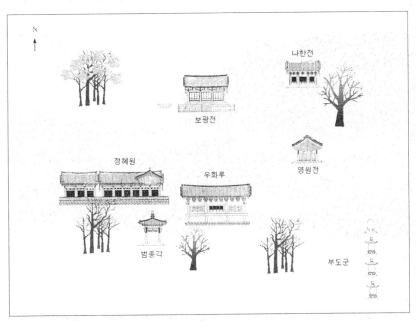

숭림사 가람배치

심곡사

■ 위치와 창건

심곡사(深谷寺)는 익산시 낭산면 낭산리 176번지 미륵산 기슭의 장암마을 위쪽에 자리한 대한불교조계종 제17교구 본사 금산사의 말사이다.

전하는 바에 의하면 심곡사는 통일신라시대 문성왕(文聖王, 재위 839~856) 때 무염(無染) 대사가 창건했다고 전한다. 그러나 이를 뒷받침 할 만

심곡사 허주스님이 중건했다고 하며 대웅전을 비롯 삼성각, 명부전 등의 건물이 가람을 이루고 있다.

한 현존 유적이나 유물은 찾아볼 수 없는 상황이다.

그 뒤의 연혁은 자세히 전해지지 않고 있지만 19세기에 허주(盧舟) 스님이 중건하였으며, 지금의 사찰은 100여 년 전 현 위치에서 200m쯤 떨어진 산등성이에서 옮겨왔다고 한다.

최근에는 1983년에 산신각을 삼성각으로 고쳐 지었고, 1984년에 지금의 삼성각 앞에 요사를 지었으나 1987년의 수해로 무너졌다. 1985~1986년에는 대웅전을 해체하고 중건했으며, 1987년에 요사를 새로 지었다. 그리고 1997년 10월에는 삼성각 옆에 남북의 통일을 염원하는 미륵불을 봉안할 계획인데, 재료는 익산지역의 특산인 화강암으로 조성할 것이라 한다.

■ 성보문화재

심곡사는 동향하고 있는 대웅전을 중심으로 오른쪽에 삼성각, 왼쪽에 명부전을 두고 있으며, 대웅전 앞에는 칠층석탑 1기가 자리한다. 그리고 명부전 뒤쪽에 요사가 있고, 사찰에 오르는 입구에 부도전이 있다.

그 밖에도 지금은 비록 없어졌지만 『화엄경』·『법화경』 등의 경전이 대웅전 안에 있었다고 전한다.

● 대웅전

전에 있던 대웅전은 1819년(순조 19)에 만든 앞면 3칸, 옆면 2칸에 맞배지붕의 겹처마를 한 건물이었으나 1986년에 헐고 지금의 대웅전을 새로 지었다. 크기는 앞면 5칸, 옆면 3칸으로서, 앞쪽의 기단은 이중 형태이며, 아래 단에 있는 석재는 잘 가공된 장대석으로서 다른 곳에서 사용하던 것을 옮겨온 것이다. 건물은 이익공 형식이고 겹처마에 팔작지붕을 하고 있으며, 2분합문이 각 칸에 설치되어 있다.

안에는 아미타삼존불상과 탱화 몇 점이 전한다. 삼존불은 아미타불을 중심

대웅전 아미타불상과 후불탱화 후불탱화는 서울 봉은사 등의 탱화를 그렸던 계창스님이 그렸다.

으로 왼쪽과 오른쪽에 지장보살·관음보살을 각각 모셨다. 조선시대 양식의 불상이지만 제작년대는 확실하지 않고, 아마도 사찰 이건(移建) 당시의 것으로 생각된다.

탱화는 삼존상 뒷면에 후불탱화가 각각 모셔져 있다. 아미타후불탱화와 관음보살상 뒤에 있는 영산회상도는 둘 다 1892년(고종 29), 그리고 지장보살 후불탱화는 1988년의 작품이다. 후불탱화를 그린 금어는 연하 계창(蓮河啓昌)·금호 약효(錦湖若效)·대우 능호(大愚能昊) 스님 등이며, 영산회상도 역시 계창 스님이 그렸다. 계창 스님은 이 밖에도 1886년에 서울 봉은사 판전의 후불탱화, 1887년에 의정부 망월사 괘불 등을 그렸다.

불단 좌우에는 작은 50불이 모셔져 있는데 왼쪽에 26불이, 오른쪽에 24불이 봉안되었다. 그 밖에 제석천룡도와 소종이 있는데 근래의 작품들이다.

대웅전 앞에는 석수조(石水槽)가 있다.

● 명부전

 명부전은 전각내의 탱화 화기를 통해 1890년 무렵에 지어진 건물로 판단된다. 기단은 잘 가공된 계단을 갖추었고, 이 계단 좌우에 역시 잘 가공된 화강암의 원주형 석재 2매가 놓여 있다. 주좌(柱座)를 갖춘 초석 위에 화강암의 원주형 기둥이 올라가고 그 위에 다시 목재의 원주형 기둥이 놓인 앞면 3칸, 옆면 2칸의 건물이다.

 건물의 구조는 초익공 형식으로 맞배지붕인데 앞면은 겹처마이면서 뒷면은 홑처마의 형식을 보인다. 앞면에는 2분합의 문을 각 칸에 설치했다.

 안에는 다른 명부전과 같이 중앙에는 지장삼존상이 있다. 지장보살상은 전각을 창건하면서부터 조성된 장엄한 모습 그대로인데, 흙으로 빚은 소조금불이다. 머리는 소발에 이마에 백호가 있으며, 목에는 삼도(三道)가 있고 통견의 법의를 갖춘 형태이다. 그리고 주위에는 도명존자·무독귀왕과 명부시왕

시왕상

동자상

상 10체, 판관·녹사·인왕 각 2체, 사자상 1체, 동자·동녀상 6체 등이 배치되어 있다. 후불탱화 역시 명부전 창건년대에 해당되는 1892년의 작품이다.

● 삼성각

근래에 세워진 앞면과 옆면 각 1칸씩의 작은 건물로서 앞면 벽에 산신탱화, 왼쪽 벽에는 칠성탱화, 그리고 오른쪽 벽에는 독성탱화가 걸려 있다.

이 가운데 관심을 끄는 것은 화기가 남아 있는 독성탱화이다. 독성(獨聖)이 소나무 밑에 법장을 들고 앉아 오른 무릎을 세우고 있는 형태로서 화기를 통하여 1892년에 조성된 작품임을 알 수 있다. 대웅전 아미타극락회상도의 작가인 연하 계창·금호 약효 금어스님이 그렸다.

산신탱화의 제작년대는 확실히 알 수 없으나 독성탱화와 같은 연대일 가능

독성탱화

성이 있다. 그림의 내용은 산신이 석장을 들고 호랑이 옆에 앉아 있는 형태이다. 산신 왼쪽에는 바랑을 걸머쥔 동자상, 그리고 오른쪽에는 과일을 받쳐든 동녀상이 함께 그려져 있다. 칠성탱화는 근래에 그려졌다.

● 칠층석탑

단층의 기단 위에 7층의 석탑을 세운 것으로서 지대석과 지복석(地覆石)

칠층석탑
단층기단 위에 7층의 탑신과 옥
개를 올렸다. 평범하면서도 단
아한 모습을 지녔다.

위에 대좌형식을 따른 기단이 놓여 있다. 이 기단 위에는 7층의 탑신과 옥개
를 올렸으며, 옥개 정상에는 보주형 상륜을 안치했다.

탑의 조성수법을 좀 더 살펴보면, 지대석은 그 상면이 지표면과 일치하고
있어서 정확한 형태를 알 수 없으며, 그 위의 지복석은 비교적 높은 형태를
보인다. 그 위에 대좌형식을 따른 하대석과 중대석 및 상대석이 다른 돌로 조
성되었다. 하대석의 각 면에는 단엽6판연화문이 조각되었으며, 연판의 끝은
귀꽃모양의 장식을 한 복련이다. 연판마다 주련(珠聯)을 돌려 구획하고 있으
며, 이들 사이에는 형식적인 간엽을 나타내고 있다.

중대석도 하나의 돌로 구성되었는데 우주나 탱주가 없는 부재로 설치했다.

● 부도군

부도들은 본래 현 사찰에서 동북쪽으로 약 300m 가량 떨어진 산정(山頂)에 놓여 있었는데 6.25전쟁 이후 전란과 도둑을 피해 현 사찰 입구의 산비탈에 이안된 것이다.

모두 7기의 부도가 남아 있는데 정확한 연대나 부도의 주인은 알 수 없고 오로지 1기에서만 '경진당(敬眞堂)'이라 새겨진 글을 볼 수 있을 뿐이다. 이들 7기의 부도는 크기와 형식을 달리하고 있다.

우선 '경진당' 명 부도를 보면 크기는 145cm로 크지 않으며, 양식은 석종형(石鍾形) 부도 위에 다른 작은 석종을 얹고 있을 뿐 여타의 조각은 찾아볼 수 없다. 그 밖의 다른 부도들은 평평한 지대석이나 복련의 연화좌를 조각한 위에 고복형 탑신석을 올리고 그 위에 다시 팔각형의 옥개를 올린 것이 기본이라고 할 수 있으나, 옥개의 세부 형식이 다르거나 퇴화된 양식을 보이는 것도 있다. 탑신석도 일부에서는 팔각형을 보이기도 한다.

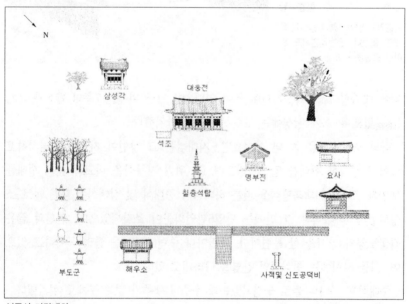

심곡사 가람배치

자명사

■ **위치와 창건**

  자명사(自鳴寺)는 익산시 용안면 법성리 279번지 우슬산(牛膝山)에 자리
한 대한불교조계종 제17교구 본사 금산사의 말사이다. 우슬산은 우수산(牛水
山) 또는 법화산(法華山)이라고도 한다. 절은 금강(錦江)에서 용안면 소재
지로 넘어가는 길 가까이 우슬산 중턱에 동북향으로 있으며, 서쪽으로는 금강

자명사 대웅전   우슬산 기슭에 자리한 절은 현재 대웅전과 요사만이 있는 단촐한 모습으로 있다.

이 바라다 보인다.

절의 역사에 대해서는 사찰의 동쪽 입구에 위치한 1944년에 세운 사적비의 내용이 현재로서는 유일하다. 이를 통해 보면, 자명사는 신라시대인 678년(문무왕 18)에 선설대사(禪說大師)가 창건했는데 당시 이름은 자웅사(自雄寺)였다. 그 뒤 조선시대 중기에 당시의 권세가인 민인재(閔隣宰)가 용안읍에서 잘 때 자웅사에서 소 우는 소리가 읍내에 가득 퍼지는 꿈을 꾸고는 기이하게 생각하고 절을 '자명사'로 고쳤다고 한다.

그 뒤 기혜(琪慧)·신봉(信峯)·성암(城庵) 스님 등이 이어서 중수하였고, 근대에 와서는 1943년에 진명대사(振明大師)가 중건을 하면서 절 모습을 일신했다. 최근에는 법화(法華) 스님이 주지로 부임하여 법당을 1991년에 중수하고 요사도 고쳐 지었다.

현재 사찰 경내에서 통일신라시대까지 소급될 수 있는 유물은 전하고 있지 않지만, 주변에서 발견되는 기와·토기편 등의 유물과 경내의 고목을 통해서 절이 오랜 역사를 지닌 고찰임을 짐작할 수 있다.

한편 『신증동국여지승람』 권34 「용안현 불우조」에 자명암(自明庵)이 소개되어 있는데, 이 자명암이 곧 자명사의 전신으로 보인다. 그것은 『호남읍지』·『용안현읍지』 사찰조에 자명암의 위치가 용두산(龍頭山) 서북쪽으로 소개되어 있는데, 이는 곧 현재 자명사의 자리와 부합되기 때문이다.

■ 성보문화재

절에는 현재 대웅전과 요사 2채만 있는 단출한 모습이다. 1980년대까지는 사적비에 나타나는 바대로 1943년 진명대사에 의해 중수된 대웅전을 중심으로 좌우에 요사가 있었던 것으로 확인된다. 그러나 이 건물들은 관리소홀로 인해 모두 붕괴되어 버렸고 지금의 대웅전은 1990년대 초에 새로 지은 것이다. 현재 목조 요사를 새로 짓는 중에 있다.

● 대웅전

최근 기단석축 아래를 깎아내어 대지를 넓히고 새롭게 설치한 석축으로 인해 이중석축의 형태를 보이고 있다. 크기는 앞면 3칸, 옆면 2칸으로서 익공식 구조를 하고 있으며, 지붕은 팔작지붕으로 겹처마를 하고 있다. 전면 중앙에는 4분합의 문을 달았으며, 좌우에는 3분합의 문을 시설했다.

불단에 봉안된 목조아미타여래좌상은 청동으로 만든 좌대 위에 놓여 있다. 청동좌대는 단판의 복련과 앙련이 직접 붙어 있는 형태이다. 여래상의 머리는 나발이며, 육계의 형태는 거의 보이지 않고 있다. 상호는 원만하며, 목에는 삼도가 표현되었고 법의는 통견이다. 수인은 중품중생인을 짓고 있다.

그 밖에 대웅전 안에는 아미타여래좌상 오른쪽에 근래에 만든 석가모니불상을 모셨고, 그 좌측에 동자상·동녀상과 함께 탄생불을 모셨다. 불화로는 금니(金泥)로 칠해 최근에 봉안한 후불탱화·지장탱화·신중탱화가 걸려 있다.

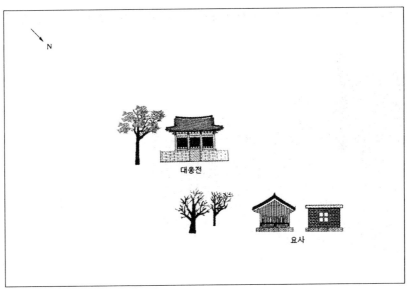

자명사 가람배치

태봉사

■ 위치와 창건

태봉사(胎峰寺)는 익산시 삼기면 연동리 147번지 죽청마을 태봉산 기슭에 자리한 한국불교태고종 사찰이다.

태봉사가 언제 창건되어졌는가에 대해서 문헌이나 금석문 자료를 통해서는 전혀 알 수 없다. 단지 이곳에서 백제시대 양식의 삼존석불이 발견되고, 또한

태봉사 백제 양식의 석불과 함께 기와편이 수습되었다고 전해져 백제시대의 사찰로 알려지고 있다.

백제 와당편이 수습되었다고 전하고 있어 백제시대에 창건된 사찰로 판단될 따름이다. 좀더 확실하게 말하면 백제 무왕이 익산에 궁성을 짓고 미륵사를 창건하는 등 무왕의 익산경영 시기인 7세기 전반 무렵에 창건된 사찰로 추정할 수 있다.

창건 뒤의 사적도 전혀 알 길이 없는데, 지금 사찰의 중창은 근래에 들어와 바로 이곳에서 삼존석불이 발견됨에 따라 연유한다. 석불의 발견 및 중창 경위에 대해서는 다음과 같은 이야기가 있다.

지금 태봉사의 창건주이며 주지의 어머니인 청송(靑松) 심씨(沈氏) 묘연화(妙蓮華)여인이 전한 바에 의하면, 1931년에 익산시 삼기면 연동의 본가에서 삼대 독자인 현 주지의 수명장수를 위해 산신기도를 드렸는데, 이때 산신님의 현몽으로 안내를 받아 이곳에 오니 뜻밖에 삼존석불을 발견하게 되었다는 것이다. 그리하여 이를 계기로 삼존석불이 있는 지점에 작은 규모의 불당을 짓고 절을 세우게 되었다고 한다. 그리고 이 때 석불을 옮기려고 땅을 파보니 서기 6~7세기 무렵의 중국 동경(銅鏡)이 출토되었다. 이 동경은 현재 공주국립박물관에 진열되어 있다.

그 뒤 몇 차례의 중수가 있었다. 1947년에 요사 4칸을 짓고, 1955년에 묘연화보살의 아들 박제공(朴霽空) 스님이 주지로 부임하면서 절이름을 지금의 태봉사로 했다. 1957년에는 지금의 대웅전을 다시 짓고 이곳에 삼존석불을 옮겨 봉안했으며, 1962년에 칠성각을 지었다. 이 칠성각은 1992년 무렵 삼성각으로 고쳐서 새로 지었다. 이어서 1971년에 종각을 짓고 1982년에는 대웅전을 지금처럼 5칸으로 늘려 지었다.

최근에는 1996년에 선방과 요사를 새로 지었으며, 앞으로 현재 대웅전 앞에 있는 객사겸 식당용 임시 건물을 새로 지은 요사 뒤편으로 옮겨 지을 계획이라고 한다. 현재는 박제공 노스님에 이어 1990년부터 혜안 스님이 주지 소임을 맡고 있다. 혜안 스님은 현재 무형문화재인 영산회상작법 전승자로 지정되어 있다.

한편 절을 태봉사라고 하게 된 것은 사찰 뒤의 산 이름이 태봉산이란 데서

선방겸 요사 최근 새로 지어졌으며 '한국불교영산회연수원'이라는 현판이 건물 앞에 걸려 있다.

연유한다. 익산은 기자조선의 준왕(準王)이 위만(衛滿)의 난을 맞아 수많은 궁인들을 거느리고 배를 타고 들어온 지역이라는 사실을 문헌기록에서 찾아볼 수 있으며, 또한 여러 종류의 준왕관련 전설이 채록되고 있다. 전설에 의하면 익산에 온 준왕이 왕자를 낳자 이곳에 태를 묻어 태봉산이라는 이름이 붙여졌다고 한다. 혹은 준왕이 아니라 무왕이라고도 한다. 그리하여 오늘날에는 태봉사가 득남을 위한 기도신앙으로 유명하고, 실제로 그 영험이 있는 것으로 알려져 있다.

이 지역은 태봉사와 더불어 인근의 석불사에도 백제시대의 석불이 모셔져 있어서 당시 불교문화의 전파 경로 및 교통로 연구의 중요한 자료로 주목된다.

■ 성보문화재

태봉사에 들어가면 근래에 만들어진 「운공당대조사」부도와 함께 이 사찰의 중창주라 할 수 있는 「청신녀청송심씨묘연화공덕비(淸信女靑松沈氏妙蓮

華功德碑)」가 있다. 그리고 대웅전 앞쪽 마당에는 근래에 지어진 팔모지붕에 겹처마의 구조를 한 범종각이 있는데 지붕에는 시멘트 기와를 올렸다. 범종각 안에는 커다란 범종과 함께 법고·목어·운판을 걸고 있다.

그 옆에는 역시 근래에 만든 오층석탑과 함께 요사가 있다. 대웅전은 마당에 높은 석축을 두고 그 위에 세웠으며, 뒤쪽으로 또 하나의 석축 위에 삼성각이 있다.

태봉사에서 가장 먼저 주목되는 성보문화재는 바로 삼존석불이라 할 수 있으며, 그 밖에 운공당대조사부도 옆의 석탑 부재로 판단되는 가공석 1매도 주목된다. 이 부재는 석탑의 옥개석으로 판단되는데 위쪽 중앙에 원공(圓孔)이 있다.

● 대웅전

1982년에 앞면 5칸, 옆면 3칸 규모로 늘려 지었으며 가공석의 높은 기단 위에 있다. 건물 구조는 초익공 형태에 처마는 겹처마이고, 지붕은 팔작지붕을 하고 있다. 안에는 백제시대 삼존불상과 함께 근래에 만든 지장보살상, 관음보살좌상, 소불상 2체, 동자상 2체와 석가여래도·지장보살도·관음보살도·신중도 등의 탱화를 봉안했다.

● 대웅전 삼존불상

전라북도유형문화재 제12호로 지정되어 있으며, 현재 호분(胡粉)이 발라져 있어 본래의 모습보다 많이 개변(改變)된 상태이다. 20년 전의 조사에 의하면 본존상 가슴 이상은 파손이 심하여 상호의 형태를 알 수 없으며, 목에 삼도가 없음이 특징이라고 하고 있으나 지금은 삼도와 함께 상호의 형태가 뚜렷하다. 그리고 협시상들은 나한상과 보살상으로서 역시 삼도의 목주름이 없음을 밝히고 있으나 지금의 협시상은 모두 보살상으로서 목주름이 뚜렷하다.

대웅전 삼존불상을 모시고 있으며 그 외 지장보살과 관음보살상 등을 봉안하였다. 팔작 지붕을 올렸다.

이 삼존석불은 타원형 광배를 조각한 판석에 석가여래좌상과 좌우에 문수보살과 관세음보살을 조각한 것으로서, 여래상은 방형대좌 위에 결가부좌를 하고 있다. 머리는 나발로서 육계가 있으며 비교적 두툼한 얼굴로 목에는 삼도가 선명하게 표현되었다. 법의는 통견이며 방형대좌에까지 늘어뜨린 상현좌의 형태를 보인다.

수인의 형태는 왼손은 들어 가슴에 대었으며, 오른손은 아랫배에 대고 있다. 머리에는 두광이 표현되었는데 이중 원권(圓圈) 안에 연화문을 새겼다. 이 광배 윗부분에는 1체의 화불(化佛)이 조각되었다. 연화좌에 결가부좌한 화불은 두 손을 가슴에 모으고 있는 형태로서 두광과 신광을 모두 갖추었다.

여래상 오른쪽에는 연화 가지를 두 손으로 쥔 문수보살입상이 조각되었다. 머리에는 보관을 쓰고 있으며, 머리는 가슴까지 늘어뜨리고 있고, 목에는 삼도가 있다. 법의는 통견인데 옷자락은 U자형을 보이면서 밖으로 매듭이 드러나 보인다.

석조삼존불상
백제시대의 양식을 따르는 불상
으로 본래의 모습에서 많이 바
뀐 상태이다.

왼쪽에는 역시 두 손으로 정병을 받들고 있는 관음보살입상이 배치되어 있
다. 보관이나 머리·삼도·옷자락의 형태는 문수보살입상과 같은 형태를 보
이고 있으나 이 상에서는 매듭은 보이지 않는다. 각 상 모두 머리에 둥근 두
광을 갖추고 있다.

● 삼성각

삼성각은 앞면 3칸, 옆면 2칸 규모로서 대웅전 뒤쪽 낮은 자연석 기단 위에
세워져 있다. 건물 구조는 초익공 형태에 처마는 홑처마이며, 지붕의 형태는
맞배지붕이다.

석탑편
탑의 옥개석으로 보이는
부재가 절 입구 부도 옆
에 있다.

안에는 불단 가운데에 봉안된 치성광여래상을 비롯해서 독성상·산신상과,
칠성탱화·산신탱화·독성탱화 및 창건주 청송 심씨 묘연화보살의 영정이 있
다. 제작년대는 1958년이며, 삼성각 건물도 이 무렵에 건립된 것으로 생각된
다. 독성탱화는 1958년, 나머지 탱화는 최근에 봉안되었다.

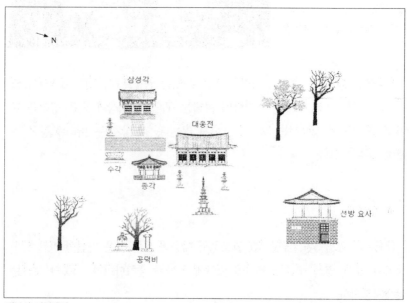

태봉사 가람배치

미륵사지

■ 위치와 창건

　미륵사지(彌勒寺址)는 익산시 금마면 기양리 미륵산 아래에 자리하는 백제 시대의 절터이다.

　절은 백제 무왕(武王, 재위 600~640)이 왕비인 선화공주(善花公主)와 함께 미륵산을 가는 도중에 이곳 연못에서 용출(湧出)한 미륵삼존을 배관한 뒤

미륵사지 전경　1996년 17년에 걸친 발굴이 완료되었고, 동탑도 복원되었다.

절을 창건했다하며, 이 같은 사실은『삼국유사』등의 기록에 전한다(『삼국유사』에 기록된 창건에 관한 이야기는 이 글 [창건설화] 참고).

그 뒤의 연혁은 문헌에 기록된 글이 없어 잘 알 수 없다. 그러나 미륵사지 발굴에 따른 성과와 단편적 기록에 의해 절의 규모 및 어느 정도의 연혁은 추정해 볼 수 있다(발굴 성과에 대해서는 이 글 [미륵사지 발굴 현황] 참고).

우선 발굴에 의해 통일신라에서 조선시대에 이르는 동안 계속 법등을 이어온 것을 알 수 있다. 다만 절의 규모는 백제에 이어 통일신라시대가 가장 컸고, 고려시대에서도 나름대로 거찰(巨刹)의 모습이 유지되었으나 조선시대에서는 사역(寺域)이 전대에 비해 상당히 줄어들었다. 그리고 미륵사지에서 발굴된 유물은 16세기 후반 이후의 것은 거의 출토되지 않고, 또한 17세기 후반에 이 곳을 찾은 강후진(康候晉)이 쓴 여행기「와유록(臥遊錄)」에 미륵사 석탑에 한 농부가 올라가 누워 있는 정황을 기록한 내용으로 보아, 대략 이 무렵에 절은 폐사된 것으로 볼 수 있다. 이후 1980년에 본격적 발굴이 이루어지기까지 절터에는 민가가 들어서고 일부는 경작지가 되기도 하였다.

현재 절에는 창건 당시의 석탑인 미륵사석탑과 통일신라 때 세운 당간지주 2기를 비롯해서 석탑 및 석등 부재, 초석 그리고 여러 석재 등이 있다. 석탑은 창건 당시의 서탑(西塔) 외에 1992년 동탑지에 복원한 탑이 있다.

1997년에는 미륵사지 옆에 미륵사지유물전시관이 개관되어 이곳에서 발굴된 유물을 전시하고 있다.

■ 창건설화

『삼국유사』에는 미륵사 창건에 얽힌 이야기가 신비롭게 전개되어 있다. 백제의 무왕, 그의 부인 선화공주 그리고 미륵산 사자사에 주석하던 고승인 지명법사(知命法師)가 등장하는 이 설화는 단순히 미륵사 창건의 사실만 말하는 것이 아니라 백제와 신라와의 관계, 당시 사회에 있어서 미륵신앙의 전개등 여러 가지 사회적 배경이 함축되어 있다. 또한 역사학 입장에서 보다라도

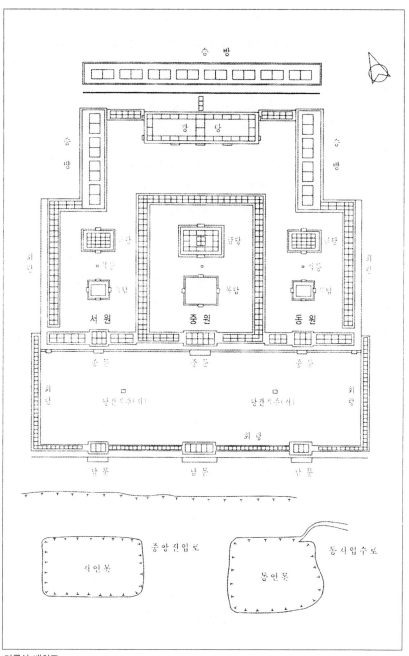

미륵사 배치도

일반 사료로서는 잘 알 수 없는 당시 백제의 정치·사회·문화적 여러 요소들을 이 기록을 통해 유추해보는 중요한 단서가 되기도 한다. 그리고 뒤에 기록된 『신증동국여지승람』 등의 미륵사 관련 기록은 전부 이 『삼국유사』의 내용을 거의 그대로 싣고 있다.

『삼국유사』「무왕」조에 기록된 미륵사 관련 기사를 옮기면 다음과 같다.

하루는 왕과 부인이 사자사에 행차했다. 용화산(龍華山) 아래 큰 못가에 이르렀을 때 문득 미륵삼존이 못 가운데서 나타나므로 왕과 부인은 행차를 멈추고 미륵삼존에 예경을 올렸다. 부인은 왕에게 말하기를 "부디 큰 절을 이곳에 창건하는 것이 저의 큰 소원입니다. 허락해 주십시오." 하니 왕이 허락했다. 이어서 지명(知命) 스님을 찾아가 그 못을 메울 방법을 의논했더니 스님이 신통력으로 하룻밤 만에 산을 허물어 그 흙으로 못을 메우고 평지를 만들었다. 이에 미륵삼회(彌勒三會)를 상징하기 위해 전각·탑과·회랑(回廊) 등을 세 곳에 짓고 전각에다는 각각 미륵삼존을 봉안하여 미륵사라고 이름지었다. 신라의 진평왕(眞平王)은 백공(百工)을 보내어 일을 돕도록 했다. 이 절은 지금도 남아 있다.

여기에 나오는 지명 스님의 행적에 대해서는 자세하지 않다. 위와 같은 『삼국유사』「무왕」조의 기록을 통해서는 지명법사의 생몰년대를 정확히 알 수 없으나, 백제 말기의 스님임은 확실하며 미륵사 창건을 위해 못을 메운 것 외에도 무왕과 선화공주의 부탁으로 무왕이 보내는 황금을 편지와 함께 선화공주의 아버지 진평왕에게 역시 신통력으로 하룻밤 사이에 신라 궁중으로 보내주었다. 진평왕은 신비로운 변화를 이상히 여겨 더욱 서동을 존경해서 늘 편지를 보내어 안부를 물었다고 한다.

지명법사에 대해서는 이렇듯 생애가 자세하지 않아 확실한 평가를 내릴수는 없지만, 이와 같은 신이한 행적과 관련하여 밀승(密僧)으로 추측하기도 한다.

발굴지 1980년 문화재관리국 국립문화재연구소에 의해 본격적 발굴이 시작되었다.

■ 미륵사지 발굴 현황 및 출토 유물

17세기 후반 폐사된 이래 사람들의 관심에서 오랫동안 잊혀졌던 미륵사지에 대한 발굴은 1966년 사역 북서쪽에 대한 간단한 수습조사에서 비롯된다. 이 때 건물지가 확인되었고, 서탑의 북편, 서원(西院) 금당지의 남쪽 지점에 대한 부분적 시굴조사도 이루어졌으나 큰 성과는 없었다. 그 뒤 1974·1975년에 원광대학교 마한백제문화연구소에 의하여 동탑지에 대한 발굴조사가 있었다. 미륵사지 가람배치에 대한 자료를 얻고 아울러 동탑이 서탑과 같은 석탑인지 확인하고 유구를 보호하기 위한 발굴이었는데, 금동풍탁(金銅風鐸) 등이 출토되었다. 이 조사는 한정적 발굴이었으나 이것을 계기로 미륵사에 대한 연구가 본격적으로 이루어지기 시작했으며, 미륵사지의 본격 발굴이 논의될 수 있었다.

이같은 과정을 거쳐 미륵사지에 대한 본격적 발굴은 1980년부터 문화재관

토제보살머리

절터에서는 창건당시에서 조선시대에 이르기까지 다양한 시대의 유물이 출토되었다.

리국 국립문화재연구소에 의해 주도되었다. 이후 1996년에 이르기까지 17년 동안의 발굴이 이루어졌는데, 경주 황룡사지 발굴과 아울러 우리나라에서 가장 규모가 크고 기간이 길었던 발굴로 기억되고 있다.

발굴 성과로는 우선 미륵사의 가람 배치가 분명히 밝혀진 점을 들 수 있다. 발굴 전에는 주로 1910년대 일본인 학자들이 주장한 이른바 '品'자형 가람 배치가 정설처럼 되었다. 다시 말하면 탑과 금당이 마련된 일탑식(一塔式) 가람이 '品'자 모양으로 세 개가 합해서 이루어진 사찰로 추정되어 온 것이다. 그러나 발굴 결과 그 같은 주장은 사실이 아님이 밝혀졌다. 미륵사의 가람 배치는 전체적으로 3탑 3금당을 갖추고 있으며, 탑과 금당을 기본 단위로 3곳에 배치된 각각의 구역은 독자적 사찰의 배치형태를 보이면서 동시에 회랑에 의해 서로 연결되며 강당을 공유하고 있었다. 따라서 단순히 탑과 금당을 갖춘 사찰 3개를 나란히 세운 것이 아니라 전체적 구도 속에 탑과 금당을 배치한 것을 확인할 수 있었다. 이것은 곧 『삼국유사』에 기록된, '전각과 탑과 회랑을

세 곳에 지었다.'는 내용과 일치하고 있어 『삼국유사』의 신빙도를 더욱 높여 주었다.

다음 출토된 유물은 전체 2만 여 점에 이르며 주로 기와와 토기, 자기가 대부분이다. 종류별로는 창건 당시의 벽화편(壁畵片) 및 녹유연목와(綠釉椽木瓦)·막새·토기에서부터 통일신라시대의 불상편·석등·토기·기와, 고려시대의 청동제품, 조선시대의 막새 및 평기와 등 백제~조선의 창건이래 거의 전기간에 걸친 유물이 출토되었다. 이 가운데 특히 중국에서 만들어진 당대(唐代) 월주요(越州窯) 청자와 북송대(北宋代) 정요(定窯) 백자가 상당수 출토되어 당시 신라와 중국과의 무역로(貿易路) 등 무역관계가 주목되었다. 그리고 통일신라시대의 [彌勒寺]·[金馬渚官]·[開元四年](716년)·[大中十二年] 등의 명문와(銘文瓦) 및 토기는 시대편년을 가능케 하는 유물로서 중요하다.

■ 석탑

창건 당시 미륵사에 세워졌던 3탑 가운데 현재까지 전하는 유일한 탑으로서 국보 제11호로 지정되어 있다. 현존하는 탑 가운데 정림사지 오층석탑과 함께 우리나라에서 가장 오래된 탑으로 추정된다.

현재 앞면이 거의 무너져 있고 동북쪽 면이 6층까지 남아 있다. 무너진 면은 일제강점기 때인 1914년에 일본인에 의해 시멘트로 수리되었는데, 당시 동쪽 면의 북쪽과 북쪽면의 동쪽 일부분만 원형으로 남았고 나머지는 심하게 붕괴되어 있었다.

본래 탑의 층수에 대해서는 7층설과 9층설이 있는데, 대체로 9층설을 따르는 추세이다.

우리나라 최고(最古)의 탑으로 여겨지는 것은 탑의 양식이 이전에 성행했을 것으로 추측되는 목탑(木塔)의 양식을 그대로 채용하고 있기 때문이다. 곧 목탑에서 석탑으로 변화되는 과도기의 작품으로 보인다.

미륵사지 동탑

터만 남은 동탑지를 발굴하고 다시 9층의 탑으로 복원 하였다.

    탑의 양식을 보면, 기단부는 목탑처럼 낮고 작은 편이다. 초층 옥신은 각 면이 3칸씩인데 중앙의 1칸에는 네 면에 문호(門戶)를 마련해 내부로 통하도록 했다. 그 내부는 네 면에서 교차되는 지점에 거대한 방형석주(方形石柱), 곧 찰주(擦柱)를 세워 탑을 지탱하도록 했다. 또한 외부 각 면에는 엔타시스를 둔 방형석주를 세워 그 위에 창방(楣枋)과 평방(枰枋)을 놓았으며, 그 위에 두공(枓栱) 양식을 모방한 3단의 받침으로 옥개석을 받치고 있다. 2층 이상의 탑신은 초층보다 얕아졌고 각 부의 가구(架構) 수법은 약화(略化)되었다.

    옥개석은 얇고 넓으며 네 모서리 끝 부분에서 약간 위로 휘어지는 전각(轉角)을 이룬다. 2층 이상의 옥개석은 위로 올라갈수록 너비가 줄어드는 점을 제외하고는, 두공 양식의 3단 옥개받침이나 모서리 부분의 전각 등은 전부 초

당간지주

통일신라 중기 이전에 조성되었으며 동서로 나뉘어 배치되어 있다.

층과 같은 수법을 나타낸다. 현재의 전체 높이는 14.24m이다.

한편 1993년에 터만 남아 있던 동탑지(東塔址)를 발굴하고 그 위에 익산지방의 화강암을 사용하여 높이 27.67m의 9층으로 동탑을 복원했다. 발굴 당시 노반 덮개석, 노반석 등 각 층의 부재가 출토되었는데 이 부재 가운데 일부는 복원된 탑에 재사용되었다.

■ 당간지주

통일신라시대 중기 이전에 조성되었으며 현재 동서로 약 90m 가량의 간격을 두고 배치되었으며, 현재 보물 제236호로 지정되어 있다.

두 당간지주의 모습이 서로 거의 비슷한데, 서쪽의 것을 보면 기단이 장방형으로서 2개의 장대석(長臺石)을 짜맞추어 면석(面石)을 만들었다. 기단부 측면 하부에는 1단의 받침을 조각하였고 면석부에는 앞뒤에 셋, 양쪽 옆면에 각 하나씩 전부 다섯의 안상(眼象)을 새겼다. 갑석(甲石) 상면에는 맨 윗쪽에 각형(角形), 원호(圓弧), 각형으로 된 3단 받침으로 두 지주를 받치고 있다.

지주는 간(竿) 받침대 중앙에 간을 고정시키는 구멍이 있다. 본래는 그 속에 당간을 받치던 대석(臺石)이 있었겠지만 지금은 남아 있지 않다. 지주는 별다른 손상없이 보존 상태가 좋다. 그 안쪽에는 아무 장식도 없지만 양쪽 옆면에는 주연(周緣)을 따라 외연선(外緣線)을 돌리고 중앙에도 한 줄의 띠를 새겼다. 앞과 뒷면에도 양쪽 끝을 따라 띠를 새겼으나 중앙에는 없다.

주두(柱頭)는 다소 기울어졌고, 중간쯤에서 1단의 굴곡이 있다. 간주를 고정시키는 구멍은 세 곳에 있다.

크기는 서 당간지주가 전체 높이 448cm이며 동 당간지주도 거의 같다.

왕궁리 절터

■ 위치와 창건

왕궁리 절터는 익산시 왕궁면에서 남으로 2㎞ 가량 지맥(地脈)이 뻗은 낮은 언덕 끝에 자리하며, 백제시대 말~통일신라 초기에 형성된 절터이다. 절터에는 현재 국보 제289호로 지정된 오층석탑이 있고, 이 일대의 유적은 다년간에 걸쳐 부여문화재연구소에 의해 발굴 중에 있다.

왕궁리 절터   절터 입구에는 최근 국보로 지정된 오층석탑이 서 있다.

왕궁면은 역사적으로 마한(馬韓)시대의 도읍지로 알려져 있으며, 백제 무왕 대에도 이 곳에 별도(別都) 또는 천도(遷都)하려 했다는 해석이 있을만큼 중요히 여겨지던 곳이다. 따라서 이곳은 마한·백제시대의 왕궁과 사찰이 결합된 곳이기도 하다. 그래서 '왕궁리'라는 지명 외에 예로부터 '왕궁평'·'왕검이'·'왕금이'·'왕금성' 등의 이름이 전해온다. 다만 『삼국사기』·『삼국유사』 등 당시의 사실을 기록한 사서(史書)에 그에 관한 내용이 전하지 않고 있어 문헌적으로 증명하기가 어려울 뿐이다.

실제로 이곳에서는 오래전부터 백제 혹은 백제계로 보이는 기와류 등의 유물이 경작 도중에 끊임없이 출토된 것으로 알려져왔다. 결국 여러 상황으로 볼 때 이 지역은 백제시대에 왕궁으로 삼으려 준비되었다가 완성되지 못하고, 백제 말~통일신라 후기, 또는 고려 초 그 자리에 절이 창건된 것으로 추정된다.

한편 왕궁리 유적은 삼국통일 후에 신라에 의해 보덕왕(報德王)으로 봉해진 고구려 유민 안승(安勝)이 거주한 곳으로 추정되기도 한다.

이곳에 대한 연혁을 문헌으로 살펴 보면, 왕궁리에 관한 내용은 『호남읍지』·『금마지』·『신증동국여지승람』 등 조선시대 중후기 이후에 간행된 책에 비로소 나오고 있다. 조선시대 후기의 『금마지(金馬誌)』에 기록된, '왕궁탑은 폐허가 된 궁터 앞에 있는데 높이 10장이며 완전하다. 속전에 마한 때 만든 것이라고 한다.'는 말을 참고 할 수 있다. 이 글에 의해 적어도 조선시대 후기에는 절이 완전 폐허화된 채 석탑만 남아 있었음을 알 수 있다.

근래에는 부여문화재연구소에서 실시 중인 발굴조사 때 [관궁사(官宮寺)]가 적힌 명문와가 발견되어 이 지역이 절터였음을 실증한 바 있다.

■ 왕궁리 유적 발굴 현황

왕궁리 유적은 유적지 내에 있는 오층석탑과 더불어 학계의 많은 관심을 받아왔다. 주로 오층석탑으로 대표되는 사찰 유적이 예로부터 이곳이 왕궁터였

금강경판　오층석탑내 사리 장엄의 하나로 출토되었다.

다는 전설과 어떻게 관련되는지, 혹은 시대적으로는 어떤 연관이 있는지에 대한 의문 때문이었다. 그러나 앞서 말했듯이 이 지역에 대한 문헌 기록이 희박한 탓에 그같은 의문은 결국 발굴에 의존할 수밖에 없었다.

이같은 이유로 우선 1965~1966년에 걸쳐 오층석탑에 대한 해체 복원이 실시되었는데, 탑내에서 백제·통일신라·고려 등 여러 시대에 걸치는 유물이 출토되어 시대편년에 대한 확실한 해답은 얻지 못했다.

그 뒤 1976~1977년에 원광대학교 마한백제문화연구소에서 탑 북쪽의 건물지와 주변 조사를 실시했는데, 이 때 궁장(宮牆)으로 추정되는 석렬(石列)이 발견되었으며, 고려 초기 무렵의 명문기와가 출토되었다. 그 결과 이 지역에 대한 성격은 일단 백제 무왕대의 천도지였으며, 오층석탑은 고려시대에 세운 것으로 발표되었다.

그러나 여전히 왕궁과 오층석탑 등의 불교 유적과의 정확한 관계 및 시대편년에 불확실한 점이 많았고, 그래서 1989년부터는 국립문화재연구소에서 발굴을 담당하게 되었다.

현재 전체 지역에 대한 발굴이 완료되지는 않았지만 오층석탑을 중심으로 한 사찰 영역은 대부분 조사가 끝났으며, 1992년에는 발굴 중간보고도 있었다. 이를 통해 볼 때 적어도 왕궁리 유적의 성격을 다음의 두 가지로 정의할 수 있었다. 첫째 오층석탑으로 대표되는 사찰 유적이 건립되기 전 백제시대 말 또는 백제 멸망 직후에 어떤 유적이 세워졌다는 추정이다. 그 이유는 이 곳에서 출토된 유물 가운데 가장 오래된 것이 백제 말기의 것인데다 오층석탑과 금당지로 추정되는 지역의 지표보다 더 낮은 곳에 별도의 석렬이 발견되었기 때문이다. 다시 말하면 오층석탑과 사찰 유적이 조성되기 전에 다른 건물이 있었다는 것이다. 따라서 백제 말의 건물지가 어떤 이유에선지 매몰되면서 그 위에 사찰이 세워졌다는 해석을 할 수 있다.

또다른 하나는 오층석탑의 건립 시기에 관한 문제인데, 석탑이 처음 세워진 것이 사찰이 창건될 당시인지가 아직 확실히 밝혀지지 못했다. 다만 여러 가지 조사 결과 창건 당시 세워진 것 보다는 통일신라 말 또는 고려시대 초에 건립된 것으로 보는 견해가 유력하다. 그러나 어쨌든 오층석탑을 중심축으로 해서 주변에 금당지·강당지로 추정되는 사찰 유적이 나타났고, 그 밖에 요사 및 기타 건물지 등 사찰과 관련된 유적이 발견될 가능성이 제기되어 이 지역이 적어도 통일신라 이후 대가람이 세워졌던 지역인 것은 분명히 밝혀진 셈이다.

■ 왕궁리 오층석탑

익산 왕궁리 유적에 있는 통일신라 말~고려시대 초에 세워진 탑으로서, 보물로 지정되었다가 1997년 1월에 국보 제289호로 승격되었다.

이 탑에 관한 가장 오랜 기록은 조선시대 후기에 출판된 『금마지』에, '왕궁탑은 폐허가 된 궁터 앞에 높이 10장이 되는 완전한 것이 있다. 속전에 의하면 마한시대에 만든 것이다.' 라는 내용이다.

탑의 양식은 기단의 구조가 보통과 같이 적심(積心)으로 이루어진 것이 아

왕궁리 오층석탑

백제계 형식에 신라탑의 형
식이 첨가된 이 석탑은 최
근 국보 제289호로 승격 지
정되었다.

니고 마치 목탑처럼 네 모퉁이에 팔각형의 높은 기둥을 주춧돌 위에 세우고, 기둥과 기둥을 연결하는 장대석을 창방과 평방식으로 올려놓았다. 이 평방 위에 초층탑신이 올라갔으며, 네 기둥이 세워져 있는 중심에는 커다란 심초석 (心礎石)이 놓였다. 팔각 기둥과 방형 석재는 전부 목조건축에 사용되던 주초석과 돌기둥을 이용했으며, 그 사이의 공간에는 잡석과 흙을 다져 메웠는데 이 흙 속에서 백제시대 기와편이 발견되기도 하였다. 기단 면석에는 두 개의 탱주가 있으며, 초층탑신에는 우주를 새겼다. 상륜부에는 노반·복발·앙화 그리고 부서진 보륜 1개가 남아 있다.

1965년의 조사 이전까지는 토단(土壇)을 갖춘 희귀한 석탑으로 알려졌으나 해체 발굴 결과 본래 돌로 만든 기단을 하고 있었던 것으로 밝혀져 그대로 복원되었다. 해체 복원 결과 제1층 옥개 윗면 중앙에 장치된 사각형 돌 주위에 뚫린 2개의 사리공과 심초석 윗면의 3개의 사리공에서 사리기(舍利器)와 고려시대의 많은 유물이 발견되어 국보 제123호로 지정되었다.

　이 석탑의 건립년대에 대해 그 동안 논의가 분분했다. 보수 전까지는 옥개양식이 백제탑계를 따르는 등의 요소로 보아 통일신라 초기의 작품으로 보는 경향이 많았다. 그러나 보수 때 새롭게 알게된 기단 양식이나 사리장엄구의 양식을 종합해 보면 백제 영역 안에서 후대까지 유행하던 백제계 석탑형식에 신라탑 형식이 첨가된 통일신라 말 또는 고려 초기의 작품으로 추정된다.

　유물은 사리기 1식(式)과 금제 금강경판(金剛經板) 19매를 비롯하여 청동여래입상·청동요령(靑銅搖鈴) 등이 출토되었다.

　금제 금강경판은 금동함 속에 들어 있었으며, 경판 19매는 좌우 두 곳에서

석탑발견유물　탑의 해체 복원 당시 사리공에서 사리기와 고려시대 유물이 발견되었다.

경첩으로 연결하여 전체를 접어서 금띠로 묶도록 되어 있다. 그리고 경판 각 면에는 17행씩 금강경이 마치 찍어낸 듯 정교하게 나타나 있다. 사리병(舍利瓶)은 높이 7.7㎝의 녹색 유리제로서 또다른 사리함 속에 있었고, 연봉오리형 금제 마개로 막아 놓았다.

청동 여래입상은 불꽃무늬와 당초무늬를 투각(透刻)한 거신광(擧身光)을 한 채 둥근 원형 대좌 위에 서있는 모습으로서 전체 높이 17.4㎝이다. 불의(佛衣)는 통견이고, 상호가 원만하며 전체적 조각이 우수하다.

제석사지

■ 위치와 창건

제석사(帝釋寺)는 익산시 왕궁면 왕궁리 궁평(宮坪)마을에 있었던 사찰이다. 옛부터 마을사람들은 이곳을 '제석들'이라고 불렀으며, 가까운 곳에 익산 왕궁리오층석탑으로 잘 알려진 왕궁리 절터가 있다.

이 곳은 백제 무왕이 도읍을 왕궁평으로 옮길 계획을 추진하면서, 왕궁 부근에 제석천(帝釋天)을 모시며 절을 창건한 것으로 알려진다. 곧 왕실의 번영

제석사지 절터에는 목탑에 쓰였을 것으로 보이는 심초석이 남아 있다.

과 국가의 안녕을 기원했던 내불당(內佛堂)인 셈이다.

절의 창건에 관해서는『관세음응험기(觀世音應驗記)』를 참고할 수 있다. 이 책은 8세기 중국에서 관세음보살의 여러 가지 영험담을 기록해 편찬된 것으로서, 1953년 무렵에 일본에서 그 필사본이 발견되었다. 이 책 [백제 무광왕] 조에 무왕과 제석사에 얽힌 이야기가 전하는데, 기록된 내용을 옮겨보면 다음과 같다.

백제 무광왕(武廣王, 무왕)이 지모밀지(枳慕蜜地)로 천도(遷都)하여 정사(精舍)를 새로 경영했다. 그러나 639년(무왕 40) 11월에 하늘에서 큰 벼락이 쳐서 제석사가 불탔는데, 불전과 칠층목탑, 낭방(廊房) 등이 완전히 없어졌다. 이 때 무너진 칠층목탑의 심초석에서 칠보(七寶)와 불사리 및 사리정병(舍利淨瓶), 동판에 새긴『금강반야경』과 이들을 담았던 칠함(漆函)이 나왔으나 소실되었고 다만 그 가운데 불사리병·금강반야경·칠함만 아무 손상없이 무사했다. 수정(水精) 정병은 투명해서 안이 보였는데, 손대지 않았는데도 안에 사리가 없어 어디로 갔는지 알 수 없었다.

정병을 대왕(무왕)에게 가져가니 대왕은 법사(法師)를 청해 참회(懺悔)를 했다. 그리고나서 병을 열고 안을 들여다보니 불사리 6과가 안에 온전히 들어 있었다. 밖으로 꺼내어 보니 6과가 모두 보였다. 이에 대왕과 여러 궁인(宮人)들이 더욱 신심을 갖게 되었다. 대왕은 공양을 베풀며 다시 절을 짓고 불사리를 모시도록 했다.

위와 같은 내용으로 볼 때 절은 적어도 639년 이전에 창건되었다가 639년에 무왕에 의하여 중창된 것을 알 수 있다. 그 뒤의 연혁은 잘 알 수 없는데, 다만 근래 절터에서 불상을 비롯해서 석등의 옥개석, 종편(鍾片) 등이 발견되었으며 또한「제석사」라고 적힌 명문와편도 발견된 바 있다.

현재는 칠층목탑의 탑지(塔址)가 있는 토루(土壘) 중앙에 장방형의 구멍이 있는 심초석이 남아 있다.

Ⅲ. 전주시

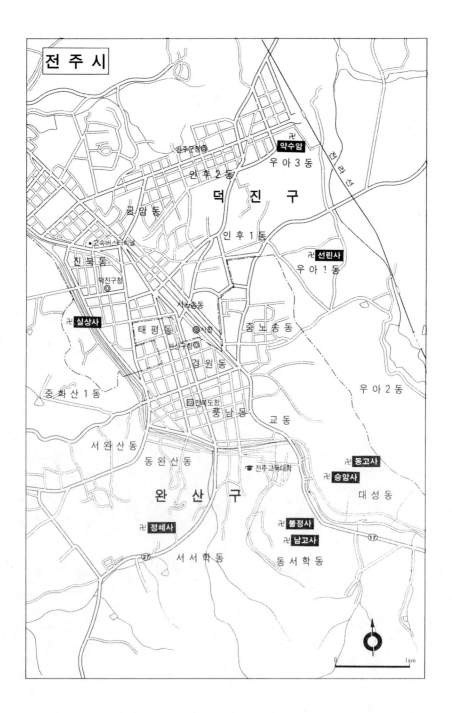

전 주 시

완주군청◎
약수암
우 아 3 동
전라선
인 후 2 동
덕 진 구
꿈 암 동
인 후 1 동
고속버스터미널
선 린 사
진 북 동
우 아 1 동
덕진구청◎
사 송 동
실 상 사
태 평 동
◎시청
중 노 송 동
완산구청◎
겸 원 동
중 화 산 1 동
우 아 2 동
전북도청
풍 남 동
교 동
서 완 산 동
동 완 산 동
전주교육대학
동 고 사
승 암 사
완 산 구
대 성 동
정 혜 사
불 정 사
남 고 사
27
서 서 학 동
동 서 학 동
17

0   1km

전주시의 역사와 문화

　전주시(全州市)는 전라북도 중앙부에 위치하며 주위 대부분이 완주군에 둘러싸여 있고, 서남쪽 일부가 김제시에 접한다. 인구는 1997년 4월말 현재 58만 4,618명, 행정구역은 2구 1출장소 42동으로 이루어져 있다.

　자연 환경을 보면 시의 동·남·북동쪽은 노령산맥에 속하는 산지로서 종남산(終南山)·만덕산(萬德山)·고덕산(古德山)·모악산(母嶽山) 등이 시 주변의 완주군에 있다. 그리고 시내는 동쪽에 승암산(僧巖山, 306m), 남쪽에 남고산(南固山, 273m)·완산칠봉(完山七峰, 163m), 북서쪽에 건지산(乾止山) 등이 있다. 그 밖에 서쪽에 홍산(洪山, 216m)·천잠산(天蠶山, 153m), 전주천(全州川) 부근에 다가산(多佳山)이 있다. 전주천은 남동쪽 노령산맥의 분수계(分水界)인 임실군 관촌면 슬치에서 발원하여 전주시 중심을 지나 북동쪽으로 흘러가는 하천으로서 예로부터 전주시민의 생활과 밀접한 관련을 지녔다.

　역사는 구석기·신석기시대의 유적과 유물이 발견된 바 없으며, 청동기시대에는 고창·부안 지방과 연관되어 초기 농경문화가 이루어졌을 것으로 생각된다. 삼한시대에는 마한의 영토였다가 백제로 편입되어서는 555년(위덕왕 2)에 완산주(完山州)가 되었으나 곧 없어졌고, 지방 행정도시로는 발달하지 못했다. 그러나 삼국통일 뒤 685년(신문왕 5)에 완산주가 다시 설치되고 총관

(摠管)이 임명되면서 전라북도 지방의 행정중심지로 발전하게 되었다. 757년 (경덕왕 16)에 지금의 전주로 바뀌었으며, 행정뿐만 아니라 군사의 중심이 되었다. 그 뒤 신라의 5교 9산 가운데 하나인 열반종(涅槃宗)이 경복사(景福寺)를 근본 도량으로 하여 발전되어 이 지역의 불교문화에 많은 영향을 주었다. 신라 말인 892년(진성왕 6)에는 견훤(甄萱)이 전주를 도읍으로 해서 후백제를 세워, 936년 고려의 왕건에 복속되기까지 후백제의 국도(國都)가 되었다.

고려가 들어선 직후에는 이 곳에 안남도호부(安南都護府)가 설치되었다가 곧이어 다시 전주로 바뀌었다. 이후 전주목(全州牧)·완산부 등으로 개편되었고, 호남지방의 행정·교통상의 중심지가 되었다.

조선시대에는 건국 직후 왕의 고향으로 중시되어 완산유수부(完山留守府)로 승격되었다가 1403년(태종 3)에 전주부로 바뀌어 조선 말까지 별다른 변동이 없었다.

근대에는 1896년에 전주군이 되었고, 1914년에는 전주면으로 되었다가 1931년에 전주읍, 1935년에 다시 전주부로 승격되었다. 해방후 1949년에 전주시가 되었으며 이후 1989년 완주군 일부가 편입되는 등 다소의 행정구역 조정을 거쳐 오늘에 이른다. 현재 완산구·덕진구의 2구와 효자출장소가 있다.

전주는 '풍패지향(豊沛之鄕)', 곧 왕의 고향이라 하여 조선시대 내내 중시되었는데, 1410년 태조 이성계의 진영을 봉안한 전각을 지어 진전(眞殿)이라 하다가 1442년에 경기전(慶基殿)으로 이름을 바꾸었다. 또한 1439년(세종 21)에는 전주사고(全州史庫)가 설치되어 여러 전적(典籍)을 보관했는데, 현재 전하는 『조선왕조실록』이 바로 전주사고본이다.

남고사

■ 위치와 창건

남고사(南固寺)는 전주시 완산구 동서학동 724번지 고덕산(高德山)에 자리한 대한불교조계종 제17교구 본사 금산사의 말사이다.

절이 자리한 고덕산은 일명 남고산이라고도 하며, 절에서 그다지 멀지 않은 곳에 남고산성이 있다. 남고산성은 사적 제294호로서 통일신라시대에 축조된

남고사　고덕산 남고산성 안에 자리하고 있다. 절은 보덕대사의 제자 명덕스님에 의해 창건되었다.

대웅전 후불탱화 대웅전내에 봉안된 삼존불상의 후불탱화. 1907년 현수 스님 등이 그렸다.

것으로 알려져 있으며 고덕산성이라고도 한다. 현재 성내에는 남고사를 비롯해서 관성묘(關聖廟)·남고진사적비(南固鎭事蹟碑) 등의 유적이 있다.

절의 창건은 686년(문무왕 8)에 보덕대사(普德大師)의 제자인 명덕(明德) 스님에 의해 이루어졌다고 전한다. 이 때 이름은 남고연국사(南高燕國寺)로서, 나중에 '연국(燕國)'이라는 말이 없어지고 남고사(南高寺)가 되었다. '연국'은 나라를 평안하게 한다는 뜻으로서 산성 안에 위치한 사찰에 그렇게 붙여쓰는 경우가 있다.

그 뒤 남고사(南高寺)가 다시 남고사(南固寺)로 바뀌었는데, 문헌상으로는 18세기 중엽에 편찬된 『여지도서(輿地圖書)』에 처음 그렇게 나온다. 이렇게 절이름 중 가운데 글자가 '高'에서 '固'로 바뀐 정확한 이유와 시기는 잘 알 수 없지만, 후백제를 세운 견훤(甄萱)이 산성을 쌓고, 사고사찰(四固寺刹)을 지었다는 이야기와 연관시켜 추정하기도 한다. 견훤이 쌓은 산성을 견훤산성이라 하는데 절이 자리한 고덕산의 남고산성이 바로 그 견훤산성이라고 하며, 견훤이 전주의 동서남북 사방을 진압하기 위해서 사고사찰을 지어 그 이름을 동고사 · 서고사 · 남고사 · 북고사로 했다는 것이다.

근대 이전의 연혁은 잘 알 수 없는데, 1881년(고종 18)에 한 차례 중건했다고 전한다.

근래에 들어와서는 1970년에 사천왕문을 지었고 1979~1981년 사이에 대웅전을 중건했다. 1984년에는 삼성각 그리고 이듬해에 관음전을 지었다. 그 뒤 1992년에 화재가 나서 1680년에 지어진 관음전과 1990년 무렵에 지은 요사가 소실되었으나, 1995년에 관음전을 예전처럼 인법당 형태로 복원했으며 이듬해에 목조관음보살상을 봉안했다.

절은 서쪽을 향하고 있는데 밑을 내려다보면 전주 시가지가 한 눈에 바라다보이고, 다시 시선을 위로 하면 멀리 완산칠봉이 펼쳐져 있어 전망이 아주 좋다. 그래서 이 같은 경치를 즐기기 위해 절 주위의 절벽에 천경대 · 만경대 · 억경대 등의 이름을 붙이기도 했다. 또한 〈전주8경〉 가운데 하나로 '해질녘 남고사의 종치는 광경' 을 꼽기도 한다.

현재의 가람은 전라북도기념물 제72호 남고사지의 옛 절터 위에 세워졌다.

■ 성보문화재

절에는 대웅전 · 관음전 · 삼성각 · 사천왕문 등의 전각이 있다. 요사는 현재 임시 요사를 쓰고 있다.

한편 1980년에 절 경내에서 전체 높이 7.5㎝의 대좌를 갖춘 소형 금동불이 출토된 바 있다. 10세기 무렵의 불상으로서 현재 국립중앙박물관에 소장되어 있다.

● 대웅전

팔작지붕에 앞면과 옆면 각 3칸씩의 건물로서, 안에는 불단의 삼불상을 비롯해서 후불탱화 2축, 지장탱화 · 신중탱화가 봉안되어 있다. 삼불상은 가운데

관음전 신중탱화 새로 지어진 관음전 안에 봉안되어 있다. 1907년에 조성되었다.

석가여래를 중심으로 그 좌우에 약사불·아미타불을 각각 모셨고, 후불탱화로 삼불회도가 걸려 있다. 그리고 현재의 후불탱화 외에 예전에 후불탱화로 봉안 되었던 영산회상도가 있는데, 1907년(융희 1)에 금어 현수(賢殊)·선정(善正) 스님이 그렸다. 지장탱화·신중탱화는 1995년에 봉안되었다.

대웅전 옆에는 부도 1기가 있었는데 지금은 장독대 옆으로 옮겨졌다.

● 관음전

팔작지붕에 앞면 5칸, 옆면 3칸으로서 인법당 형태를 하고 있다. 본래 1680 년(숙종 6)에 세워진 관음전이 이 자리 부근에 있었으나 1992년에 화재로 없어졌고, 1995년에 본래의 자리보다 앞으로 물러나와 지금처럼 다시 세웠다. 자리가 조금 바뀐 것은 본래 대웅전과 너무 붙어 있었기 때문이다. 안에는 목조 관음좌상과 후불탱화 그리고 지장탱화·신중탱화가 있다. 지장탱화는 1908년, 신중탱화는 1907년에 그려졌다. 신중탱화는 관하 세어(觀河世魚)를 비롯해서 혜암 상정(慧庵祥正)·진월 천호(振月天湖)·춘산 성수(春山聖秀)가, 지장 탱화는 진엄 상오(震广尙昨)·정연(定淵)·진월 천호 금어스님 등이 그렸다. 진엄 상오 스님은 1905년(광무 9)에 갑사(甲寺) 대웅전의 삼장보살도를 그린 진음 상오(震音 尙昨) 스님과 동일 인물로 추정된다.

● 삼성각

맞배지붕에 앞면 3칸, 옆면 1칸이며 안에는 독성상과 1982년에 봉안된 독성 탱화·칠성탱화·산신탱화가 있다. 사천왕문은 맞배지붕에 앞면 3칸, 옆면 2 칸이며 사천왕상 없이 사천왕도 4폭만 있다.

남고사 가람배치

동고사

■ 위치와 창건

동고사(東固寺)는 전주시 완산구 교동1가 산10-1번지 승암산(僧巖山)에 자리한 한국불교태고종 사찰이다. 절 뒤쪽에 보면 마치 스님이 좌선수도하는 듯한 모양의 바위가 있어 속칭 '중바위'라 하는데, 산이름도 여기에서 유래한다.

절은 876년(헌강왕 2)에 도선국사가 전주 지역 동서남북 4곳에 창건한 진압

동고사 절 뒤쪽의 바위가 마치 스님이 좌선수도하는 듯하여 산이름도 승암산이라 붙여졌다.

사찰 가운데 하나로 세워졌으며, 그 때의 자리는 지금보다 산 윗쪽이었다고 전한다.

절에 얽힌 또 다른 이야기로는 935년에 신라의 마지막 임금 경순왕의 셋째 아들 법수(法水)왕자가 불교에 귀의, 출가하여 범공(梵空) 스님이 되어 부모 형제 다섯 사람의 모습을 나무로 새기고 이곳에 봉안했는데, 이로부터 '김부 대왕절' 또는 '진불대왕절'이라 했다고 한다. 김부(金傅)는 곧 경순왕의 이름 이다.

그 밖에 절의 연혁은 1979년에 덕운(德雲)이 기록한 『동고사사적지』를 통해 살필 수 있다. 이 글에 의하면 1592년의 임진왜란으로 인해 절은 폐허가 되어 법등이 끊겼다가, 1844년(헌종 10)에 허주 덕진 스님이 현재의 위치로 옮겨서 중창했다고 한다. 그 뒤 근대에 들어와서는 1946년 4월에 영담(暎潭) 김용욱(金容郁) 스님이 주지로 취임하여 대웅전과 요사인 염불원을 새로 지었다. 1973년에는 미륵입상을 봉안했고 1980년에 삼층석탑을 조성했다. 또한 1983년에 삼성각·범종각을 새로 지었으며, 1990년대에 들어와 요사인 심우 실을 짓는 등 30여 년 간의 불사를 통해 오늘날과 같은 면모를 갖추었다.

■ 주요인물

● 허주 덕진

허주 덕진(虛舟德眞, 1806~1888) 스님은 주로 호남 지방에 거주하며 사람 들을 교화한 조선 후기의 선승이다. 스님의 생애는 『동사열전(東師列傳)』· 『조선불교통사』 등에 전하는데, 그에 의거해 스님의 약전을 살펴보면 다음과 같다.

스님은 일찍이 조계산 송광사에 출가해 각고의 노력을 기울여 공부했다. 도 를 깨달은 뒤에도 번잡한 일을 피하고 수행에만 전념하기 위해 송광사·선 암사·백양사·물외암·동리사·칠불사·불일사·능가사·백운사·두륜사·

달마사·가지사 등 여러 절로 옮겨다녔다. 스님의 수행은 하루 한 끼만 먹고
철저히 계율을 지키는 한편, 대중 교화에도 온힘을 기울였다.

스님은 이름이 바깥에 알려지기를 바라지 않았지만 높은 덕으로 인해 절로
널리 알려졌는데, 흥선대원군의 청으로 철원 보개사 초암(草庵)·지장암(地
藏庵) 및 고산(高山) 운문사(雲門寺)에서 기도불사를 하기도 했다. 그 뒤로
도 가는 곳마다 사부대중이 구름처럼 몰렸다고 한다. 그리하여 사람들이 당대
의 선지식, 곧 고승을 말할 때면 '첫째가 영산 경순(影山敬淳, ?~1883)이요
둘째가 허주'라고 말하곤 했다. 그리하여 조선 후기 선풍(禪風)의 쇠퇴는 곧
스님의 입적과 때를 같이하게 되었다고 한다.

스님이 중창·중건한 절은 전북 지역만 하더라도 동고사를 비롯해서 완주
의 화암사, 익산의 문수사·심곡사 등 여러 곳이 있다. 또한 1841년(헌종 7)에
그려진 선암사 지장보살도와 1867년(고종 4)에 봉안된 서울 흥천사 극락보전
의 아미타후불도의 화기(畵記)에 스님의 이름이 증명 스님으로 나오고 있어
활동을 살피는 데 도움이 된다.

대웅전 각 전각들은 산모양대로 들어서서 조금도 자연을 거스른 흔적이 없어 보인다.

■ 성보문화재

현재 절에는 대웅전을 비롯해서 삼성각·염불원·심우실·종각 등의 건물과 삼층석탑이 있다. 삼층석탑은 〈석가여래진신사리보탑〉이라는 것으로서 진신사리를 봉안해 1980년에 세워졌다고 한다.

대웅전은 맞배지붕에 앞면과 옆면 각 3칸씩의 건물로서, 안에는 양 쪽으로 관음보살·대세지보살이 협시한 석가삼존상과 영산후불탱화·신중탱화 및 목각으로 된 목각칠성탱·목각지장탱과 법고(法鼓)가 있다.

삼성각은 맞배지붕에 앞면 2칸, 옆면 1칸이다. 안에는 독성상과 산신상, 독성탱화와 고승의 영정이 많다. 허옹(虛翁)·호연(浩淵)·영담(暎潭) 등 동고사에 주석했던 스님과 원효, 사명 송운, 태고 보우 스님 등 유명한 고승의 진영인데, 그 가운데 영담 스님의 것은 부도와 마찬가지로 생전에 미리 만들어 둔 것이라 한다.

그밖에 1987년에 세운 동고사사적비와 허옹·영암 스님 및 공덕주 윤관음행의 부도가 있다.

● 김부대왕 목각상

앞서 연혁편에서 말했듯이 절에는 옛날 신라 경순왕의 아들로서 출가한 범공 스님이 부모형제의 모습을 새겨 봉안했다는 김부대왕상 등 목각상 5체가 전하고 있었다.

그래서 절에서 만든 「김부대왕유래」라는 글을 보면 목각상 5체로는 '중앙 1위 부왕 金傅大王(南神像, 진불대왕), 왼쪽 1위 형 마의태자, 오른쪽 1위 왕비 頓道부인(女神像), 오른쪽 1위 귀비 범공 생모(여신상), 오른쪽 1위 세빈 마의태자비'가 있었다. 그 뒤 임진왜란으로 절은 폐허가 되었어도 목각상은 화를 면해 남아 있었고, 신도들에 의해 따로 초가 한 채가 지어져 지극히 봉안되었다고 한다.

그런데 이 목각상들은 정확히 언제인지는 알 수 없지만 대략 1979년 이전

무렵에 목각상을 봉안했던 초가가 오래되어 절을 떠나 한 민가에 보존하게 되었다. 그 뒤 절에서는 중건도 했고 보존 공간도 생겨 목각상들을 다시 절로 모셔오려고 했지만 처음 옮겨간 곳에서는 이러저러한 이유를 댈 뿐 돌려주지 않고 있다 한다.

동고사 가람배치

불정사

■ 위치와 창건

불정사(佛頂寺)는 전주시 완산구 동서학동 산153번지 고덕산(高德山)에 자리한 한국불교태고종 사찰이다.

절의 창건 및 연혁은 잘 전하지 않는데, 일단 절에 있는 「불정사대웅전급요사체중수년기방명록(佛頂寺大雄殿及寮舍體重修年記芳名錄)」이라는 현판

불정사 대웅전을 비롯한 전각들은 서녘의 해지는 모습을 바라 볼 수 있는 곳에 자리하고 있다.

대웅전 아미타불
목조불로 조선 후기에 조
성되었다.

을 참고할 수 있다. 이 현판은 1989년에 일봉(一鳳) 스님이 작성한 것으로 역
사성은 낮지만 절의 연혁을 기록한 것으로는 이것이 유일하다.

이에 따르면 절은 지금으로부터 300여 년 전에 사명대사 송운(松雲, 1544~
1610) 스님이 수도를 위해 지은 한 칸 초가에서부터 유래되었다고 한다. 그러
나 이후 절은 법등이 이어지지 않고 비었다가 1937년에 박홍석(朴弘錫)이 백
일기도후 머물렀으며, 1951년 이후에는 유수복(柳壽福) 보살이 절을 꾸려나
갔다. 그 뒤 1963년에 일봉스님이 절을 매입해 도량을 정비해나갔다. 이어서

1972년에 미륵불상을 봉안했으며 1982년에 칠성각을 지었다. 1988년에는 요사를 중수하고, 1989년에 대웅전을 짓고 석가불상을 봉안했다.

최근에는 1996년에 종각을 새로 지었고, 1972년에 조성한 미륵불상의 형태가 좋지 않아 다시 새롭게 미륵불입상을 봉안했다. 앞으로는 절 뒤쪽에 대웅전을 새롭게 지을 예정이라고 한다.

한편 위의 방명록 현판 내용과는 조금 다르게 절에서는 1945년부터 절의 중창이 이루어져서 1954년에 중창불사가 완료되었다고 말한다. 그리고 당시 절이름은 칠성사(七星寺)였으며 절의 신도들과 칠성계를 한 계원들이 힘을 모아 절을 중건한 것으로서, 그 같은 내용이 절 앞마당에 반쯤 묻혀 있는 바위에 씌어 있다고 한다. 그 뒤 1963년 일봉 스님이 절을 인수할 때 지금의 불정사로 바꾸었는데, 그것은 산이 둥근 모습을 하고 있어 마치 부처님의 머리 같기 때문에 절이름을 그렇게 지었다는 것이다.

또한 예전 이 자리에는 불광사(佛光寺)라는 절이 있었다고 하는데 그 연대·규모 등 구체적인 내용은 확인되지 않는다.

■ 성보문화재

절에는 대웅전·삼성각·종각·요사 등의 건물이 있다. 요사는 기존의 인법당을 헐고 그 자리에 세운 것이다.

대웅전은 1989년에 지어졌으며, 안에는 석가불·약사불·아미타불의 삼불과 지장보살상 및 관음좌상 2체, 후불탱화·지장탱화·천룡탱화가 있다. 삼불 가운데 아미타불상은 목조로서 조선시대 후기의 작품이다. 그 밖에 작은 석상(石像)과 진묵대사 진영이 있다. 석상은 형태가 분명하지 않지만 승상(僧像)으로 보이며, 진영은 1970년에 완주군 봉서사에 봉안되었던 것을 옮겨온 것이라 한다.

칠성각은 맞배지붕에 앞면 3칸, 옆면 1칸인데 현재 산신각과 염화실(拈花室)로도 사용된다. 안에는 독성상 2체, 사자상 1체와 칠성탱화·산신탱화·독성탱화가 걸려 있다.

절에는 그 밖에도 근래에 봉안한 석조 비로자나불좌상·미륵입상·관음보살입상과 불정수구다라니경판 1매가 있다.

불정사 가람배치

선린사

■ 위치와 창건

선린사(仙麟寺)는 전주시 덕진구 인후동 1가 산152-2번지 기린봉(麒麟峰)에 자리한 대한불교조계종 제17교구 본사 금산사의 말사이다.

창건은 절에서 전하기로는 조선시대 영조(英祖, 재위 1725~1776)대에 보운선사에 의해 이루어졌다고 한다. 그 뒤 절은 쇠락되었다가 근래에 이르러

선린사 보운선사에 의해 창건되었다가 혜안스님이 부임되면서부터 중창되어 새로운 면모를 갖추었다.

1966년에 지금의 혜안(慧安) 스님이 주지로 부임하면서 중창되었다. 1966년
까지는 다른 전각은 없었고 단지 인법당만 있었다고 한다. 절의 중창은 이 해
에 요사 건립을 시작으로 1973년에 미륵존상 봉안, 1975년에 봉향각, 1978년
에 대웅전, 1983년에 진영각, 1992년에 종각을 계속해서 새로 지으며 이어졌
다. 또한 1973년 무렵부터는 절 아래에 고시원을 두어 운영하고 있다.

■ 성보문화재

 현재 절에는 특별히 오래된 유적이나 유물은 없고, 근래에 세운 대웅전·봉
향각·진영각·종각·요사 2동 등의 건물이 있다.
 대웅전은 팔작지붕에 앞면 5칸, 옆면 2칸이며 안에는 석가불상을 비롯해서
후불탱화·지장탱화·신중탱화 및 법고·중종 등이 있는데, 전부 근래에 봉안
되었다.
 봉향각은 팔작지붕에 앞면 3칸, 옆면 2칸이며 칠성각의 기능을 한다. 안에는

봉향각과 종각 봉향각은 산신·칠성·독성을 모신 전각으로 1975년에 지어졌다.

산신상을 중심으로 산신탱화·칠성탱화·독성탱화가 걸려 있으며 소종도 있다.

진영각은 팔작지붕에 앞면 3칸, 옆면 2칸이며 안에는 중창 창건주보살의 진영 1점이 있다.

요사는 대웅전을 중심으로 맞은편과 옆에 한 채씩 있는데, 맞은편의 요사가 1966년 당시까지 유일하게 남아 있던 전각으로서 당시는 인법당이었다. 절에서는 대체로 약 100년 전에 지어진 것으로 보고 있다.

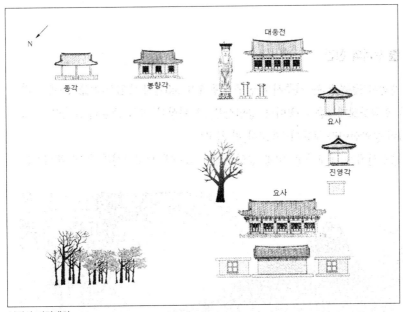

선린사 가람배치

승암사

■ 위치와 창건

승암사(僧巖寺)는 전주시 완산구 교동 1가 945번지 승암산(僧巖山)에 자리한 한국불교태고종 사찰이다. 승암산은 그 형상이 마치 스님의 모습을 띠고 있어 승암산이라 부른다(「동고사」편 참고).

승암산에는 동고산성, 일명 승암산성이 있는데 남고산성과 함께 후백제를

승암사 남원으로 빠져나가는 국도 입구 가까이에 자리하고 있다. 절에서는 도선국사의 창건이라 전한다.

미륵석불

세운 견훤의 왕성(王城)이라고 전한다. 예로부터 남고산성과 더불어 남쪽에서 전주로 들어오는 길목을 지키는 요새지 역할을 했다.

절은 876년(헌강왕 2)에 도선국사가 창건했다고 전한다. 그 뒤의 연혁은 알려진 것이 없고, 조선시대에 들어와 진묵 일옥(震默一玉, 1562~1633) 스님과 제자인 원응(圓應) 스님이 머물며 수도했다고 한다. 원응 스님은 진묵굴(震默窟)에서 수도했는데 그 때 마셨던 물이 약수라서 절을 약수암, 또는 천수암(天水庵)이라 했다 한다.

1592년의 임진왜란으로 절은 폐허가 되었고 그 뒤 1740년(영조 16)에 용담 조관(龍潭慥冠, 1700~1762) 스님이 중창했다.

근대에 와서는 1943년에 만응(萬應) 스님이 주지로 부임해 절을 새롭게 중창했고, 1955년에는 해안 봉수(海眼鳳秀, 1901~1974) 스님이 만응 스님과 함께 한벽선원(寒碧禪院)과 승암강원을 개설해 이 지방 불교계를 육성했다.

만응 스님은 대한불교조계종 전북종무원장과 한국불교태고종 전북종무원장·원로원장을 역임했으며, 1984년에 입적했다.

최근에는 1983년에 지금의 도광(道光) 스님이 주지로 부임해 대웅전을 세웠다.

■ 성보문화재

현재 절에는 대웅보전을 비롯해서 옛 선원 건물, 옛 칠성각 건물, 요사·식당 등이 있다.

대웅보전은 팔작지붕에 앞면 5칸, 옆면 3칸이며 안에는 석가불좌상을 중심으로 좌우에 문수보살·보현보살입상이 협시한 삼존불상과, 관음탱화·산신탱화·신중탱화 및 중종이 있다. 신중탱화는 1958년 동고사에 봉안되었던 그림이 이곳으로 옮겨진 것이다.

옛 선원 건물, 옛 칠성각 건물 역시 지금으로부터 그다지 오래되지는 않았으며, 현재 두 건물 다 비어 있다.

그 밖에 경내의 수각(水閣)에 석상이 있으며, 또한 고려시대의 미륵불상으로 알려진 석상도 있는데 이 두 석상의 정확한 조성년대 및 경위는 잘 알 수 없다. 또한 산 언덕에는 삼층석탑이 있고, 만응대종사부도·만응대종사공적비도 있다.

승암사 가람배치

실상사

■ **위치와 창건**

실상사(實相寺)는 전주시 덕진구 진북동 89번지 서방산(西方山)에 자리한 한국불교태고종 사찰이다.

절은 1933년에 용봉사(龍奉寺)에 있던 만훈 스님이 이곳으로 와서 창건했으며, 인법당을 짓고 처음으로 법등을 밝혔다고 한다. 그 뒤 1959년 무렵에 삼

실상사 서방산 기슭에 자리한 절은 용봉사에 있던 만훈스님이 이곳에 와서 창건하였다고 한다.

성각, 1983년 무렵에 요사를 짓고, 1995년에는 현재의 주지 일암(一庵) 스님이 대웅전을 중건했다.

■ 성보문화재

현재 절에는 대웅전·삼성각·요사 2동이 있다.

대웅전은 맞배지붕에 앞면 5칸, 옆면 3칸으로서 1995년에 중건되었다. 안에는 석가불을 문수보살·대세지보살이 좌우로 협시한 삼존불상이 중건과 함께 봉안되었다.

삼성각은 팔작지붕에 앞면과 옆면 각 2칸씩으로서 현재 사용되지 않고 비어 있다. 전각이 노후돼 앞으로 헐고 새로 지을 계획이라고 한다.

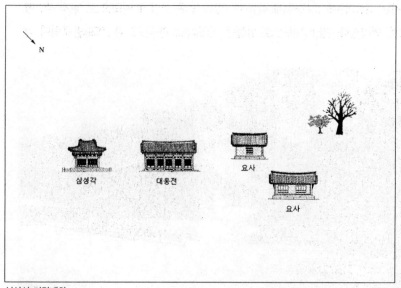

실상사 가람배치

약수암

■ 위치와 창건

약수암(藥水庵)은 전주시 덕진구 우아동 3가 461-15번지 도장산(道張山)에 자리한 한국불교태고종 사찰이다.

절은 1986년에 지금의 주지 묘법(妙法) 스님이 창건했다. 스님은 꿈에 미륵부처님을 현몽했는데, 이곳에서 약(藥)을 베풀라는 말을 듣고 와보니 실제 약

약수암　전주역 가까이에 자리한 도장산 기슭에는 약수터를 중심으로 미륵불상과 종각이 서 있다.

인법당 산기슭 아래 주택가 속의 건물안에 법당을 짓고 부처님을 봉안하고 있다.

수가 있어 절을 지었다고 한다.

그런데 그 때 이 자리에는 본래 미륵좌상이 있었는데 절을 지을 무렵 누군가가 들고 가버렸고, 지금은 어느 과수원 자리에 방치되어 있다 한다. 그래서 약수터 위에 인법당을 지은 뒤 새롭게 미륵입상을 조성했고, 1991년에는 종각을 지었다. 약수터는 수질이 좋아 많은 사람들이 찾고 있으며, 앞으로 종각 옆에 목탑 형식의 대웅전을 새로 지을 계획이라고 한다.

■ 성보문화재

현재 절에는 인법당·종각·수각 등의 건물이 있다. 가람의 배치는 산중턱에 미륵상과 종각이 있고 그 아래에 약수터가 있으며, 다시 그 아래 주택가가 시작되는 첫 번째 구역에 인법당이 자리한다.

인법당은 일반주택 형태의 2층 건물로서 아래층은 요사, 2층은 법당으로 사용된다. 안에는 석가불상과 문수보살·보현보살·관음보살·세지보살상 및 산신상이 있으며, 탱화로는 영산후불탱화·독성탱화·산신탱화·신중탱화·칠성탱화가 걸려 있다. 이 가운데 독성탱화는 승암사 스님이 그린 것으로서 동고사에 봉안되었다가 이곳으로 옮겨온 것이다.

그 밖에 미륵입상과 수각 옆에 관음보살좌상이 있다.

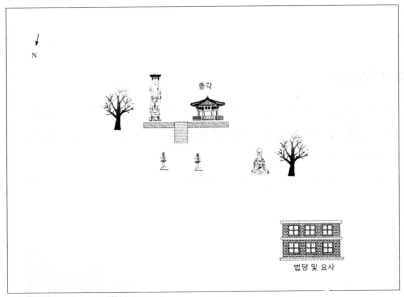

약수암 가람배치

정혜사

■ **위치와 창건**

정혜사(定慧寺)는 전주시 완산구 동서학동 724번지 완산칠봉(完山七峰) 아래에 자리한 대한불교보문종 사찰이다. 절은 현재 대한불교보문종 전북종무원을 겸하고 있다.

완산칠봉은 전주시를 둘러싸고 있는 동완산동의 산봉우리들로서, 그 가운데

정혜사 완산칠봉 아래 자리한 절은 선원이 개설되어 있고 유치원을 운영하며 지역주민에 봉사하고 있다.

한 봉우리의 꼭대기에 팔각정이 있어 시내와 그 주위를 조망할 수 있다. 완산 칠봉 주변을 완산공원이라고도 하지만 완산칠봉이라는 이름으로 더욱 알려져 있다.

절은 1898년(광무 2)에 최향관이 득남 기도를 위해 칠성각을 짓고 작은 암자로 창건한 데서 유래한다. 처음 이름은 안행사(雁行寺)였는데 이것이 마을 사람들에게 잘못 전해져 안양사(安養寺)로 불리다가, 최향관의 외손녀로서 불문에 귀의한 정명주(鄭明珠) 스님이 1922년에 보광전을 짓고 지금의 정혜사로 고쳤다. 이것을 절의 실질적 창건으로 볼 수 있다.

그 뒤 혜명(慧明) 스님이 주석했고, 이어서 지금의 혜일(慧日) 주지스님이 부임했다. 이후 1987년에 보광전을 헐고 같은 크기로 중건했으며, 그 밖에도 명부전·칠성각·삼성각·용화전·종각을 중건하는 등 중창을 이루어 오늘에 이른다.

절에는 현재 완산선원(完山禪院)이 개설되었고 또한 유치원을 운영해 지역 주민에 봉사하고 있다.

■ 주요인물

● 한산 명주

한산 명주(寒山明珠, 1904~1986) 스님은 정혜사를 중창했을 뿐만 아니라 대한불교보문종 종정을 역임하면서 한국 불교의 발전에 공헌을 했던 근대의 큰스님이다. 스님의 행장을 태고종 종정인 덕암(德庵) 스님이 글을 지어 절에 세운 〈한산당명주대종사비〉를 중심으로 살펴본다.

스님은 1904년 9월 25일에 아버지 정원명(鄭圓明)과 어머니 최정광명(崔淨光明) 사이에 둘째딸로 서울에서 태어났다. 1909년에 6살의 어린 나이로 가야산 해인사 약수암에서 도덕(道德) 스님을 은사로 하여 출가했으며 이듬해 우운 아준(友雲亞俊) 스님에게 사미계를 받았다. 1914년에 해인사에서 보살계

를 받았으며 꾸준히 학업에 정진해 1919년에 응해(應海) 스님이 강백(講伯)으로 있던 해인사 강원에서 대교과(大教科)를 수료했다.

명주 스님은 그 뒤 불학을 진흥하고 불교를 널리 포교할 만한 곳을 찾던 중 1922년에 인연이 있는 전주 정혜사를 중창했다. 1927년에는 근대의 고승 학명 계종(鶴鳴啓宗, 1867~1929) 스님에게 구족계를 받았고 이듬해 위봉사에서 대선법계(大選法階)를 받았으며, 1929년에 정혜사 주지가 되었다. 이후 스님은 비

한산당비 정혜사에 불교전문강원을 설립하였던 한산당 명주 스님은 보문종 종정으로 추대되기도 하였다.

구니 학인 양성에 뜻을 두어 1943년에 정혜사에 불교전문강원을 설립했다. 또한 1962년에는 불교 홍포를 위한 보다 큰 서원을 세워 전주시 노송동의 불교중앙포교당 설립에 큰 역할을 담당했으며, 이후 군산·정읍·김제·부안·고창 등지에도 포교당을 설립하는 등 전북 지역의 불교 발전에 많은 공을 이루었다.

1972년에 대한불교보문종 전북종무원장이 되었고, 1980년에는 보문종 제3대 종정(宗正)으로 추대되어 1986년 음력 1월 17일 정혜사에서 입적할 때까지 봉직했다.

스님은 평생 동안 포교와 수행을 게을리하지 않아 매해 여름과 겨울의 안거 (安居)는 물론이고 매달 있는 정기법회를 빠짐없이 실행하였다. 특히 정혜사의 도량 건설에 많은 힘을 기울여 절을 지금의 모습으로 가꾸기도 했다.

■ 성보문화재

현재 절에는 보광전·명부전·나한전·용화전·칠성각·완산선원·범종루·사천왕문·요사·유치원 등의 건물과 석가모니진신사리보탑 및 비명(碑銘)이 있는데, 대부분 성보문화재가 근래에 조성·봉안된 것이다. 석가모니진신사리보탑은 1983년에 성지순례차 스리랑카를 다녀온 덕암 스님이 콜롬보의 바지라사나라의 노스님으로부터 받은 진신사리 가운데 1과를 봉안하기 위해 1984년에 지은 탑이다.

보광전은 팔작지붕에 앞면 5칸, 옆면 3칸으로서 처음 1922년에 지어졌다가 헐리고 1987년에 중건되었다. 안에는 아미타불을 중심으로 좌우에 관음보살·

삼존불·후불탱화 아미타불을 중심으로 관음·대세지 보살상이 협시하고 있다. 보광전에 봉안되어 있다.

탑 재
고려시대의 것으로 추정되는 석
탑재로 지대석과 옥개석 그리고
상륜부 일부만이 남아 있다.

대세지보살이 협시하는 삼존불상이 있으며 그 밖에 후불탱화와 신중탱화 및
중종이 있다.

명부전은 팔작지붕에 앞면 5칸, 옆면 4칸이며 안에는 지장상을 비롯해서 도
명존자·무독귀왕 및 시왕상·동자상 각 10체, 판관·녹사·사자·인왕상 각
2체와 탱화로는 지장후불탱화·오여래탱화·구품연대(九品蓮臺)탱화와 시왕
탱화 2폭이 있다.

나한전은 맞배지붕에 앞면 3칸, 옆면 2칸 반으로서 안에는 석가불·문수보
살·보현보살의 삼존상과 아난·가섭상 및 18나한상, 판관상·동녀상 2체와,
석가후불탱화가 있다. 안에는 그 밖에 괘불함과 연(輦)도 있다.

용화전은 팔작지붕에 앞면과 옆면 각 1칸씩이며 안에는 미륵입상이 봉안되
어 있다.

칠성각은 맞배지붕에 앞면 3칸, 옆면 2칸이며 안에는 독성상·산신상과 독성탱화·산신탱화·칠성탱화가 걸려 있다.

탑비와 부도로는 〈한산당명주대종사비〉와 〈정영명불망비〉 및 혜명율사탑·영명율사탑·정금광(鄭金光) 부도 등이 있다.

한편 절에는 진신사리보탑 옆에 고려시대 작품으로 추정되는 석탑재(石塔材)가 있어 주목된다. 현재 지대석과 옥개석, 상륜부 일부만 남아 있는데, 지금 있는 것으로만 보면 6층석탑으로 추정할 수 있다. 현재 알려진 정혜사의 역사가 20세기 초인 것으로 볼 때 이 석탑이 비록 일부분을 잃고 있지만, 만일 본래의 자리에 그대로 있는 것이라면 절의 역사를 고려시대로 올려 볼 수 있기에 중요하다. 적어도 정혜사가 들어선 자리를 옛날 고려시대의 절터로 생각할 수 있기 때문이다. 탑과 주변에 대한 정밀조사가 이루어진다면 이같은 의문은 어느 정도 풀릴 수 있을 것으로 기대된다.

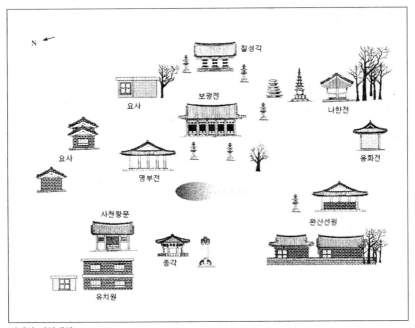

정혜사 가람배치

Ⅳ. 완주군

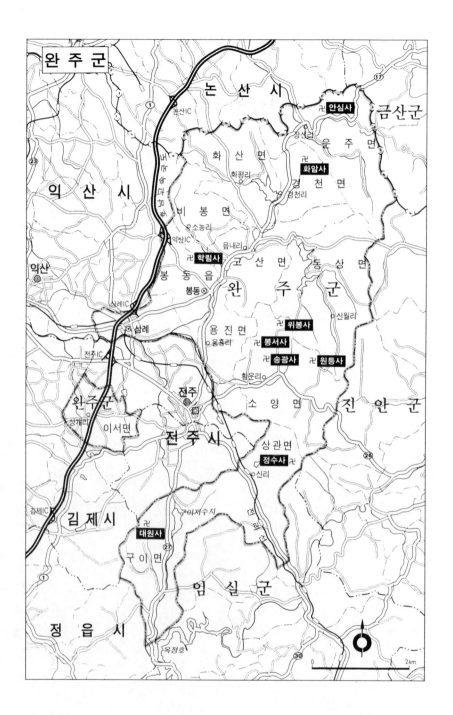

완주군의 역사와 문화

완주군(完州郡)은 전라북도 중앙에 위치하며 전주시를 둘러싸고 있다. 동쪽은 진안군, 서쪽은 김제시와 익산시, 남쪽은 정읍시와 임실군, 북쪽은 충청남도 논산시와 금산군에 접한다. 인구는 1997년 6월말 현재 8만 5천 명, 행정구역은 2읍 11면 252동리(행정동)로 이루어져 있다.

자연 환경은 동쪽과 남쪽은 노령산맥의 영향으로 운장산(雲長山, 1,126m)・고덕산(高德山, 603m)・모악산(母岳山, 794m) 등의 연봉이 높이 솟았고, 동북쪽에는 대둔산(大屯山, 878m)・천등산(天登山), 중부에는 서대산(西大山, 612m) 등이 있다. 이들 산지에서 발원한 전주천(全州川)・소양천(所陽川)・고산천(高山川) 등이 삼례(參禮) 부근에서 합류하여 만경강을 이루며, 남서쪽으로 흘러 군산시 대야면에서 서해로 흘러간다.

완주군은 논농사를 중심으로 하는 농업지대에 속하며, 또한 전주시 근교에 자리한 지역적 여건으로 도시근교 농업 및 경제작물재배가 비교적 활발하여, 도시에 공급하기 위한 소채(蔬菜)・과실류 및 특용작물을 생산한다. 그 가운데 특히 봉동읍 일대의 봉동생강(生薑), 동상면의 동상곶감은 전국적으로 유명하다. 봉동생강・동상곶감은 비봉면의 비봉숫돌과 함께 완주군의 3대 특산물로 꼽힌다.

역사는 해안지대인 고창・부안 지방에 밀집한 지석묘 등의 청동기시대 유적·유물로 보아 이 지역에도 초기 농경문화가 형성되었을 것으로 생각된다. 삼한시대에는 마한의 관할이었으며, 백제의 영토가 되어서는 555년(위덕왕 2)에 완산주(完山州)가 되었다가 곧 폐지되었는데, 이후 근대에 이르기까지의 역사는 전주의 역사와 거의 흐름을 같이한다.

20세기가 되어서는 1935년 전주읍이 전주부로 승격됨에 따라 전주군이 완주군으로 바뀌어 삼례면·조촌면·운주면·이서면·봉동면 등 15개 면을 관할했다. 현대에서는 1956년에 삼례면이, 1973년에 봉동면이 각각 읍으로 승격되었다. 1985년 10월에 조촌면이 읍으로 승격되었다가 1987년 1월에 전주시로 편입되었다. 1989년 4월에 운주면 강천출장소가 강천면으로 승격했고, 1990년 8월에는 이서면 중리·상림리가 전주시에 편입되었다.

완주군의 청동기시대 문화유적으로는 구이면 덕천리 지석묘군을 비롯해서 원덕리 지석묘, 고산면 읍내리 지석묘군이 있으며 그 밖에 여러 곳에서 선사시대 유물이 출토되었다. 산성으로는 1675년(숙종 1)에 쌓은 소양면 산리의 위봉산성(威鳳山城, 전라북도기념물 제17호) 등이 있으며, 도요지(陶窯址)로는 조선시대 분청자기의 지방 양식을 보이는 운주면 완창리 분청자요지, 소양면 화심리 분청자요지, 봉동읍 용암리 분청자요지 등이 있다.

군내의 불교관련 유적·유물로는 위봉사 보광명전(보물 제608호), 화암사 극락전(보물 제663호)·우화루(보물 제662호) 등의 국가지정문화재를 비롯하여 많은 성보문화재가 있다. 또한 안심사지(安心寺址)·봉림사지(鳳林寺址)·경복사지(景福寺址)·보광사지(普光寺址) 등의 절터가 알려져 있다.

대원사

■ 위치와 창건

대원사(大院寺)는 완주군 구이면 원기리 997번지 모악산(母岳山) 동쪽 중턱에 자리한 대한불교조계종 제17교구 본사 금산사의 말사이다.

절은 삼국통일 직전인 660년에 대원(大原)·일승(一乘)·심정(心正) 등의 고승이 함께 창건했다고 전한다. 이들은 고구려에서 백제로 귀화한 열반종

대원사 모악산 동쪽 중턱에 자리한 절은 삼국통일 이전 대원 스님 등에 의해 창건되었다고 한다.

진묵조사 진영

대원사는 정유재란 때 대부분 건물이 불타 없어졌으나 곧이어 진묵 스님에 의해 중창되었다.

의 개산조(開山祖) 보덕(普德)의 11제자들로서, 스승으로부터 열반종의 교리를 익힌 뒤 스승이 있는 고대산(孤大山, 혹은 高達山) 경복사(景福寺)가 바라다보이는 이 곳에 절을 창건했다고 한다. 그리고 당시의 절이름은 대원사(大原寺)였다. 이같은 내용은 『삼국유사』 권제3 「보장봉로 보덕이암(寶藏奉老 普德移庵)」조에 보인다.

그 뒤 고려시대인 1130년(인종 8)에 원명국사(圓明國師) 징엄(澄嚴, 1090~1141) 스님이 중창했는데, 이것을 절의 창건으로 보는 견해도 있다. 이어서 1374년(공민왕 23)에 나옹 혜근(懶翁惠勤, 1320~1376)이 중창했다.

조선시대에는 초기인 1415년(태종 15)에 한 차례 중창된 듯하다. 이에 대한 정확한 기록은 없으나, 절에서 전하기로는 1948년의 대웅전 복원 불사 당시 지붕의 기와 가운데 '永樂乙未年'이라고 새겨진 망새기와가 있었다는 기록으로 보아 그렇게 추정하고 있다.

절은 그 뒤 1597년의 정유재란 때 대부분 건물이 불타 없어졌으나 1606년 (선조 39)에 진묵 일옥(震默一玉, 1562~1633) 스님이 중창했다. 진묵 스님은 조선시대 중기의 유명한 고승으로서, 절은 이 때 중흥의 기운을 맞은 셈이다(진묵 스님에 대해서는 〈봉서사〉 주요인물편 참고).

이어서 1733년(영조 9)에 동명 천조(東明千照) 스님이, 그리고 1886년(고종 23)에는 건봉사(乾鳳寺)에 있던 금곡 인오(錦谷仁旿) 스님과 함수산(咸水山) 거사가 이곳으로 와 중창불사를 이루었다. 스님은 대웅전을 중건하고 명부전을 고쳐 지었으며, 칠성각을 새로 짓고 산내 암자인 내원암(內院庵)에 있던 염불당을 이곳으로 옮겨왔다.

조선시대 말에는 증산교(甑山敎)를 만든 강일순(姜一淳, 1871~1909)이 이곳에 머무르며 도를 깨우쳤다고 한다.

대웅전　내부에는 목조 삼신불과 후불탱화 그리고 진묵조사 진영 등이 봉안되어 있다.

근대에 들어와서는 1943년에 영호 봉주(永湖奉珠) 스님이 요사를 새로 짓고, 1945년에는 명부전을 지금의 위치로 옮겼다. 이어서 1949년에 덕운 재묵(德雲在默) 스님이 대웅전을 중건하고 경내의 석축을 쌓았다. 그러나 1951년에 한국전쟁으로 인해 염불당·요사·행랑 등 건물 3동이 불타 없어졌다. 전쟁 후 덕운 스님은 다시 중창불사를 발원하여 1959년에 먼저 요사를 새로 지었으며, 다음해 칠성각을 중건하고 1962년에는 산신각을 새로 지었다.

최근에는 1981년에 봉운 운수(蓬雲運守) 스님이 다른 절터에 있던 오층석탑을 옮겨와 봉안했다. 그리고 1993년에 칠성각을 헐고 그 자리에 요사를 지었으며, 이 해에 대웅전 뒤쪽에 지금 '글방'으로 부르는 건물을 지었다. 또한 1990년을 전후한 무렵에 장마로 산신각이 무너졌으므로 그 보다 아래쪽에 산신각과 삼성각을 겸한 전각을 새로 지었다.

■ 성보문화재

절에는 현재 대웅전·명부전·글방·요사 및 구요사 등의 전각이 있다. 대웅전에 있었던 목각사자상은 진묵 대사가 만들었다고 하는데 지금은 전하지 않으며, 부도 가운데 용각부도는 고려시대 중기에 세워진 것으로 전한다.

● 대웅전

크기는 앞면과 옆면 각 3칸씩이며, 주심포계 팔작지붕을 하고 있다.

안에는 석가불을 중심으로 좌우에 약사불·아미타불이 협시하는 목조 삼신불(三身佛)이 모셔져 있고, 그 뒤로 삼신후불탱화 및 칠성탱화·신중탱화 그리고 진묵조사의 진영이 있다. 불상과 후불탱화는 조선시대 후기에, 진묵조사 진영은 1906년(광무 10), 칠성탱화는 1908년(융희 2)에 조성되었다. 신중탱화는 1918년에 삼각산 화계사(華溪寺)에 봉안되었다가 같은 해에 이곳으로 옮겨졌다. 진묵조사 진영은 금어 진월 천호(振月天湖) 스님이 그린 것인데,

칠성탱화
대웅전 안에 모셔져
있으며 20세기 초에
조성되었다.

천호 스님은 전주 남고사 관음전 신중탱화를 그리기도 했다.

또한 삼존불상 앞에는 진☐ 대사가 만들어 그 위에 북을 올려 놓고 축생(畜生)들을 천도하기 위해 쳤다는 목각 사자상(獅子像)이 있었으나 지금은 남아 있지 않다.

● 명부전

앞면 3칸, 옆면 2칸의 팔작지붕으로서, 1881년(고종 24)에 금곡 스님과 수산거사(水山居士)가 세웠다.

안에는 지장보살상을 비롯해서 도명존자·무독귀왕, 시왕상 10체, 판관·녹사·사자·인왕상 각 2체 및 동자상 7체 등 지장보살의 권속상(眷屬像)이 있다. 그 밖에 일제강점기 때 봉안한 지장후불탱화 및 법고가 있다.

오층석탑

고려시대에 조성된 것으로 추정
되는 이 탑은 둔중하면서도 균
형이 잘 잡혀 있다.

● 구요사

앞면 5칸, 옆면 2칸이며 함석지붕을 하고 있다. 1943년에 영법원(映法圓)
선사가 새로 짓고 1968년에 중수되었다.

● 오층석탑 2기

대웅전 앞과 뒷편에 각각 오층석탑이 서 있다. 대웅전 뒷편의 오층석탑은
전체 높이 238㎝에 이중기단이며 3층 옥개석은 후대에 다른 돌로 끼워넣었다.
옥개석은 층급받침이 5단이며 상륜부는 없어졌다. 전체적으로 둔중한 느낌이
있으면서도 균형이 잘 잡혀 있어 고려시대의 작품으로 추정된다.

대웅전 앞에 있는 오층석탑은 전체 높이 420㎝로서 사사자(四獅子)가 탑신을 받치고 있다. 상륜부에는 노반·앙련·수연이 갖추어져 있다. 이 오층석탑은 조선 후기의 작품으로서, 본래부터 대원사에 있었던 것은 아니고 1981년 무렵에 이곳으로 옮긴 것이라고 한다.

● 부도

절에는 전부 6기의 부도가 있는데, 용각부도 근처에 4기가 모여 있고 진묵대사 부도로 추정되는 1기와 또다른 1기는 그 보다 50m 가량 북쪽에 있다. 그런데 이밖에도 대웅전 아래쪽 입구 남쪽에 부도 3기가 더 있었다고 전해지지만 현재는 절에서도 확인하지 못하고 있어 소재가 확실하지 않다.

부도 가운데 가장 주목되는 것은 몸체에 용이 조각된 용각부도(龍刻浮屠)

용각부도
부도 몸체에 용이 조각되어 있으며 옥개석 아래에는 연꽃잎과 구름무늬가 조각되어 있다.

이다. 전체 높이 187cm로서 현재 전라북도유형문화재 제71호로 지정되어 있다. 옥개석 아래는 대[竹] 모양의 무늬 위에 겹잎으로 된 연꽃 18잎이, 그리고 윗부분에는 구름무늬가 조각되어 있다. 또 가운데는 두 마리의 큰 용이 서로 휘감으면서 여의주를 취하려는 모습을 하고 있다. 전체적 조각 양식으로 보아 고려 중기의 것으로 추정된다.

　나머지 5기의 부도는 전부 조선시대의 부도인데, 그 가운데는 진묵 일옥 스님의 부도와 '이씨성연화(李氏姓蓮花)'라고 씌어 있는 신도의 부도가 포함되어 있다.

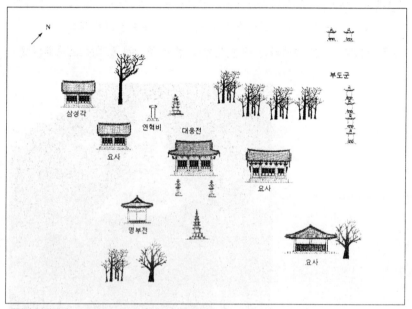

대원사 가람배치

봉서사

■ 위치와 창건

봉서사(鳳棲寺)는 완주군 용진면 간중리 산2번지 서방산(西方山)에 자리한 한국불교태고종 사찰이다. 서방산은 서대산(西大山)이라고도 하며, '봉서사'라는 절이름은 뒤에 있는 서방산이 봉의 형상을 하고 있어 새가 깃을 드린다하여 그렇게 지어졌다.

봉서사 절 뒤에 자리하는 서방산이 봉의 형상을 하고 있어 봉서사로 이름지어졌다고 한다.

절은 727년(성덕왕 26) 또는 736년에 해철(海澈)선사가 창건하고 고려 때 보조국사(普照國師)와 나옹왕사(懶翁王師)가 각각 중창했다고 전하는데, 그에 관한 확실한 문헌 자료는 남아 있지 않다.

조선시대에서는 1530년에 편찬된 『신증동국여지승람』과 신경준(申景濬, 1712~1781)이 쓴 『가람고』에 절 이름이 보이고 있어 조선 중후기에 걸쳐 계속해서 법등을 밝혔음을 알 수 있다. 또한 16세기 말~17세기 중기에는 유명한 진묵조사(震默祖師)가 이 절에서 출가한 뒤 오랫동안 머물면서 절을 중창했다.

그러나 이후의 연혁은 전하지 않고, 근대에 와서는 1950년의 한국전쟁 때 대웅전을 비롯해서 명부전·나한전·삼성각·천왕각·동루(東樓)·서전(西殿)·상운암(上雲庵)·일주문 등 절의 모든 전각이 불타 없어졌다가 그 뒤 서서히 중건되었다.

근래에는 1963년에 서호산(徐湖山) 스님이 주석했는데 이듬해 요사를 지으면서 중건불사를 시작했다. 이어서 1975년에 삼성각, 1979년에 대웅전·관음전(요사)·진묵전을 새로 지었다. 또한 1994년에는 절까지의 도로포장이 이루어졌다.

■ **주요인물**

● 진묵 일옥

진묵 일옥(震默一玉, 1562~1633) 스님은 조선 중기의 고승으로서, 봉서사뿐만 아니라 부근의 여러 절에 스님의 행적이 전하는 등 이 지역의 불교 발전에 특히 공헌이 많았다.

스님에 관한 글로는 조선시대 후기에 다도를 중흥시켜 우리나라의 다성(茶聖)으로 유명한 대둔사의 초의 의순(草衣意恂, 1786~1866) 스님이 지은 『진묵조사유적고』, 범해 각안(梵海覺岸, 1820~1896) 스님의 『동사열전(東

師列傳)』, 『해동불조원류(海東佛祖源流)』 등에 잘 나와 있다. 여기에서는 그 같은 내용을 기본으로 해서 스님의 행적을 살펴보았다.

진묵부도

스님은 만경현(萬頃縣) 불거촌(佛居村), 곧 지금의 김제군 만경면 화포리에서 태어났다. 태어날 때 불거촌의 초목이 3년간 시들었으므로 사람들은 '세상에 드문 인재가 태어났다.'고 생각했다. 또 어려서부터 파·마늘 등의 신 음식과 비린 음식을 먹지 않았으며 천성이 슬기롭고 자비심이 있어 주위에서는 '불거촌에서 부처님이 나셨다.'고들 했다.

7세 때 봉서사로 출가했는데, 불경을 공부하면서 스승도 없이 경전의 내용을 홀로 터득했다. 언젠가 이 절의 주지가 스님에게 신장단(神將壇)의 신중(神衆)들에게 향불을 사르는 일을 맡긴 일이 있었다. 그런데 얼마 지나지 않아서 주지 스님의 꿈에 신중들이 나타나, "우리는 부처님을 호위하는 신중들인데 도리어 부처님으로 하여금 우리에게 향을 사르게 하니 불안하기 이를 데 없다. 부디 그 작은 동자승이 다시는 우리에게 향을 사르게 하지 않게 해 달라."는 말을 했다. 이 일이 있은 뒤 비로소 대중들이 비록 어리지만 진묵 스님의 비범함을 깨닫고는 '부처님이 이 땅에 다시 오신 것'이라고 했다.

스님은 일생을 통해 숱한 신이(神異)한 일을 남겼는데, 『진묵조사유적고』

에는 스님의 이적(異蹟) 18가지가 기록되어 있다. 이같은 이적은 단순히 사람들을 놀라게 하는 신술(神術)을 부리려는 것이 아니라 불도를 깨우치지 못한 대중들에게 진리를 깨닫게 하려는 방편이었음은 물론이다.

한편 스님은 효성이 지극한 것으로도 유명하다. 전주의 일출암(日出庵)에서 지낼 때 어머니 조의씨(調義氏)를 근처 왜막촌으로 모셔왔는데, 여름에 모기 때문에 어머니가 고생하자 스님은 산령들에게 부탁해서 그 곳의 모기를 전부 다른 곳으로 쫓아버리도록 했다고 한다. 그래서 이 지역에는 아직도 모기가 거의 없다고 전한다. 그리고 어머니가 돌아가시자 만경현 북쪽의 유앙산(維仰山)에서 장사지냈는데, 묘를 돌보면 보답이 나타난다고 전해져 아직도 그 묘역은 늘 깨끗하고 향화가 끊이지 않는다고 한다.

스님은 유학에도 조예가 깊었다. 당대의 유명한 학자인 김장생(金長生)의

진묵전 진묵 스님은 일생을 통해 숱한 신이한 일을 남겼으며 효성 또한 지극하였다..

제자 김동준(金東準, 1573~1661)과는 특히 우의가 돈독했으며, 서로 학문에 대한 토의가 많았다. 김동준은 한 때 지금의 서울시장에 해당되는 한성판윤을 지내기도 했다.

스님은 봉서사에 머물 때 '전국승려대조사(全國僧侶大祖師)'로 추앙받았는데, 그 밖에도 변산의 월명암(月明庵), 태고사(太古寺), 완주의 대원사(大院寺)·원등암(遠燈庵) 등에서 스님의 행적이 전해져 내려온다. 봉서사에는 스님의 영정을 모신 영각(影閣)이 있고『어록』판각이 있으며, 부도와 비가 세워졌다. 대원사에도 스님의 영정이 전한다. 또한 김제시 조앙사(祖仰寺)는 바로 진묵 대사를 모시는 절이며, 그 옆의 성모암(聖母庵)은 진묵 대사의 어머니 조의씨를 모신 곳이다.

스님이 살았던 시대는 임진왜란과 정유재란 등 참혹한 전쟁으로 인해 피폐되고 암울했던 때였다. 비록 직접 구국의 대열에 나선 것은 아니었으나 대중과 관계된 수많은 이적과 전설을 남긴 것으로 보아서도 알 수 있듯이 스님은 대중과 아픔을 함께하며 그들에게 희망을 심어주었음을 짐작할 수 있다. 그래서 역대 고승들 가운데는 스님의 행장(行狀)에 나타난 의미를 찾아 수행의 지표로 삼은 사람들도 많았다고 한다.

■ 성보문화재

절에는 현재 대웅전·관음전·칠성각·진묵전·영각·요사 등의 전각과, 전라북도유형문화재 제108호로 지정된 진묵대사부도를 비롯한 몇 기의 조선시대 부도가 있다. 각 전각 안에 봉안된 불상·불화들은 대부분 근래에 조성되었다.

● 대웅전

1979년에 중건된 건물로서 팔작지붕에 앞면 3칸, 옆면 2칸이다. 안에는 석가불상을 비롯해서 지장·관음·대세지보살상 및 또다른 여래상 3체 등의 불

대웅전 1979년에 중건된 대웅전 주위로 관음전·칠성각·진묵전 등이 둘러싸고 있다.

상과, 후불탱화인 영산회상도와 지장탱화·신중탱화·관음도 등의 불화가 있다. 불상과 불화는 전부 근작들이다.

● 관음전·산신각·칠성각·영각·나한전·진묵전·요사

관음전은 1979년에 세워진 팔작지붕에 앞면과 옆면 각 3칸씩인 건물이다. 안에는 관음좌상 및 관음입상이 각 1체씩 있으며, 관음후불탱화가 걸려 있다. 현재 전체 3칸 가운데 1칸이 주지실로 사용된다.

산신각·칠성각·영각·나한전은 팔작지붕에 앞면 4칸, 옆면 1칸인 전각 하나를 함께 이용하고 있다. 안에는 근래에 조성된 산신상·나한상과 칠성탱화·산신도·독성도 및 진월·춘담·봉암 스님의 진영 3폭이 걸려 있다.

진묵전은 팔작지붕에 앞면과 옆면 각 1칸씩인 건물로서 1979년에 지어졌다. 안에는 진묵대사 진영이 있는데, 지금의 것은 복사본이고 원본은 불타 없어졌다고 한다. 또한 1976년에 봉안된 제석천룡탱화도 1폭 있다.

요사의 가운데는 부엌으로 사용되며 조왕탱화가 봉안되어 있다.

● 부도군

절에서 북서쪽으로 500m쯤 가면 부도군이 있고 여기에 진묵대사부도를 비롯한 전부 9기의 부도가 있다. 부도의 주인을 알 수 있는 것은 진묵대사부도 외에, 청파 혜암(靑坡慧菴) · 호명 혜원(虎鳴慧遠) · 용파 새관(龍波璽寬) · 진월 천호(振月天湖) · 춘담 재환(春潭在煥) · 봉암 재수(鳳巖在洙) 및 신도의 것인 박실상화(朴實相華) 부도가 있다. 또 주위에 천호대사비와 근래에 입적한 스님들의 부도 7기가 있다.

● 비군

진묵전 아래에 여러 비석이 모아져 있는 비군(碑群)이 있다. 대부분 근래에 세워졌는데, 비 가운데는 『진묵조사유적비(1982년)』, 『봉서사공덕비(1993

부도전 절 북서쪽에 진묵 대사의 부도를 중심으로 청파 · 용파 · 진월 스님 등의 부도가 모셔져 있다.

년)』, 『춘담당재환대종사유적비(1986년)』, 『영해당영수대종사유적비(1994년)』 및 『세계불교초대법왕일붕존자비(1993년)』 등 서경보 스님과 관련된 비석 3기가 있다.

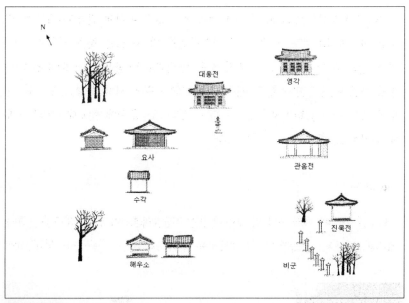

봉서사 가람배치

송광사

■ 위치와 창건

완주군 송광면 대흥리 21번지에 자리한 송광사(松廣寺)는 이 지역의 대표적 고찰이다. 종남산(終南山) 남쪽 기슭에 위치하며, 주변의 자연 풍광이 그렇게 뛰어난 편은 아니지만 중요한 성보문화유산을 다수 보유하고 있는 평지형 가람이다. 특히 지난 1933년에 대웅전 삼세불상(三世佛像)에서 여러 종류

송광사 종남산에 자리한 절은 임진왜란 후 벽암 대사에 의해 대대적 중창이 이루어졌다.

사적비
부도전 가는 길에 자리하고
있다. 송광사의 지세와 보조
국사에서 벽암스님에 이르는
계보 등을 적고 있다.

의 복장 유물이 발견되므로써 많은 사람들의 관심을 모은 바 있다. 근대에는
위봉사(威鳳寺)의 말사로 속해 있었으나, 지금은 대한불교조계종 제17교구
본사인 금산사(金山寺)의 말사로 되어 있다.

　송광사의 창건 시기에 대해서는 자료마다 각기 다른 내용을 포함하고 있어
정확한 서술이 매우 어려운 상태이다. 먼저 「송광사사적비」에 수록되어 있는
다음 내용을 살펴보기로 하겠다.

　옛날 고려시대의 보조국사(普照國師)께서 전주 종남산을 지나다가 한 신
령스러운 샘물을 마시고 기이하게 여기어 장차 이곳에 사찰을 세우고자 하였

다. 징표를 그 터의 밑에 파묻어 두고 네 모서리에 돌을 쌓아 메워버렸다. (이후) 승평부(昇平府, 지금의 순천시) 조계산 계곡에 송광사를 짓고 그의 법을 머물게 하였는데, 문도들에게 계속해서 "종남산에 돌을 메워둔 곳이 있으니 후에 대덕이 있어 고곳에 도량을 열면 반드시 기울지 않는 땅이 될 것이다."라는 말을 하였다. 수 백년이 지나도록 도량이 열리지 못했으니 실로 때가 있음이라. 산인(山人)인 응호(應浩)·승명(勝明)·운정(雲淨)·덕림(德林)·득순(得淳)·홍신(弘信) 등이 서로 마음을 맹세하고 보조국사의 뜻을 성취하고자 정성스럽게 모연을 해 나가니 많은 사람들이 그림자처럼 좇아 주었다.

「송광사사적비」는 사찰 경내 동북쪽의 '부도전'으로 가는 길 중간 쯤에 세워져 있으며, 송광사 연혁을 알게해 주는 가장 오래된 자료에 속한다. 위에서 인용한 내용은 이 사적비의 앞 부분으로, 송광사가 보조국사 지눌에 의해 점지(占地)되었다가 조선시대에 이르러 정식으로 창건되었음을 밝히고 있다. 아울러 위 자료의 내용에 의하면 응호 스님 등이 본격적으로 사찰 조성에 나선 해는 1622년(광해군 14)이며, 사찰 완공 후 그를 기념하기 위해 사적비를 건립한 해는 1636년(인조 14)이라는 사실을 확인할 수 있다.

또한 무경 자수(無竟子秀, 1664~1737) 스님의 문집인 『무경집(無竟集)』에 실려 있는 「전주 종남산 송광사 사적사(全州終南山松廣寺事蹟詞)」 서문에도 송광사 창건 연혁이 수록되어 있는데 이것 역시 사적비의 내용과 유사하다. 그리고 『범우고(梵宇攷)』에도 '인조(仁祖) 때의 승려가 창건하였는데 절이 대단히 컸다.'라는 기록이 있다. 결국 송광사는 조선시대인 17세기에 이르러 본격적인 대가람으로 자리잡았으며, 그 창건주는 고려시대의 고승인 보조국사 지눌로 인식하고 있었던 것으로 판단된다.

하지만 일부에서는 이 사찰의 창건주로 보조선사(普照禪師) 체징(體澄, 804~880) 스님을 들고 있으며, 『한국민족문화대백과사전』 같은 경우는 가지산문(迦智山門)의 개창자인 도의(道義) 스님을 창건주로 기록하고 있기도

일주문

과거 대찰의 모습을 다
시 찾아 가고 있음을
말해주는 듯 미려하게
단장된 담장위로 우뚝
솟아 있다.

하다. 그러나 신라시대 창건설은 뚜렷한 문헌적 근거를 지니고 있지 못하며,
사찰 일대에서 신라 · 고려시대로 추정되는 유물 · 유적도 발견되지 않고 있는
상태이다. 아마도 이같은 창건설이 나오게 된 배경은 체징 스님과 지눌 스님
이 '보조'라는 동일한 호를 지니고 있었기 때문이 아닌가 한다. 다만 17세기
의 사찰 조성 불사가 실질적 창건을 의미하는 것인지, 아니면 일부의 전각이
이미 세워져 있던 것을 새롭게 중수한 것인지에 대해서는 앞으로 보다 심층
적 조사를 통해 밝혀낼 과제로 보인다.

■ 연혁

송광사 연혁을 전하는 대표적 자료는 앞서 말한 「송광사사적비」이지만 이 비는 창건 과정에 대한 상세한 설명을 담고 있을 뿐이며, 비를 세운 1636년 이후의 기록은 실려 있지 않다.

따라서 창건 이후의 상세한 연혁은 파악하기 어려운 상태이지만 1993년에 발견된 대웅전 삼세불상 복장유물을 통해 중요한 연대기적 사실들을 몇가지 확인할 수 있다. 그러면 송광사와 관련한 각종 자료를 바탕으로 연혁을 살펴 보기로 하겠다.

송광사의 연혁

년 도	주 요 사 항
867년(신라 경문왕 7)	신라의 고승 보조국사 체징이 창건하였다는 설이 있으나, 확실하지 않음.
고려시대	보조국사 지눌의 중창설과 점지설(占地說)이 함께 제기되어 있지만, 점지설이 보다 사실에 가까운 내용으로 보임.
1622년(조선 광해군 14)	응호·승명·운정·덕림·득순·홍신 등의 스님이 중창불사를 시작함. 절터의 땅은 승명 스님의 증조부인 이극룡(李克龍)이 회사함.
1636년(인조 14)	중창불사가 완성되었으며, 이를 기념하기 위해 「송광사사적비」를 건립함. 벽암 각성(碧巖覺性)대사가 약사전을 중창 했다는 기록이 보임.
1640년(인조 18)	명부전 내부에 소조(塑造) 지장보살좌상과 시왕상을 봉안함.

1641년(인조 19)	대웅전 내부에 소조 삼존불좌상을 봉안함. 당시 왕과 왕비의 만수를 기원하는 내용과 병자호란 때 인질로 끌려간 소현세자(昭顯世子)·봉림대군(鳳林大君)의 조속한 환국을 기원하는 내용이 함께 담겨져 있는 불상임. 벽암 각성 스님이 첨성각을 중창함.
1649년(인조 27)	사천왕상을 조성함.
1656년(효종 7)	벽암 각성 스님이 나한전을 건립함. 이때 내부에 목조 석가여래좌상과 16나한상 및 그 권속들을 함께 조성하여 봉안함.
1670년(현종 11)	석조(石槽)를 조성함.
1716년(숙종 42)	범종을 조성함.
1769년(영조 45)	범종을 중수함.
1786년(정조 10)	사천왕 가운데 하나인 서방광목천왕 (西方廣目天王)의 손바닥 위에 있는 목탑을 조성함.
1792년(정조 16)	대웅전 삼존불상 앞에 있는 목패(木牌) 3위(位)를 중수함. 본래 인조년간에 조성 하였던 것을 이 때 중수한 것임.
1813년(순조 13)	정준 스님이 관음전을 중수함.
1814년(순조 14)	정준 스님이 약사전을 중수함. 아울러 송광사 경역이 축소됨에 따라 일주문을 조계교(曹溪橋) 부근으로 이건함. 본래 일주문은 현재 일주문이 세워져 있는 곳에서 남쪽 3km 정도 떨어진

	'나드리'라는 곳에 세워져 있었다고 함. 또한 2층이던 대웅전이 기울어지자 이 해에 1층으로 개축하였다고 함.
1917년	명부전의 지장후불탱화를 조성함.
1934년	해광 극인(海光克仁)선사가 나한전을 중수함.
1944년	해광 극인 선사가 조계교 부근에 있던 일주문을 현 위치로 이건함.
1976년	〈대선사해광당(大禪師海光堂)〉부도를 건립.
1989년	삼성각의 독성탱화와 산신탱화를 조성함.
1992년	관음전의 신중탱화를 조성함.
1993년	대웅전 삼존불상 내부에서 다수의 복장유물이 발견됨.
1994년	사찰 주변에 담장을 설치함.
1996년	1995년부터 매표소와 포교당 건물을 짓기 시작하여 이 해에 완성함. 〈완주송광사대웅전〉은 보물 제1243호, 십자각(十字閣)은 〈완주송광사종루〉라는 명칭으로 보물 제1244호로 지정됨.

■ 성보문화재

현재의 송광사 사역(寺域)은 그다지 넓은 편은 아니다. 그러나 창건이래 여러 차례의 중건과 중창을 거쳐왔으며, 임진왜란으로 인한 폐허를 딛고 벽암(碧巖)대사에 의해 대대적으로 중창된 당시에는 지금보다 훨씬 경내가 넓었

대웅전 처음 지었을 때는 2층이었으나 건물이 점차 기울어 1층으로 고쳐 지었다. 보물 제1243호.

던 것을 문헌 및 현재 남아 있는 유적과 유물을 통해 알 수 있다.

그 동안 송광사 성보문화재에 관한 종합연구서로서 제대로 엮어진 것이 없었다. 그런데 근래에 명부전 지장보살 복장 유물의 발견이 계기가 되어 절에서 1997년에 『선종대가람 완주 송광사』를 펴내어, 절의 유적과 유물에 대한 본격적 연구서 겸 안내서가 되고 있다.

여기에서는 현재 전하는 대웅전·관음전·삼성각·오백나한전·명부전·십자각·금강문·천왕문·일주문·요사 가운데 주요 전각을 비롯해서, 전각내에 봉안된 불상을 위주로 살펴보았다.

● 대웅전

팔작지붕에 앞면 5칸, 옆면 3칸의 건물이다. 1622년에 처음 지어졌을 때는 2층이었으나 1814년, 또는 1857년에 건물이 기울어지므로 1층으로 고쳐 지은

것으로서 조선시대 후기 건축의 전형적 양식을 나타내고 있다. 그 동안 전라북도유형문화재 제70호로 지정 관리해 오다 1996년 5월 29일자로 보물 제1243호로 승격되었다.

내부는 고주(高柱) 4개를 옆면의 평주열(平柱列)보다 뒤로 물린 다음 후불탱화를 걸은 벽을 놓았으며, 그 앞에 높이 93㎝의 수미단(須彌壇)을 설치하고 삼세불상을 봉안했다. 불상 위 천정에는 천개(天蓋)를 가설하고 그 위에 용·게·물고기·거북 등 바다 짐승 조각이 장엄되어 있다. 천정은 중앙 3칸만 우물반자이고 외진부 천정은 빗천정인데, 거기에 주악비천상(奏樂飛天像)이 그려져 있다.

대웅전 안에는 삼세불상을 비롯해서 후불탱화인 삼세불탱화 및 신중탱화가 있고, 그밖에 위패 3점과 괘불함 그리고 연(輦)이 있다. 위패에는 각각 '주상전하수만세(主上殿下壽萬歲)', '왕비전하수제년(王妃殿下壽齊年)', '세자저하수천추(世子邸下壽千秋)' 등 왕·왕비·세자를 축원하는 글이 적혀 있다. 이 위패에는 각각 조성년대가 묵서로 기록되어 있는데, 그것을 통해 인조(仁祖, 1623~1649) 대에 만들어졌다가 '왕비전하수제년', '세자저하수천추'의 두 위패는 1792년(정조 16)에 수리되었음을 알 수 있다.

●대웅전 삼세불상

삼존불로서 가운데 석가여래상을 중심으로 그 왼쪽에 약사여래상, 오른쪽에 아미타여래상으로 구성되어 있다.

삼존 모두 흙으로 빚은 소조상(塑造像)이며 근년에 발견된 복장기(腹藏記)에 의해 1641년(인조 19)에 조성된 것임이 밝혀졌다. 삼존불 중에 가운데의 석가여래좌상은 전라북도유형문화재 제41호로 지정되어 있다.

석가여래좌상은 나발의 머리위에 큼직한 육계(肉髻)가 있고 이마에는 백호(白毫)가 있다. 불의는 통견이며 왼쪽 팔에 걸쳐진 옷주름이 무릎을 덮는다. 수인은 항마촉지인이며, 전체적으로 몸체가 균형이 잡혀있어 당당한 느낌을

신중탱화

대웅전 안에는 삼세
불탱화와 신중탱화
등의 불화가 모셔져
있다.

준다. 크기는 높이 550cm, 무릎 너비 405cm, 무릎 높이 72cm이다.

약사여래좌상은 상호나 몸체에서 전반적으로 석가여래상과 비슷한데, 수인
은 오른쪽 손을 어깨 높이 가까이까지 든 채 손바닥을 바깥으로 향해 엄지와
중지를 맞잡고 있으며, 왼쪽 손은 왼쪽 무릎에서 손바닥이 위로 향하게 놓았
고 그 위에 약합(藥盒)이 있다. 크기는 높이 520cm, 무릎 너비 363cm, 무릎
높이 79cm이다.

아미타여래좌상 역시 원만상호로서 석가여래상·약사여래상과 대체적으로
비슷한 분위기를 나타낸다. 수인은 오른손을 어깨 가까이에 들어서 손바닥이
바깥을 향한 채 엄지와 중지를 맞잡고 있으며, 왼손은 왼쪽 무릎에 놓아서 손

비천동자 대웅전 천장에는 불국토에서 자유로이 날아다니는 동자의 모습을 새겨 놓았다.

바닥이 위로 향해 역시 엄지와 중지를 맞잡고 있다. 크기는 높이 520㎝, 무릎 너비 356㎝, 무릎 높이 71㎝이다. 이 삼존불은 소조상으로서는 국내에서 가장 규모가 큰 것으로 알려져 있다.

한편 근래에 삼세불에서 복장물이 수습되어 불교미술사 및 불교사 연구에 중요한 자료가 되고 있다. 석가여래상에서는 납으로 만든 원통형 사리함(舍利函), 약사여래상과 아미타여래상에서는 놋쇠로 만든 사리함이 각각 발견된 것을 비롯해서 많은 의물(儀物)이 나왔다. 그리고 또한 중요한 것은 함께 발견된 불상 조성 연기(緣起)를 기록한 묵서(墨書)이다.

겹한지(韓紙)로 된 이 묵서는 전부 3매로서 전체 길이 286㎝, 너비 43.5㎝, 글자 크기 1.5~2㎝의 똑같은 크기와 글자로 되어 있으며 삼존불상의 각각에 들어 있었다. 글의 내용을 보면 글 첫 부분에 1641년의 봉안년도 및 '불상조성시주목록'과 같은 시주자 명단이 기록되어 있다. 이 목록에 의하면 이 삼존불상의 시주자로는 신도 19명, 승려 160명, 화원(畵員) 16명의 이름이 나와 있으며, 그 가운데는 특히 절을 중창한 고승 벽암 각성 스님의 이름도 보인다.

그밖에 묵서의 내용 가운데는 왕과 왕비의 만수를 기원하는 한편, 병자호란으로 중국에 포로가 되어 끌려간 소현세자(昭顯世子)·봉림대군(鳳林大君) 등 인조 임금의 두 아들의 빠른 송환을 기원하는 글도 보이고 있어 주목된다. 결국 이 삼세불상의 봉안에는 국가의 안녕을 바라는 시주자들의 염원과 함께 왕실의 발원이 실질적 배경이 되고 있는 셈이다.

● 명부전

앞면 3칸, 오른쪽면 3칸, 왼쪽면 2칸이며 조선시대 후기의 건물이다. 각 기둥의 초석은 자연석이지만 앞면과 오른쪽 면의 끝기둥 초석만이 원주형(圓柱形)의 다듬은 돌을 사용했다.

안에는 지장보살상과 그 좌우 협시인 도명존자·무독귀왕을 비롯해서 시왕상 10체, 동자상 8체, 인왕·판관·녹사·사자(使者)·소판관상 각 2체 등 여러 권속이 있고, 그밖에 후불탱화 및 업경대 하나가 있다. 시왕탱화는 1917

명부전 조선후기의 건물로 안에 봉안된 지장보살의 복장에서 오색사리와 시왕조성기가 발견되었다.

년에 조성된 것이다.

주존으로 봉안되어 있는 지장보살좌상 및 권속들은 전부 소조상으로서, 특히 지장보살상은 전체적으로 매우 부드러운 분위기를 나타내는 등 조선시대 후기의 우수작이라 할 수 있다. 또한 발견된 복장물에 의해 그 봉안 시기가 뚜렷해 불교미술사적으로도 중요한 자료가 된다.

지장보살상의 양식을 보면, 머리는 민머리이며 원만한 상호를 하고 있다. 수인은 오른손을 가슴 높이로 들어서 엄지와 중지를 맞잡고 약간 바깥을 향하고 있으며, 왼손은 무릎위에 얹고 역시 엄지와 중지를 맞잡은 채 손바닥을 위로 향했다. 전체적으로 무릎이 넓고 적당한 높이를 유지하고 있어 안정감을 보인다. 크기는 전체 높이 190㎝, 앉은 높이 160㎝, 무릎 너비 130㎝, 무릎 높이 25㎝, 어깨 너비 78㎝이다.

한편 이 지장보살좌상에서는 근래에 복장물로서 원통형 사리함이 나왔는데, 그 안에서 오색사리 6과와 「시왕조성기」가 발견되었다. 6과의 사리는 녹색 1과, 흑색 1과, 백색 2과, 황색 1과, 진황색 1과이며 명주에 싸여 있었다. 시왕조성기는 가로 83㎝, 세로 86㎝의 두꺼운 한지에 9절의 묵서로 적혀져 있다. 이 조성기는 1640년(인조 18)에 기록된 것인데, 바로 지장보살 및 각 권속들의 조성년대를 가리키기도 한다.

● 십자각 · 범종

십자각(十字閣)은 2층 누각식 건물로서 전체적 양식으로 보아 대웅전과 함께 조선시대 후기인 1857년 무렵에 지어진 것으로 추정된다. 안에는 범종을 비롯해서 법고 · 운판 · 목어 등 이른바 '사물(四物)'이 있어 종각의 기능을 하고 있다. 십자각은 본래 전라북도유형문화재 제3호로 지정되었으나 1996년 5월 29일자로 「완주 송광사 종루」라는 이름으로 보물 제1244호로 승격되었다.

건축 양식을 보면, 십자형 평면위에 팔작의 다포지붕을 교차시켜 십자형 2층으로 짜올렸다. 대체로 종각 건물은 사각형을 하고 있는데 반해서 이 건물

십자각 2층의 누각식 건물로 범종을 비롯한 사물이 있으며, 십자형으로 되어 있다. 보물 제1244호.

은 부처님 진신사리를 모시는 보궁(寶宮)에 주로 사용되는 십자형을 하고 있어 주목된다. 2층은 마루바닥에 난간을 두른 채 계단 쪽만 개방되었으며, 1층은 흙바닥에 완전히 개방되어 있다.

2층 누각 중앙에 범종을 걸고 사방에 법고·운판·목어를 걸었다. 2층 천정은 네 귀에서 짜올려진 공포(栱包)로 가득해 독특한 분위기를 연출한다. 기둥 네 곳에는 용을 그려 장엄(莊嚴)했고, 창방(昌枋)에도 수묵화초를 그려넣었다.

십자각에 봉안된 범종은 근래에 새로 조성한 것이고, 본래 이곳에 있던 조선시대 범종은 현재 명부전 맞은편 요사에 있다. 이 범종은 몸체에 있는 명문을 통해 1716년(숙종 42)에 광주 증심사(證心寺)에서 조성되었고, 1769년(영조 45)에 중수된 것을 알 수 있다.

양식을 보면, 범종의 윗부분에는 60개의 입화식(立花飾) 꽃무늬가 있고, 그 아래에 방패 모양의 꽃무늬를 돋을새김 했다. 아랫부분에는 지름 6cm의 원 8개가 새겨졌고 그 안에 범자를 새겼다. 원 아래에는 높이 24cm의 보살입상을

오백나한전 각성 스님에 의해 지어진 건물로 석가불상 · 16나한도 · 500나한상 등이 봉안되어 있다.

조각했으며 다른 면에는 전패(殿牌)를 배치했다. 그리고 전패 안에는 '주상 삼전수만세(主上三殿壽萬歲)'라고 쓴 글씨가 돋을새김 되어 있다. 현재 전라북도유형문화재 제138호로 지정되어 있다.

범종의 크기는 범종의 높이 107㎝, 용뉴 23㎝, 아랫부분 지름 73㎝, 두께 4.5㎝이다.

● **오백나한전**

앞면과 옆면 각 3칸씩인 주심포 건물이다. 석가여래좌상에서 나온 복장기를 통해 1656년(효종 7)에 벽암 각성 스님이 지은 것을 알 수 있으며, 그 뒤 1934년에 해광 스님에 의해 중수되었다. 처음 지어졌을 때의 기록에 의하면 당시 석가여래상 · 미륵보살상 · 제화갈라상 · 16나한상 · 500나한상을 봉안했었다고 한다. 현재는 석가여래불좌상을 중심으로 문수 · 보현보살상의 좌우로 있고, 아난·가섭 등의 16나한상, 500나한상, 시자(侍者)·천녀(天女)·사자(使者)·인왕 각 2체씩이 있다.

석가여래좌상은 목조로서 나발의 머리위에 널찍한 육계가 있고 이마에 작은 백호가 있다. 상호는 원만하면서 근엄하지만 입가에는 옅은 미소가 흘러 자비스러움도 보인다. 수인은 오른손을 오른쪽 무릎위에 놓은 항마촉지인을 하고 있다. 전체적 양식으로 보아서 대웅전 불상 등과 함께 조선시대 후기의 우수작이라 할 수 있다. 크기는 전체 높이 192㎝, 어깨 너비 97㎝, 무릎 너비 158㎝, 무릎 높이 28㎝, 대좌 높이 65㎝, 대좌 너비 167㎝이다.

한편 근래에 이 불상에서 복장기 「원문(願文)」이 발견되어 주목된다. 길이 91㎝, 넓이 40.5㎝의 크기에 15절로 된 한지에 묵서된 원문에는 불상 봉안 불사에 참여했던 여러 사람들의 명단과 함께 1656년에 해당되는 연대가 적혀 있어 불상의 봉안년대를 확실하게 알 수 있었다.

● 천왕문

맞배지붕에 앞면과 옆면 각 3칸씩인 주심포 건물이다. 낮은 1단의 석단을 자연석으로 쌓고 그 위에 세워져 있다.

천왕문 내에는 흙으로 빚은 소조 사천왕상이 있다. 사천왕상은 본래 동서남북의 사방에 배치되는데 이곳에도 동방 지국천왕(持國天王), 서방 광목천왕(廣目天王), 남방 증장천왕(增長天王), 북방 다문천왕(多聞天王)이 모두 봉안되어 있다.

사천왕상의 양식적 특징은 사실적 표현에 있다. 특히 얼굴 부분이 그러해서 눈과 코, 입술과 이빨, 눈과 이마의 주름살까지 아주 섬세하게 표현되어 있다. 그리고 전체적 신체 균형도 잘 유지되고 있을 뿐만아니라 신체 각부의 표현도 뛰어나 입체감이 두드러지게 나타나 있다. 그러므로 조선시대 소조 사천왕상의 한 전형을 이룬다는 평가를 받는다.

사천왕상의 조성년대는 사천왕상 가운데 왼쪽 손으로 비파를 들고 있는 천

사천왕상

왕의 왼쪽 보관 끝 뒷면에 적힌 묵서를 통해 1649년(인조 27)에 사천왕상 봉안이 완성되었음을 알 수 있는데, 이 연대를 곧 천왕문의 연대로 볼 수 있다. 또 다른 천왕상은 왼쪽 손으로 전체 높이 57.6cm의 작은 4층목탑을 받쳐들고 있어 주목된다. 이 목탑 기단 아랫면에는 1787년(정조 10)에 해당되는 봉안년도 등이 적혀 있어 이 해에 목탑을 따로 조성했던 것으로 추정된다. 목탑은 조선시대 후기 탑파의 특징적인 면을 나타내고 있어 미술사적으로도 중요하다.

● 일주문

사찰의 경내에서 가장 처음 만나는 건물로서, 송광사에서는 이 일주문을 들어서서 금강문과 천왕문을 지나야 비로소 넓은 경내가 눈앞에 펼쳐진다.

그런데 송광사 일주문은 본래 이 자리에 있었던 것이 아니다. 이곳으로부터 약 3km되는 '나드리(현재 무주·진안 방면의 도로 입구)'라는 곳에 서 있던 것을 절의 경내가 축소됨에 따라 1814년에 정준(定俊) 스님에 의해 조계교(曹溪橋) 부근으로 옮겨졌다가, 1944년에 해광(海光) 스님이 다시 지금의 자리로 옮겨왔다고 한다.

건물의 양식은 양쪽 기둥이 동서로 마주보고 있으며, 각 귀 공포의 네 모서리에 보조기둥을 세웠다. 포작(包作)은 다포식 겹처마로서 조선시대 후기에 지어졌다. 현판은 김충현(金忠顯)의 글씨로서 「종남산송광사」라고 쓰여져 있다. 현재 전라북도유형문화재 제4호로 지정되어 있다.

● 송광사사적비

송광사의 역사가 기록된 가장 오래된 비석으로서 1636년(인조 14)에 세워 졌고, 지금은 송광사 뒷뜰에 있다. 현재 전라북도유형문화재 제5호로 지정되어 있다.

비석의 앞뒷면으로 글씨가 새겨져 있는데, 앞면의 글은 신익성(申翊聖, 1588~1644)이 지었고 뒷면의 글은 이취반(李就潘)이 지었다. 또한 이 비석의 제목인 '전주부송광사개창지비사호선종대가람사(全州府松廣寺開創之碑 賜號禪宗大伽藍寺)'라는 전서(篆書)는 신익성이 썼고 비문의 글씨는 선조 임금의 여덟째 아들 의창군(義昌君) 광(珖)이 썼다. 신익성은 병자호란 당

부도군 절의 뒷편에는 16기의 부도와 2기의 비가 있다.

시 끝까지 청나라와 대결할 것을 주장한 이른바 '척화 5신'가운데 한 사람이다. 글씨를 잘 썼는데 특히 전서의 대가로 손꼽혔다.

비문의 내용은 고려시대에 보조국사가 이곳에 터를 잡은 뒤 제자들에게 훗날 이곳에 절을 지을 것을 당부했고, 그것에 연유해 1622년(광해군 14)에 중창되었다는 이야기와, 송광사의 지세 및 보조국사로부터 벽암 스님에 이르는 계보 등이 주된 내용이다.

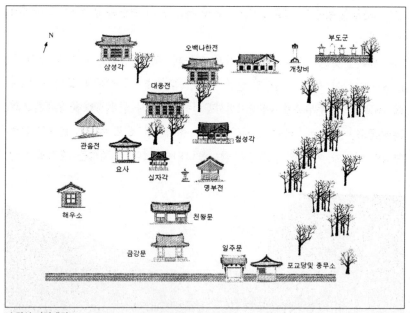

송광사 가람배치

안심사

■ 위치와 창건

완주군 운주면 완창리 26번지 대둔산(大芚山) 자락에 자리한 안심사(安心寺)는 그야말로 세월의 무상함을 한껏 느끼게 해주는 고찰이다. 안심사는 한국전쟁 이전까지만 해도 무려 30여 채의 전각과 13개의 암자가 세워져 있던 거찰(巨刹)이었는데, 이제 그 번성했던 사찰의 위용은 찾아볼 수 없고 불에

안심사 한때 30여개의 전각과 13개의 암자가 세워졌던 거찰로서, 다시 중창불사가 진행되고 있다.

타다 남은 석재들만 여기저기 흩어져 있기 때문이다.

특히 658판의 한글경판이 한국전쟁으로 인해 모두 불타버렸다는 사실은 많은 이들의 가슴을 더욱 아프게 하고 있다. 하지만 근래 들어 옛 대웅전 건물을 중수하려는 등의 중창불사가 본격적으로 진행되고 있으며, 적광전(寂光殿)과 요사는 이미 얼마전 신축되기도 하였다. 일제시대에는 보석사(寶石寺)의 말사에 속해 있었으나 현재는 대한불교조계종 제17교구 금산사의 말사이다.

안심사의 창건에 대해서는 두가지 설이 제기되어 있다. 조구(祖求)라는 스님이 창건했다는 설과 신라의 고승 자장율사(慈藏律師)가 창건했다는 설이 그것인데, 이 두 가지 설이 모두 「안심사사적비」라는 동일한 자료에 수록된 내용이어서 약간의 혼돈이 따른다. 즉 「안심사사적비」는 처음 김석주(金錫冑, 1634~1684)에 의해 비문 내용이 편찬되었으나, 비가 세워지지 못하고 있다가 1759년(영조 35)에 이르러서야 경내에 건립되었는데, 이 때 새로운 내용이 추가되므로써 창건 역사에 대한 혼돈이 초래되었던 것이다.

그러면 비문 내용을 먼저 검토해 보기로 하겠다.

살펴보니 본래의 비는 "사찰을 창건한 분은 조구 스님이고 비문의 글을 부탁했던 분은 처능(處能) 스님이다. 이것은 명능(明能) 스님의 뜻을 받아 한 일이었다."고 되어 있다. '능'자 이름을 가진 두 분 스님이 하고자 했던 일이었다. 조구스님은 고려 태조 때의 고승이다. 옛 기록에는 당나라 정관(貞觀)년간에 자장율사가 처음 사찰을 창건했으며, 역시 당나라 건부(乾符)년간에 도선대사가 창건했고, 세 번째 중창이 곧 조구 스님의 일이라고 되어 있는데, 그 정확한 내용에 대해서는 알 수 없다.

위에서 인용한 자료는 「안심사사적비」의 후반부에 실려 있는 내용이다. 여기서 표현한 '본래의 비'라는 것은 전반부에 수록된, 김석주가 편찬해 놓았던 것을 의미하는데 실제로 이 비의 전반부에 수록된 김석주의 글에서는 조구 스님을 창건주로 서술하고 있다. 약 100여 년의 시차를 두고 있는 글이지만 창건주가 조구 스님에서 자장율사로 변화되고 있음을 살필 수 있는 것이다. 물론 후반부의 글을 비문의 지은이가 '옛 기록'에 의존하고 있음을 밝히고 있

사적비 옛 건물터로 추정되는 곳에 자리하고 있다. 1759년에 건립되었다.

지만 그것이 과연 어떤 기록인지는 알 수 없는 상태이다.

아무튼 이 사적비 후반부의 내용으로 인해 지금 사찰 안내 자료를 비롯한 각종 자료에서는 자장율사를 창건주로 인식하고 있다.

아울러 자장율사와 관계된 창건담도 일부 전하고 있는데, '자장율사가 삼칠일을 기도하던 중 부처님이 나타나 열반성지 안심입명처로 가라는 말씀을 하셨다. 이에 스님께서 이 곳에 오시니 실제로 산의 모양이 부처님의 열반상(涅槃相)과 같았다. 그래서 이곳에서 기도를 열심히 드렸는데, 마음이 그렇게 편할 수가 없어 절 이름을 안심사(安心寺)라고 하였다.' 는 내용이 그것이다. 실제로 지금 안심사 앞산의 형상은 부처님 열반상과 너무나 흡사하다.

안심사의 정확한 창건 시기에 대해서는 앞으로 유적 · 유물조사를 비롯한 다양한 연구가 진행되어야 하겠으나, '조구'라는 스님에 대해서는 보다 정확한 이해가 필요하지 않을까 한다. 「안심사사적비」에 나타나는 조구 스님은 신라 말~고려 초, 또는 고려 태조 때 활동한 인물로 설명되고 있는데, 이 시기에 활동한 스님으로 조구라는 이름을 가진 분은 전혀 보이지 않고 있기 때문

석조

곳곳에는 주초석과 부
도 등의 부재가 흩어
져 있어 절의 옛모습
을 느끼게 한다.

이다. 또한 이 비문을 지은 인물들도 조구 스님의 활동 시기에 대해서는 확실
치 않은 내용이라는 전제를 달고 있기도 하다. 혹시 시기 차이가 나긴 하지만
여기서 언급된 조구(祖求) 스님은 14세기에 큰 활동을 했던 천태종(天台宗)
계통의 승려 조구(祖丘) 스님을 지칭하는 것으로 볼 수 있지 않을까 한다. 이
성계의 조선 건국을 도왔던 인물로 1394년(태조 3)에 국사(國師)의 자리에
오르기도 했던 조구 스님은 고려말~조선초의 대표적 고승인데, 당시 불교계
에 대한 영향력이나 법명의 유사성으로 보아 이 스님이었을 가능성이 상당히
커 보이기 때문이다.

　창건주에 대한 문제와 함께 조구 스님에 대한 연구도 앞으로 반드시 병행해
나가야 할 과제로 보인다.

■ 연혁

　안심사의 연혁은 상세히 전하는 바가 없다. 다만 1759년까지의 역사는 「안
심사사적비」에 의해 어느 정도 파악할 수 있으며, 그 이후의 역사를 전하고
있는 자료는 거의 전무한 실정이다. 비록 소략한 내용이지만 사적비와 기타
관련 자료를 종합하여 연혁을 구성해 보면 다음과 같다.

안심사의 연혁

년 도	주 요 사 항
638년 (신라 선덕여왕 7)	자장율사가 처음 창건하였다고 하나 확실하지 않음.
875년(헌강왕 1) 신라 말·고려 초	도선국사가 중창하였다고 하나 확실하지 않음. 조구화상이 중창하였다고 하나, 실질적인 창건주가 조구화상이라는 기록도 있음. 아울러 여기서의 조구화상은 고려말~조선초의 고승인 조구(祖丘)일 가능성도 있음.
1601년(조선 선조 34)	수천화상(守天和尙)이 중창함.
1710년(숙종 36)	신열선사(信悅禪師)가 중창함.
1759년(영조 35)	안심사사적비를 건립함. 비문은 이보다 훨씬 이전에 김석주가 찬술하였는데, 이 때 와서 일부 내용을 보충하여 건립함. 이와 함께 부처님의 치아 사리 1과와 신골 사리 10여 과 등 전부 11과의 사리를 봉안하기 위해 부도전을 건립함. 부도전 건립시 세조(世祖) 임금이 보낸 친필을 보관하기 위해 어서각 (御書閣)도 함께 건립함.
1931년	만해(萬海) 한용운(韓龍雲) 스님이 이곳에 들른 후 「국보잠긴 안심사」라는 글을 발표함.
1950년	6.25 전쟁으로 전각이 모두 불타고, 조선시대 각종 경판도 불에 타버림.
1969년	후불탱화와 신중탱화를 조성함.
1986년	외부로 유출되었던 부도의 일부를 돌려 받음.

1991년	적광전과 요사를 건립함. 이전에 토담집 형태로 있던 인법당(因法堂)은 해체함.
1993년	적광전의 제석천룡탱화를 조성함.
1995년	일주문과 법화불교대학 건물을 건립함. 산내암자인 약사암의 법당을 건립함.

이상이 안심사의 간략한 연혁 내용으로서, 앞서 언급했듯이 사적비가 세워진 1759년 이후의 연혁은 매우 간단한 상태이다. 하지만 사적비에 전하는 각 전각과 산내암자의 명단을 보면 안심사는 조선시대 사찰 가운데 상당히 규모가 큰 편에 속했음을 알 수 있다. 참고 삼아 이들 전각과 암자의 이름을 열거하면 다음과 같다.

전각 대웅전(大雄殿) 약사전(藥師殿) 사리각(舍利閣) 시왕각(十王閣)
     대양문(大陽門) 적설루(積雪樓) 범종각(梵鍾閣) 종실위(宗室位)
     어서각(御書閣) 향적전(香積殿) 현묘당(玄妙堂) 서별실(西別室)
     안검당(按劍堂) 지장전(地藏殿) 연적당(燕寂堂) 청원당(淸遠堂)
     성수각(聖壽閣) 남전(南殿) 상춘각(賞春閣) 송월료(送月寮)
     청풍료(淸風寮) 해회당(海會堂) 지빈료(知賓寮) 양로당(養老堂)
     연월당(烟月堂) 조계문(曹溪門) 동전(東殿) 판전(板殿)

산내암자 석대암(石臺庵) 문수전(文殊殿) 백운암(白雲庵) 지장암(地藏庵)
     백봉암(白蓬庵) 상원암(上院庵) 득모암(得母庵) 득수암(得水庵)
     금강대(金剛臺) 만경대(萬景臺) 천진대(天鎭臺) 천진암(天眞庵)
     상도솔암(上兜率庵) 하도솔암(下兜率庵) 약사암(藥師庵)
     원통암(圓通庵) 보현암(普賢庵) 가흥암(加興庵) 용흥암(龍興庵)
     법흥암(法興庵) 낙수암(落水庵) 견성암(見聖庵)

적광전 최근의 중창불사 때 건립된 건물로 안에는 비로자나부처님을 봉안하고 있다.

한편 근대의 고승인 만해 스님은 주변 사람의 소개로 안심사에 상당량의 경판이 있다는 소식을 전해듣고 1931년 이곳에 직접 내려와 경판조사를 실시한 바 있다. 그리고 그 감회를 『삼천리(三千里)』라는 잡지에 간략히 소개하였는데, 일부내용을 옮겨보도록 하겠다.

지금으로부터 4년전 7월 2일 오후 2시 나는 경성역에서 호남선 연산차표를 사가지고 전주 안심사로 향하였다. 그때 나는 김병래 씨와 한상예 씨로부터 전주 안심사에 한글경판이 있다는 말을 듣게되었던 바 한상예 씨가 구서적을 탐색하기 위하여 여러 절에 다니다가 안심사에 가서 한글경판이 있는 것을 알고 대람탐색(大覽探索)하였으나 그 종류와 수량의 상세는 알지못하였던 것이오, 그들이 그 일을 나에게 말하게 된 것은 그것을 인출하자는 계획이었다. 나는 그것을 들은 뒤에 나의 일생에 많이 받쳐본 기억이 없는 정도의 충동을 느꼈다. 세계적 위인이신 세종대왕께서 여러나라의 어느 문자에 견주어서든지 우수한 지위를 점유할만한 한글을 내시고 가장 먼저 그 글을 필(筆)

하고 그 필한 글을 목판에 인각하여 인쇄를 편리케하고 따라서 영원한 세상에까지 보유케 한 것은 불경과 불교서류이다. 그러므로 한글의 유적은 대개 사찰(大槪 寺刹)에 보관하게 되었던 것이다.

위 인용문의 표현대로 만해 스님은 안심사에 소장되어 있던 경판을 보고 일생에 가장 큰 충동을 느꼈던 것 같다. 특히 『원각경』, 『금강경』, 『불설부모은중경』 등 총 658판의 한글 경판이 보관되어 있다는 사실을 통해 한글의 보급과 불교 경전의 판각이라는 상관성에 깊이 주목하고 있다. 조선시대에 판각된 한글 경판이 극히 일부만 전하고 있는 현 시점에서 이들 경판의 소실(消失)은 실로 안타까운 일이 아닐 수 없다.

■ 성보문화재

현재 절에는 적광전을 비롯해서 보궁(寶宮)·요사·일주문·수각·법화불교대학 건물 등이 있다. 대웅전으로 사용되는 법당은 임시로 천막을 치고 사용중이며, 앞으로 지금의 이 자리에 2층으로 된 대웅보전을 세울 계획이라고 한다. 적광전을 비롯한 대부분 건물이 1991년 이후에 지어졌고, 그 안에 봉안된 불상·불화 역시 전부 근래에 조성되었다.

보궁으로 불리는 곳은 조립식 건물로서, 그 옆에 있는 진신사리보탑을 배례할 수 있도록 한 쪽면 전체를 창으로 만들어 놓았다.

그밖에 절 경내에는 부도군과 안심사사적비가 있고, 대웅전 자리 앞에도 부도편을 모은 듯한 석재가 하나 있다.

● 부도전

일주문 옆에 절에서 주석했던 여러 고승들의 부도를 모은 부도밭이 있는데, 「안심사 부도 및 부도전(浮屠殿)」이라는 이름으로 현재 전라북도유형문화재

진신사리보탑 부처님 진신사리를 봉안하고 있으며, 주위에는 무인의 모습을 한 석상이 둘러 싸고 있다.

제109호로 지정되어 있다. 현재 전부 8기의 부도가 모아져 있다.

안심사 부도전은 절에 전해 내려오는 부처님 치아사리 1과 및 신골(身骨) 사리 10과 등 진신사리 11과를 봉안하기 위해서 1759년(영조 35)에 처음 지어졌다고 한다.

● 안심사사적비

절에서 볼 때 오른쪽으로 약 50m 가량 되는 곳에 축대와 함께 건물터로 보이는 곳이 있으며, 그곳에 현재 전라북도유형문화재 제110호로 지정된 안심사사적비가 있다.

이 사적비는 1759년(영조 35)에 세워져 절의 역사와 부도전의 건립을 알 수 있는 중요한 자료가 된다. 비문에 의하면 처음 글을 지은 것은 1658년(효종 9)이었으나 정작 100년이 지나서야 비석이 세워지게 되었다. 비문의 글은 당시의 주지인 처능(處能) 스님의 청을 받아 우의정을 역임한 김석주(金錫

胄, 1634~1684)가 지었고, 글씨는 이조판서를 지낸 홍계희(洪啓禧, 1703~1771)가 썼으며, '대둔산 안심사비(大芚山安心寺碑)'라고 쓴 전서(篆書)는 당대의 명필가이자 금석학(金石學)의 권위자이기도 한 영의정 유척기(兪拓基, 1691~1767)가 썼다.

비석의 네 면에는 절의 사적 및 부처님의 진신사리 11과를 모신 내용과, 대웅보전을 비롯한 46동의 전각·암자의 이름이 기록되어 있어 절의 역사를 파악하는 데 많은 도움을 준다.

비석의 재질은 화강암이며 직사각형 지대석 위에 비신(碑身)을 세우고 그 위에 8각 옥개석을 올려놓았다. 크기는 높이 215cm, 너비 104cm, 두께 38cm이다.

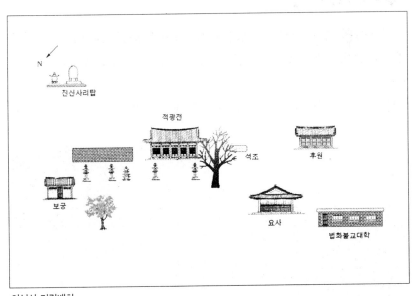

안심사 가람배치

원등사

■ 위치와 창건

　원등사(遠燈寺)는 완주군 소양면 해월리 1번지 청량산(淸凉山)에 자리한 대한불교조계종 제17교구 본사 금산사의 말사이다. 청량산은 원등산이라고도 한다.

　절의 창건은 신라 때 보조선사(普照禪師) 체징(體澄, 804~880)에 의해

원등사　조선시대 진묵 스님에 의해 중창되었던 절은 최근에 와서 다시 중창불사가 이어지고 있다.

이루어졌으며, 신라 말에 중창되었다고 한다. 절에서 전하기로는 창건 당시 체징 스님이 나무로 만든 물오리를 날려 보내니 바로 이곳에 앉으므로 여기에 절을 짓고 이름을 목부암(木凫庵)이라고 했다고 한다. 이어서 신라 말 도선국사가 중창했다고 하는데, 하지만 그에 관한 문헌기록이 없는 것이 아쉽다.

고려시대에서는 혜심(慧諶, 1178~1234) 스님이 원등사를 찾아와 읊은 「원등난야(遠燈蘭若)」라는 시가 『무의자시집(無衣子詩集)』에 수록되어 있어 적어도 12~13세기에도 법등을 밝히고 있었음을 알 수 있다. 고려시대 원등사의 존재를 알 수 있게 해주는 기록은 현재로서는 이 시가 유일하다.

혜심 스님은 호가 '무의자'로서 송광사 제2세 법주였던 분인데, 단지 이 시를 지은 정확한 연대는 잘 알 수 없다. 혹은 단순히 왔다 지나간 정도가 아니라 혜심 스님과 절이 어떤 밀접한 관계에 있었는지도 모른다.

조선시대에 와서는 진묵 일옥(震默一玉, 1562~1633) 스님이 중창하면서 오백나한을 봉안했다. 스님은 당시 부안 월명암에 있었는데, 수도 중 멀리서 등불이 보여 청량산에 와보니 나한들이 장난하고 있으므로 이 곳에 절을 짓고 이름을 지금의 원등사로 했다고 한다. 그러나 절은 곧이어 임진왜란 때 전부 불타 없어졌다.

이후 오랫동안 쇠락되었다가 1945년 무렵 중창했으나 한국전쟁으로 다시 불타 없어지고, 다만 전쟁 직후 움막같은 관음전만 남아 있어 참선당으로 사용되었다. 현재도 이 관음전은 절 아래쪽에 남아 있으나 너무 퇴락되었으므로 곧 철거할 계획이라고 한다.

그 뒤 1980년 무렵 요사를 관음전 부근에 지었으나 낙성되던 날 화재로 없어졌으며, 근래에는 1986년에 문일·보광 스님이 이곳으로 와 신도인 수련보살과 함께 절을 중창하며 오늘에 이른다. 이 때 수련 보살의 공이 커서 수련 보살은 현재 이 절의 중창주로 되어 있다. 1989년에는 전부터 있던 굴법당을 확장, 중수했고 1991년에 인법당을 지었다. 이 인법당은 1997년 4월에 지금의 요사를 지으면서 철거되었다. 굴법당은 비가 새기도 하고 해서 그 뒤로도 3차례 더 보수했는데, 과거 진묵 스님이 오백나한을 모신 것처럼 1991년에는 오

굴법당 진묵 스님과 굴법당내의 오백나한에 얽힌 전설이 전한다.

백나한을 봉안했다.

　1992년에 명부전과 요사를 새로 짓고 1996년에는 도로를 확장했다. 현재 사찰 주변 정화작업을 진행하고 있으며, 앞으로 대웅전·참선당을 새로 지을 계획이라고 한다.

■ 전설

　절에는 진묵 스님과 관련된 전설이 전한다. 절 부근의 원암리 앞에 방죽이 있는데, 언제인가 스님이 그 곳을 지나다가 물고기를 잡아 끓여먹는 사람들을 보았다. 스님은 사람들에게 다가가서 물고기를 먹자고 하고는 솥에 있는 물고기를 다 먹어버렸다. 사람들은 스님이 물고기를 먹는다고 질책했는데, 스님은 태연히 냇가로 가서는 용변을 보았다. 그러자 배설물 속에 물고기들이 살아서 나와서는 물속으로 유유히 헤엄쳐 갔다. 그 광경을 본 사람들은 놀라 스님에게 다시는 살생을 안 하겠노라고 백배사죄했다고 한다.

또한 원등사의 나한상과 얽힌 이야기도 있다. 스님은 평소 나한전에 봉안된 오백나한들과 장난하며 놀곤 했는데, 한 번은 한 나한이 스님의 말을 듣지 않았다. 그러자 스님은 그 나한의 이마를 툭쳤는데 그 이후로 그 나한상의 머리에 혹이 생겼다고 한다.

그 밖에도 진묵 스님과 관련된 설화가 여러 편 전한다.

■ 성보문화재

현재 절에는 명부전을 비롯해서 굴법당·요사 2채 등의 건물이 있다.

명부전 안에는 지장상을 비롯해서 도명존자·무독귀왕 및 시왕상 10체, 인

굴법당 내부 자연 암반 속에 조성된 법당에는 석가불좌상·오백나한상·관음보살상 등이 봉안되었다.

왕상 2체 등 지장보살의 권속이 봉안되었다.

굴법당은 마치 강화도 보문사 나한전처럼 자연 암반 속에 조성했는데, 안에는 석가불좌상과 오백나한상 및 관음보살상 2체 그리고 신중탱화 등이 봉안되어 있다.

원등사 가람배치

위봉사

■ 위치와 창건

주줄산(珠茁山) 남쪽 기슭에 자리한 위봉사(威鳳寺)는 일제강점기까지만
하더라도 이 지역을 대표하는 거찰이었다. 조선총독부가 30본말사법을 시행
할 때 위봉사는 전북 일원의 46개 사찰을 관할하는 본사(本寺)의 위상을 갖
추고 있을 정도였다. 하지만 이후 각종 화재로 인해 수난을 당하면서 거의 모든

위봉사　한때 전북일원의 사찰을 관할하는 본사였으며, 최근 대대적 중창불사가 진행중이다.

전각이 없어졌다가 근래들어 다시 중창불사를 진행해 나가고 있는 상태이다.

행정구역상 소재지는 완주군 소양면 대홍리 산21번지이며, 지금은 대한불교 조계종 제17교구 본사 금산사의 말사에 속해 있다.

위봉사가 자리한 주줄산은 그다지 높지 않은 해발 524m의 규모이지만, 전주 8경의 하나인 위봉폭포와 1675년(숙종 1)에 축조된 위봉산성이 위치해 있어 전북지역의 대표적 명산으로 꼽힌다. 특히 동학혁명 때는 위봉산성의 행궁(行宮)이 퇴락해 있자 위봉사가 행궁의 기능을 대신하기도 하였다. 주줄산은 추줄산(崷崪山)으로도 불렸으며, 지금은 위봉산(威鳳山)이라는 산명으로 정착되어 가고 있다.

위봉사의 창건에 대해서는 몇가지 설이 있는데, 먼저 『범우고(梵宇攷)』에 수록되어 있는 다음 내용을 살펴보기로 하겠다.

(위봉사는) 위봉(圍鳳)이라고도 한다. 속전에 의하면 산으로 형세가 사방이 둘러싸여 있고, 처음 창건할 때 마침 봉황새의 이적(異蹟)이 있었기 때문

보광명전 비천도 건물의 내부에는 주악비천상과 후불벽화로 양류관음보살상 등이 그려져 있다.

에 붙여진 이름이라고 한다. 고려 초 전주의 최용갑(崔龍甲)이 명산을 유람하다가 이 터를 얻고 처음 암자를 건립하였다. 이후 나옹화상(懶翁和尙)이 이 곳을 지나다가 지형의 아름다움에 탄복하였으며, 석잠(釋岑) 스님이 구조를 고쳤다가 승숭(僧崇) 스님이 거찰로 만들었다. 산내에는 북암(北庵)·달마암(達摩庵)·승가암(僧伽庵)·익수암(益水庵) 등이 있는데, 이들은 모두 지정년간(至正年間, 1341~1367)에 창건된 것들이다.

　다소 후대의 자료이긴 하지만 『범우고』에서는 최용갑이라는 인물이 처음 암자를 세웠으며, 이후 고려 후기의 고승인 나옹화상이 중창한 것으로 보고 있다. 이와 같은 내용은 현존하는 「위봉사극락전중수기」에서도 그대로 나타난다. 1868년(고종 5) 포련(布蓮) 스님이 지은 이 중수기에서도 정확한 창건 시기는 알 수 없으나 최용각(崔龍角)이라는 인물이 신라 말에, 보제존자 나옹화상이 고려 말에 각각 중창하였음을 밝히고 있다. 다만 『범우고』의 '최용갑'과 중수기의 '최용각'이라는 인명이 조금 틀리게 표현되고 있을 뿐이다. 아울러 규모가 전사(殿舍) 28채, 외암(外庵) 10여 개에 달한다고 밝히고 있어 위봉사는 이미 고려 말부터 거찰의 면모를 갖추고 있었던 것을 알 수 있다.

　이같은 나옹화상의 위상 때문인지 〈추줄산위봉사사적사(崷崒山威鳳寺事蹟詞)〉 병서(并序)에는 '이 사찰은 고려 말 왕사였던 나옹스님이 창건하였다.'라는 표현이 있어 나옹화상을 창건주로 인식하고 있음을 알 수 있다. 무경 자수(無竟子秀) 스님이 지은 『무경집(無竟集)』에 수록된 이 자료 역시 절의 역사와 관련된 자료인데, 이상의 자료를 종합해 볼때 위봉사와 나옹화상의 관계는 상당히 밀접했던 것으로 판단된다. 아울러 '최용갑' 또는 '최용각'이라고 표기되는 인물은 위봉사 창건 시기의 시주자로 인식할 수 있지 않을까 한다.

　한편 최근 들어 각종 자료에는 604년(백제 무왕 5)에 서암대사(瑞巖大師)라는 분이 이 사찰을 창건하였다는 내용이 서술되고 있는데, 이 부분은 자료적 근거를 전혀 갖고 있지 못한 내용이다. 유일한 전거로 권상로(權相老) 선생의 『한국사찰전서』가 보이지만, 여기에는 아무런 자료 근거도 제시하지 않았으며, 그 창건주도 서암대사가 아닌 서응대사(瑞應大師)라는 인물로 표기되고 있다.

아무튼 604년 창건설은 앞으로 보다 많은 검토가 이루어져야 할 부분이 아닐까 한다.

■ 연혁

각종 문헌·유물 자료를 종합하여 위봉사의 연혁을 구성해 보면 다음과 같다.

위봉사의 연혁

년 도	주 요 사 항
604년(백제 무왕 5)	서암대사가 창건하였다는 설이 있으나 확실하지 않음.
고려 초	최용갑이라는 인물이 이 곳에 암자를 지음.
1359년(고려 공민왕 8)	나옹화상이 중창함. 「극락전중수기」에 의하면 이 때 28개의 전각과 10여 개의 암자가 함께 건립되었다고 함.
1687년(조선 숙종 13)	서봉행수대탑(西峰行修大塔)을 건립함. 벽허당(碧虛堂)이라는 글자가 새겨져 있는 부도임.
1868년(고종 5)	포련화상이 「위봉사극락전중수기」를 편찬함.
1877년(고종 14)	보광명전의 중앙 후불탱화를 조성함.
1880년(고종 17)	보광명전의 우측 후불탱화를 조성함.
1894년	동학혁명이 발생하여 위봉산성의 행궁이 제기능

	을 수행하지 못할 때, 태조 영정 등을 위봉사로 옮겨 봉안함.
1896년	보광명전의 제석천룡탱화를 조성함.
1911년	조선총독부가 30본말사법을 제정할 때, 전북지역 46개 사찰을 관할하는 본사로 지정됨.
1989년	보광명전 내부에 봉안되어 있던 관음상과 지장보살상을 도난 당함.
1990년	위봉선원을 건립함. 아울러 삼성각을 보수함.
1991년	나한전을 본래 위치에서 약간 뒤로 이전하여 건립함. 일주문을 건립함.
1994년	약 200여 평 규모의 극락전을 건립함. 극락전 내부에 아미타불상을 봉안함.

위봉사의 오랜 역사나 방대했던 가람 규모에 비해 현 상태에서 구성할 수 있는 연혁은 이처럼 소략할 뿐이다. 특히 근대 이후에 들어와 많은 전각과 자료가 불타고 분실되었다는 사실은 안타까운 일이 아닐 수 없다. 그나마 위봉사에 보관되어 있던 350여 매의 목판 경판들은 지금 동국대학교박물관 등에 소장되어 있는데, 이들 경판을 통해 위봉사의 화려했던 역사를 어느 정도 짐작할 수 있을 뿐이다.

■ 성보문화재

현재 절에는 보광명전을 비롯해서 극락전·관음전·나한전·삼성각·위봉선원·일주문 등의 전각이 있다.

위봉선원은 대마무밭에 묻혀 있던 옛터위에 세워졌다. 전국의 비구니 수좌

위봉사 내경 보광명전을 중심으로 극락전 · 관음전 · 나한전 · 삼성각 및 절 뒷편에 위봉선원이 있다.

들이 성금을 보내와 1990년에 완성되었으며, 그 해 동안거(冬安居)부터 현재까지 스님들의 정진이 끊이지 않고 있다. 일주문은 1991년에 세워졌다.

그밖에 관음전 앞에 석탑이 있고, 절 입구에는 부도 4기가 있다. 예로부터 내려오는 만불화(萬佛畵) 7폭과 「극락전중수기」는 절에서 별도로 관리하고 있다.

● 보광명전

고려시대 말 나옹 스님에 의해 창건되었다고 전해지는데, 지금의 건물은 17세기 후기에 중건된 것으로 추정된다. 그 동안 여러 차례의 보수를 거쳤으나 고식의 사찰 건축 양식을 잘 간직하고 있어 매우 중요한 자료로 손꼽힌다. 팔작지붕에 앞면과 옆면 각 3칸씩이며, 현재 보물 제608호로 지정되어 있다.

이 보광명전(普光明殿)은 각 부에 사용된 목재를 큼직하고 굵직하게 사용했기 때문에 전체적인 모습이 당당한 느낌을 준다. 그래서 번잡함보다는 간결하고 긴장된 장엄을 보이고 있다. 공포는 내외3출목에 다포계(多包系)로서, 쇠서를 다듬은 형태 등에서 임진왜란 이전의 건축 양식을 나타내고 있다고 말한다.

처마는 겹처마이며 네 곳의 추녀를 기단 네 모퉁이에 세운 활주(活柱)가 받치고 있다. 건물 안팎에 사용된 단청도 고식이며, 별화(別畵)로 그린 주악비천상(奏樂飛天像) 및 후불벽 벽화로 그린 양류(楊柳)관음보살상도 우수한 그림이다.

보광명전 안에는 석가불좌상과 양쪽 협시인 문수·보살상이 봉안된 것을 비롯해서 후불탱화 3점과 신중탱화 1점, 삼존불 사이로 업경대 2점 그리고 중종이 하나 있다. 전에는 관음상·지장보살상이 있었으나 1989년 무렵에 도난당했다고 한다.

후불탱화 3점 중에 가운데 그림은 1875년(고종 12)에, 오른쪽 그림은 1880년에 조성된 것이다. 왼쪽 그림은 화기(畵記)가 없어 정확한 조성년대는 알

보광명전　고려시대 때 창건되었으며, 지금의 건물은 17세기 후기에 중건되었다. 보물 제608호.

수 없으나 그림의 양식으로 보아 위의 두 그림과 대체로 비슷한 때에 조성된 듯하다. 신중탱화는 제석천룡(帝釋天龍)을 그린 것으로서 19세기 후반에 그려졌다.

● 극락전

팔작지붕에 'ㅁ'자형 건물이며 1994년에 완성되었다. 건평이 200평이나 되는 큰 규모로서 마당을 향한 앞면은 아미타불을 봉안한 극락전이고, 옆면은 종무소 및 승방, 뒷면은 식당으로 사용된다. 안에는 만불화 사진복사본 7점이 있다.

● 관음전

보광명전을 바라보고 왼쪽에 있는 건물로서 조선시대 후기에 지어졌으며, 건물 모양이 '工'자를 이루는 독특한 형식으로 되어 있다. 현재 전라북도유

관음전 보광명전 왼쪽에 자리하고 있다. 조선 후기에 지어졌으며 그 형태가 독특하다.

극락전 종무소·승방·식당 등을 겸한다. 안에는 아미타불상과 만불화 복사본 등이 봉안되어 있다.

형문화재 제69호로 지정되어 있다.

건축 양식을 보면, 기단은 없지만 앞마당에서부터 조금씩 층을 두었고, 덤 병주초를 사용해서 그 위에 두리기둥을 세웠다. 지붕은 팔작지붕인데 낮고 공포가 없으므로 단순하게 홑처마로 처리했다.

예전에 천수천안관세음보살을 모셨기 때문에 관음전으로 불렸으나, 현재는 앞면 4칸만 관음전이고 좌우 2칸씩은 각각 요사 및 부엌으로 사용된다. 관음전·요사·부엌의 지붕 높이가 서로 다른 것은 전체적으로 볼때 하나의 건물이지만 용도가 나뉘어져 있으므로 그 기능에 따라 위계(位階)를 두려고 했던 의도로 보인다.

요사의 좌우 벽면은 회칠을 했고, 관음전·요사·부엌 등 각 방의 성격 및 기능에 따라 하인방(下引枋)의 높이를 달리했기 때문에 전체적 벽면 구성의 변화가 눈에 띤다.

● 나한전

팔작지붕에 앞면 3칸, 옆면 2칸 규모로서 1991년에 본래의 자리에서 약간 뒤로 물린 곳에 새로 지었다.

안에는 중앙의 불단에 석가삼존불을 봉안한 것을 비롯해서 아난·가섭좌상, 16나한상, 인왕·사자상 각 2체, 동자상 4체 등이 모셔져 있다. 석가불을 좌우에서 협시하는 문수·보현보살은 목조상이다.

예전에는 진묵대사가 조성한 500나한을 모셨던 큰 법당으로서 중생의 소원을 잘 들어주는 곳으로 유명해 위봉사가 나한도량으로 불리는 이유가 되기도 했다. 그러나 언제인가 절이 퇴락하면서 500나한 대부분은 다른 절로 옮겨 갔고, 지금은 보광명전에 남아 있던 16나한을 옮겨와 봉안했다.

● 삼성각

맞배지붕에 앞면 3칸, 옆면 2칸으로서 매우 퇴락된 것을 1990년에 전체적으로 보수했다.

삼층석탑

전각의 구성은 나반존자를 모신 천태각(天台閣), 칠원성군을 모신 칠성각, 산신을 모신 산신각으로 되어 있고, 건물 앞쪽면에 각각 해당되는 3개의 편액이 걸려 있다. 안에는 상(像)없이 독성도·칠성도·산신도 등 그림만 있다.

● 위봉사삼층석탑

보광명전 앞 왼쪽에 있는 고려시대 석탑이다. 1359년 나옹 스님이 절을 중창할 때 세운 것으로 추정되는데, 현재 갑석과 옥개석 등 일부가 손상되었다.

기단은 단층에 가로 96cm, 세로 96cm의 정방형이며 전체 높이는 246cm이다.

● 부도군

절에서 위봉폭포 쪽으로 가다 300m되는 지점에 있으며 전부 4기가 있다. 양식은 몸체가 석종형인 것과 구형(球形)인 것 각 2기씩인데, 그 가운데 하나는 부도의 주인공이 벽허당(碧虛堂)이고 1687년(숙종 13)에 세워졌다는 기록이 몸체에 뚜렷하게 새겨져 있다.

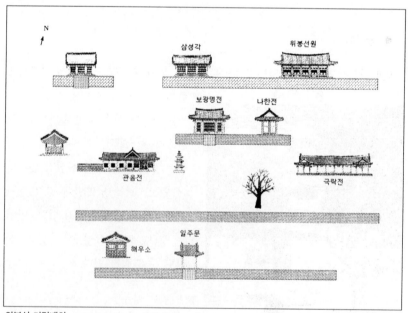

위봉사 가람배치

정수사

■ 위치와 창건

정수사(淨水寺)는 완주군 상관면 마치리 137번지 만덕산(萬德山)에 자리
한 대한불교조계종 제17교구 본사 금산사의 말사이다.

절은 현재 전주시 및 인근 주민의 식수원으로 사용되는 수원지(水源池) 위
에 위치한다.

정수사 창건 이후 진묵 대사가 중창하고, 근대에는 초운 선사가 새롭게 법등을 밝혔다.

절은 889년(진성왕 2)에 도선국사가 창건했다고 전한다. 『범우고(梵宇攷)』에 따르면 처음에는 '중암(中庵)'이라고 했다가 나중에 그 산수가 청정함으로 인해 지금의 절이름으로 바꾸었다고 한다.

이후 고려시대에 중건했다고 하는데 문헌 기록은 남아 있지 않고, 조선시대에 들어와서는 진묵대사가 1581년(선조 14)에 중건했다. 그러나 임진왜란과 정유재란 때 절의 건물이 전부 불타 없어졌다.

그런데 1799년(정조 23)에 편찬된 『범우고』의 기록이나, 18세기 중기 무렵에 편찬된 『가람고(伽藍考)』에 '절은 완주군에서 서남쪽으로 30리 지점에 있다.'라는 기록이 있는 것으로 보아 임진왜란·정유재란 이후 절은 다시 중건되어 법등을 밝히고 있었음을 알 수 있다.

근대에 들어와서는 1923년에 초운선사가 요사 2동을 지어 새롭게 법등을 이어갔다. 그 뒤 1971년에 현재의 이동수(李東洙) 주지가 부임하여 대웅전을 중수하면서 본격적 중창불사를 시작했는데, 1987년 무렵에 벽돌 요사를 짓고 1992년에는 극락전을 중수했다. 또한 1996년에는 이미 있던 초가 요사를 허물고 지금의 목조 요사를 새로 짓는 등 크고 작은 불사를 이루면서 오늘에 이른다.

■ 성보문화재

절에는 현재 극락전·요사 및 종각 등의 건물이 있다. 그 밖에 오층석탑 및 수각(水閣)·부도 2기가 있는데, 1992년에 조성한 수각에는 소형 미륵입상이 있다.

극락전은 맞배지붕에 앞면 3칸, 옆면 2칸이며 1992년에 중수되었다. 안에는 아미타불·관음보살·대세지보살의 목조삼존상이 있고, 탱화로는 후불탱화(1955년)·신중탱화(1923년) 및 1990년에 봉안된 지장탱화·칠성탱화·산신탱화·독성탱화 등이 있다.

특히 목조삼존불상은 최근의 개금불사 중에 나온 복장(腹藏) 유물에 '순치

극락전 정수사는 1971년 이후 본격적인 중창불사가 시작되었으며, 극락전은 1992년에 중수 되었다.

(順治) 9년'이라는 명문이 적혀 있어 이 목불이 1652년(효종 3)에 봉안된 것임을 알 수 있게 되었다.

이처럼 연대가 확실한 조선시대 목불상은 그 유례가 많지 않으므로 문화재적 가치가 매우 높다고 할 수 있다.

● 목조삼존불상

극락전에 봉안된 조선시대의 목조삼존불로서 최근 출토된 복장 유물에 의해 1652년이라는 조성년대를 확실히 알 수 있게 되었다.

아미타불좌상을 중심으로 좌우에 관음보살과 대세지보살이 역시 좌상으로 협시하는 구도를 하고 있다.

가운데 아미타불상은 목조 대좌 위의 연꽃 좌대에 앉아 있다. 상호는 원만

극락전 목조삼존불상 최근 개금불사중에 나온 복장유물에서 순치 9년이라는 명문이 있어 그 문화재적 가치가 높다.

하면서 근엄한 모습인데, 머리가 나발(螺髮)이며 정수리에 육계가 솟았고 이마에 백호(白毫)가 있는 점 등은 17세기 불상의 전형으로 볼 수 있다. 수인은 아미타 수인 가운데 중품중생인(中品中生印)으로서, 오른손은 가슴 바깥으로 들어서 엄지와 중지를 맞대고 왼손은 손바닥을 위로 한 채 왼쪽 옆구리 아래에 놓고 있다. 크기는 높이 146cm, 어깨 너비 60cm, 무릎 너비 100cm이다.

　좌우에 협시하는 관세음보살·대세지보살은 크기와 모습이 서로 거의 같고, 두 보살상의 상호 역시 원만하면서 근엄하다는 점에서 아미타불상과 기본적으로 비슷한 분위기를 지닌다. 두 보살상 모두 머리에 화려한 보관을 썼는데, 다만 관음보살의 보관에 화불(化佛) 대신에 정병(淨瓶)이 표현되었고 대세지보살의 보관에는 마주보고 있는 극락조 한 쌍 위로 연꽃이 새겨진 점이 다르다. 그 밖에 영락 장식이라든가 두 손으로 연꽃가지를 받쳐든 점 역시 손의 좌우만 다를 뿐 거의 같은 모습을 하고 있다. 크기는 두 보살상 전부 높이 124cm, 어깨 너비 60cm, 무릎 너비 92cm로 똑같다.

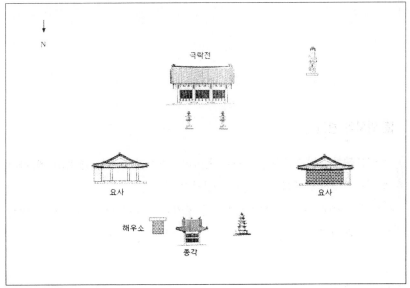

정수사 가람배치

학림사

■ 위치와 창건

학림사(鶴林寺)는 완주군 봉동읍 은하리 942번지 봉실산(鳳實山)에 자리
한 대한불교조계종 제17교구 본사 금산사의 말사이다.

절은 삼국시대 때 혜명(惠明) 스님이 창건했고 고려 말에 나옹 혜근(懶翁
惠勤, 1320~1376) 스님이 중창했다고 전한다. 혜명 스님은 진평왕(眞平王,

학림사 봉실산 중턱에 자리한 절은 최근의 중창불사로 절의 모습을 새롭게 하였다.

재위 579~631)대에 활동한 스님으로만 알려져 있을 뿐 다른 행적은 전하지 않는다.

절의 그 밖의 연혁은 알려진 것은 없고, 근대에 들어와서는 1881년(고종 18)에 칠성각을 중창했으며 1915년에도 중건된 바 있다.

현대에서는 1992년부터 다시금 중창불사가 이루어지고 있다. 현재의 법현 주지스님이 1990년에 이곳으로 왔는데, 당시에도 절은 매우 퇴락했다고 한다. 1992년에 이미 있던 법당을 헐고 지금의 법당으로 복원했으며, 1993년에는 현 법당 건물 뒤쪽에 있던 칠성각·산신각 건물이 너무 낡아서 두 전각을 헐고 법당 왼쪽에 삼성각을 새로 지었다. 이 때 일부 기둥과 보·서까래 등의 부재는 칠성각과 산신각의 부재를 재사용했다. 또한 일제강점기 때 지어졌던 요사를 철거하고 새로운 요사를 지었다.

■ 성보문화재

현재 절에는 법당·삼성각·요사 등의 전각이 있다.

● 법당

앞면 5칸, 옆면 3칸의 팔작지붕으로서 1992년에 예전의 인법당을 헐고 다시 지은 것이다. 예전 법당은 일제강점기에 지어진 것이라고 한다.

안에는 석가불상과 후불탱화·신중탱화·지장탱화 및 1993년에 제작된 동종(銅鍾)이 마루에 놓여 있다. 석가불상과 후불탱화는 최근작이지만 지장탱화는 1895년(고종 32), 신중탱화는 1915년에 봉안된 것을 화기(畵記)를 통해 알 수 있다. 특히 지장탱화 화기에는 금어 문성(文性) 스님의 이름이 보이는데, 이 분은 진안 천황사 후불탱화를 출초(出草)한 스님으로도 등장한다.

법당에는 또한 예전에 〈학림팔경(鶴林八景)〉을 읊은 시 및 시주질 등 현판 여러 개가 걸려 있었다고 하는데 지금은 남아 있지 않다.

삼성각 독성탱화
이전의 건물을 헐
고 새로 지은 삼
성각 안에 봉안되
어 있다.

● 삼성각

　앞면 2칸, 옆면 1칸의 맞배지붕으로서 전에 있던 칠성각·산신각을 헐고 그
일부 부재를 써서 1993년에 새로 지은 전각이다. 예전의 칠성각은 〈봉실산학
림암칠성각중창기〉 등의 현판을 통해 1881년에 지어진 것을 알 수 있다. 그
런데 한편 절에서 전하기로는 1993년에 칠성각을 해체할 때 지금으로부터 약
400년 전에 해당되는 상량문이 적힌 부재가 발견되었다고 한다. 그러나 상량

문의 내용은 따로 기록하지 않은 채 그 부재는 삼성각을 새로 지을 때 다시
사용했다고 한다.

　현재 삼성각 안에는 1915년에 봉안된 칠성탱화·산신탱화·독성탱화 등이
걸려 있다.

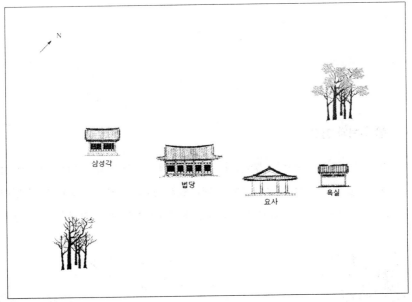

학림사 가람배치

화암사

■ 위치와 창건

   완주군 경천면 가천리 1078번지, 불명산(佛明山)의 남쪽 중턱에 자리한 화암사(花巖寺)는 오래된 역사와 풍부한 성보문화재를 지닌 사찰로 널리 알려져 있다. 특히 보물로 지정되어 있는 우화루(雨花樓)와 극락전은 조선 초기

화암사 불명산 계곡을 따라 수려한 풍경 속에 자리하고 있다.

건축물을 대표하는 수작으로 평가 받고 있으며, 조선시대 불화연구에 매우 중요한 비중을 차지하고 있는 자료도 상당수 소장되어 있다. 다만 최근에 뚜렷한 이유를 알 수 없는 채로 수종의 불화가 분실되었는데 그 회수를 위해 철저한 조사와 노력이 이루어져야 할 것이다.

현재 대한불교조계종 제17교구 금산사의 말사로 되어 있는 화암사의 정확한 창건 시기는 알려져 있지 않다. 다만 〈화암사중창비〉의 다음 내용을 통해 어느정도 유추가 가능한데, 먼저 중창기 일부 내용을 옮겨 보도록 하겠다.

옛날 신라의 원효 · 의상 두 조사(祖師)께서 중국땅에 유학을 갔다가 도를 얻고 귀국하여 이곳에 주석하였다. (두 분은) 사찰을 짓고 머물렀는데, 절 법당의 주불인 수월자용(水月慈容)보살은 의상스님께서 새로 도솔산에 수행하러 갔다가 친견하였던 진용과 등신(等身)으로 조성한 원불(願佛)이었다. 절의 동쪽 고개에는 원효대라는 법당이 있으며, 절의 남쪽 고개에는 의상암이라는 암자가 있으니 모두 두 분 조사께서 수행하시던 곳이다.

「화암사중창비」의 내용은 성달생(成達生, 1376~1444)이라는 고려 말 · 조선 초의 문인이 1425년에 이곳을 중창하고 그를 기념하기 위해 1441년에 써놓은 글이며, 비의 건립은 1572년에 이루어졌다.

비의 앞면은 자신이 화암사를 중창하게 된 경위를 상세히 기록한 내용이며, 위 인용문은 비의 후면에 실려 있는 내용이다(이 글 성보문화재 중 「화암사중창비」참고). 위의 표현대로 화암사는 당시 원효와 의상 스님의 수행처로 알려져 있었으며, 이를 입증하듯 사찰의 동쪽과 남쪽 고개에는 원효대와 의상암이라는 암자가 세워져 있었다고 한다. 따라서 정확한 창건년대는 알 수 없지만, 화암사는 이미 7세기 후반 무렵에 사격(寺格)을 갖추고 있던 것으로 판단할 수 있다.

또한 성달생에 의한 중창도 뚜렷한 역사적 사실로 보이는데, 최근 극락전 보수 도중에 발견된 상량문 등의 자료가 이를 입증한다. 다만 성달생의 중창

우화루 사액 절의 창건은 정확히 알려져 있지 않으나 성달생이라는 문인에 의해 중창되었다고 한다.

이 대덕년간(大德年間, 1297~1308)에 이루어졌다는 상량문의 표현은 시기
를 잘못 이해한 결과로 보인다. 아무튼 1711년에 이르기까지 진행된 중창불
사를 정리해 놓은 이 상량문은 화암사의 역사를 정리하는 데 있어 매우 소중
한 자료임이 분명하다.

한편 화암사의 사찰명 유래와 연관되어 있는듯한 자료가 『신증동국여지승
람』에 수록되어 있는데 그 내용은 다음과 같다.

가느다란 잎사귀에 털이 덥수룩한 나무가 있어 허리띠처럼 어지럽게 드리
웠는데, 푸른 빛이 구경할 만하며, 다른 군에서는 볼 수 없는 것이다. 세속에
서는 전단목이라고 부른다.

『신증동국여지승람』에 수록된 위의 내용은 〈화암사중창비〉의 내용을 옮긴
것으로 보인다. 하지만 중창비의 내용은 이 전단목을 의상스님이 서역(西域)
에서 구해 온 것이라고 기록하고 있어, 『신증동국여지승람』을 편찬하는 과정
에서 원자료가 다소 변화된 것으로 보인다.

■ 연혁

「화암사중창비」·「극락전상량문」 등의 자료와 화암사에 전해지고 있던 각
종 유물 자료를 종합하여 연혁을 구성하면 다음과 같다.

화암사의 연혁

년 대	주 요 사 항
신라시대	원효·의상 두 조사가 이곳에서 수행을 했는데, 정확한 창건년대는 알 수 없음.
13세기	고려의 문인 백문절(白文節)이 이곳에 들러 시를 남김.
1425년(조선 세종 7)	성달생이 이 곳의 중창불사를 시작함. 자신의 원찰로 삼으려 하던 성달생의 이 증창불사는 해총(海聰) 스님 등이 주도함.
1440년(세종 22)	극락전을 완성함.
1441년(세종 23)	「화암사중창비문」이 작성됨.
1572년(선조 5)	「화암사중창비」를 건립함.
1592년(선조 25)	임진왜란 때 일부 당우가 불에 탐.
1611년(광해군 3)	성징(性澄) 스님이 세 번째 중창불사를 함.
1629년(인조 7)	네 번째 중창 불사를 진행함.
1666년(현종 7)	영혜(靈惠) 스님이 다섯 번째 중창불사를 함.
1711년(숙종 37)	여섯 번째 중창을 하고 「극락전상량문」을 지음.
1830년(순조 30)	명부전의 후불탱화를 조성함.

1835년(헌종 1)	산신각의 산신탱화를 조성함.
1858년(철종 9)	의상암의 신중탱화를 조성하였는데, 의상암이 없어지면서 극락전 내부로 옮겨 봉안함. 아울러 명부전 내의 각 대왕탱화도 조성함.
1871년(고종 8)	극락전의 현황탱화를 조성함.
1917년	극락전의 칠성탱화를 조성함.
1982년	산신각의 산신탱화를 조성함.

　이상이 화암사 연혁의 대강이다. 위의 연혁에서 드러나듯이 화암사의 역사는 창건 이후 조선 초기까지 별다른 내용이 보이지 않는다. 다만 백문절(白文節, ?~1282)이라는 문인이 남긴 시 한 편이 『신증동국여지승람』에 수록되어 있는데, 이를 통해 절은 13세기에도 사세는 꾸준히 유지되고 있었던 것으로 보인다. 백문절이 남긴 시는 워낙 장편의 시라 모든 내용을 소개하기는 어려우며, 그 일부 내용만 옮기면 다음과 같다.

　어지러운 산 틈 사이로 급한 여울 달리는데,
　우연히 몇 리 찾아가니 점점 깊고 기이하네.
　소나무·회나무는 하늘에 닿았고 댕댕이는 줄 늘어졌는데,
　백 겹 이끼 낀 돌다리는 미끄러워 발 붙이기 어렵구나.
　…(중략)…
　내가 와서도 물으며 스승되기 청하니,
　배운 학식 다 털어 주어 헛되이 돌아감을 면했도다.
　조용히 와서 하룻밤 자니 문득 세상 생각을 잊어버려,
　10년 홍진(紅塵)에 만 가지 일이 틀린 것 알겠구나.

어찌하면 이 몸도 얽맨 줄을 끊어버리고,

늙은 승(僧) 따라 연기와 안개에 취해 볼까.

산승(山僧)은 산을 사랑해 세상에 나올 기약이 없고,

세속 선비도 다시 올 것 알지 못하는 일

차마 바로 헤어지지 못해 두리번거리는데,

소나무 위에 지는 해는 세 장대(三竿) 기울었도다.

한편 화암사에는 귀중한 경판이 상당량 소장되어 있었는데, 지금은 모두 전
북대학교박물관으로 옮겨져 보관되고 있다. 특히 『보현행원품』·『금강경오가
해』·『무경집』 등의 경판은 자료적 가치가 매우 높은 것들이다.

앞서 언급하였듯이 화암사는 상당량의 불화가 소장되어 있어 주목을 받은
바 있다. 하지만 불과 수 년 사이에 이들 가운데 몇 종의 불화가 분실되었으
며, 아직까지 그 행방은 알려지지 않고 있다. 특히 화암사에 주석했던 7명의
고승들을 그린 진영은 모두 행방이 묘연한 상태여서 안타까움을 더해 주고
있다.

화암사 내경

■ 성보문화재

절에는 현재 극락전을 비롯해서 명부전·산신각·적묵당(寂默堂)·우화루·철영재(□聚英齋)·요사 등이 있다.

한편 본래 절에는 소중한 성보문화재의 하나로서 고승 영정 7폭이 전하는 것으로 알려졌으나 지금은 한 폭도 없다. 허주(虛舟)·고경(古鏡)·낭월(朗月)·인파(仁波)·낙암(樂巖)·월하(月河)·벽암(碧庵) 스님 등 일곱 분의 영정인데, 기록에 의하면 1980년대 후반 무렵까지 전하고 있다 했으나 어디로 옮겨졌는지 지금으로서는 확인되지 않는다.

● 극락전

1606년(선조 39)에 중건한 것으로 추정되는 전각으로서, 맞배지붕에 앞면과 옆면 각 3칸씩이다. 이 극락전은 우화루에서 발견된 상량문과 1981년에 극락전을 보수하던 중 발견된 묵서명을 통해 볼 때 고려시대 후기인 1297년~1307년 사이에 중창되었다가 임진왜란 때 불탄 것을 1606년에 중건했고, 뒤이어 1714년(숙종 40)에 중수한 듯하다. 전체적인 규모는 작은 편이지만 백제계 공포의 흔적을 간직하고 있어 건축사적으로 매우 중요하므로 현재 보물 제663호로 지정되어 있다.

건축 양식을 보면, 포작(包作)은 기본적으로 주심포계이지만 부분적으로 백제계 요소가 포함되어 있는 것으로 보인다. 예컨대 공포(栱包)의 일부 구성이 하앙식(下仰式)으로 되어 있는데 이것이 곧 백제적 성격을 지녔다는 것이다. 여기에 고려시대 때 중창되면서 당시 유행하던 다포계 공포 양식이 도입되었다. 곧 주심포계와 다포계가 중첩, 절충된 셈인데 이것은 중국이나 일본의 건축에서는 볼 수 없는 독특한 구성법이다. 다시말하면 이 극락전의 공포는 백제계와 고려시대 후기의 다포계, 그리고 조선시대 중기의 장식적 요소가 함께 어우러져 특수한 구성을 이루고 있다는 것이다. 이 점에서 극락전의 학술적 가치가 매우 높게 평가된다.

극락전 1606년에 중건되었으며 백제 건축의 요소가 있는 하앙식 공포구조로 되어있다. 보물 제663호.

극락전 안에는 아미타삼존불이 봉안되었고, 그 주위로 후불탱화를 비롯해서 신중탱화·16성중탱화·현왕탱화·칠성탱화 등의 불화가 걸려 있다. 또한 판관상과 조선시대 동종, 그리고 창방(槍枋) 부근에는 괘불이 묶여져 보관되어 있다.

● 극락전 내 탱화

아미타후불탱화는 정확한 조성년대는 확인되지 않지만 극락전 내의 다른 그림과 화풍이 비슷한 것으로 미루어 보아 1858년을 전후한 무렵에 조성된 것으로 추정된다. 크기는 가로 319㎝, 세로 296㎝이다.

신중탱화는 1858년(철종 9)에 화암사 내 의상암(義湘庵)에서 거행된 차일도량(遮日道場) 행사 때 조성되었다는 내용이 그림의 화기에 보인다. 그 뒤 한국전쟁 때 의상암이 철거되면서 이곳으로 옮겨진 듯하다. 크기는 가로 103㎝, 세로 156㎝이다.

그밖에 16성중탱화는 신중탱화와 마찬가지로 1858년, 현왕탱화는 1871년(고종 8)에, 그리고 칠성탱화는 1917년에 각각 조성되었다.

● 명부전

맞배지붕에 앞면과 옆면 각 3칸씩이며 1960년대에 지어졌다.

안에는 지장보살상과 그 좌우협시인 도명존자·무독귀왕이 있고 그밖에 동자상 2체, 시왕상 10체, 판관·녹사상 각 1체, 사자·인왕상 각 2체가 있다. 또한 후불탱화로 지장탱화가 있다.

지장보살상을 비롯한 상(像)들은 전부 근래에 봉안한 것이지만 후불탱화는 1830년(순조 30)에 조성되었다. 그림의 크기는 가로 170㎝, 세로 179㎝이다.

● 우화루

우화루(雨花樓)는 맞배지붕에 앞면과 옆면 각 3칸씩인 2층의 누각 건물이다. 고려 때 처음 지어졌으나 그 동안 여러 차례의 중건과 중수가 있었다. 1981년의 보수 작업 중 발견된 상량문을 통해 볼 때 지금의 건물은 1611년 3차 중건 당시의 모습으로 추정된다. 현재 보물 제662호로 지정되어 있다.

우화루는 극락전 맞은편에 있는데, 밖에서 바라다보면 마치 외곽을 구성하는 건물로 보인다. 그리고 뒤편에서 보면 우화루 초석이 극락전 마당 높이와 같아서 평범한 단층집으로 보인다.

건축 양식을 보면, 밖에서 볼때 앞면은 기둥만을 2층으로 했을 뿐이고 안마당 쪽의 벽은 밖으로 트여진 개방형으로서 축대 위에 세워져 공중누각(空中

16성중탱화

樓閣)의 모습을 하고 있다. 누각 안쪽의 흙벽에는 벽화를 그려 넣었는데, 상
량문 기록에 따르면 이 벽화는 1711년의 6차 중건시 그려진 것으로 추정된다.

안에는 목어(木魚)와 시주질 등을 적은 현판 3매가 있고, 남쪽면 처마에는
〈불명산화암사〉라는 사액(寺額)이 걸려 있다.

● 산신각

산신각은 맞배지붕에 앞면과 옆면 각 1칸씩의 규모로서 17세기 초에 지어
진 전각인데, 안에는 1982년에 조성된 산신탱화 1폭이 있다. 기존의 자료에는

우화루 밖에서는 외곽을 구성하는 건물처럼 보이고 극락전쪽에서는 단층집처럼 보인다. 보물 제662호.

1835년(헌종 1)에 봉안된 산신탱화가 있다고 기록되어 있으나 그 탱화는 지금은 보이지 않는다.

적묵당·철영재는 요사로 함께 사용되며, 적묵당 안에는 조왕탱화 1점이 있다.

● 화암사 동종

극락전 안에 있는 조선시대 동종(銅鍾)으로서 현재 전라북도유형문화재 제40호로 지정되어 있다.

구연부(口緣部)에서 약간 올라간 곳에 당초보상화문대(唐草寶相華紋帶)가 있다. 어깨에도 간략화된 화문대(花紋帶)가 있으며 상단에는 입화식(立花飾)이 장식되었다. 어깨띠 아래에 4개의 유곽(乳廓)이 있고, 그 사이에 보살상을 새겼다. 유곽 아래에 '금철대시주(金鐵大施主)'·'동철대시주(銅鐵

극락전 동종
명문이 있으나 조성년대는 알
수 없다. 전라북도유형문화재
제40호.

大施主)'·'보시(布施)'·'공양(供養)' 등의 글씨가 있으나 조성년대는
기록되지 않았다.

크기는 전체 높이 140㎝, 종신(鍾身) 높이 85㎝, 입지름 70㎝이다.

● 경판

화암사 중요 성보문화재 가운데 하나로 조선시대에 조성한 경판(經板)이
있다. 본래 상당히 많았으나 그 중 상당수가 없어지고 지금은 약 200매 가량
만 남아서 현재 전북대학교박물관에 보관 중이다.

그 가운데 대표적인 것 몇 개를 들어보면 『보현행원품(普賢行願品)』(1469년), 『금강경오가해(金剛經五家解)』(1618년), 『정관집발(貞觀集跋)』(1641년), 『무경집(無竟集)』(18세기) 등이 있다.

● 중창비

조선시대 초기에 사찰을 중건한 내용을 기록한 비로서 사찰의 역사를 전하는 귀중한 내용을 담고 있다. 현재 전라북도유형문화재 제94호로 지정되어 있다.

비문은 마모된 부분이 많이 있으나 전체적 내용을 파악하는 데는 어려움이 없다. 대체적 내용은 1417년(태종 17)에 평안도 관찰사로 부임한 바 있는 성달생(成達生)이 좋은 절터를 찾던 중 1425년(세종 7) 당시 터만 남아 있던 이곳에 절을 중건했다는 것이다. 그리고 비문 가운데는 본래 화암사는 원효·

중창비

의상 스님이 머물러 수도했던 곳으로서, 당시 법당에 봉안한 수월관세음보살상은 의상 스님이 도솔산에서 직접 친견한 그 모습을 그대로 옮겨놓은 것이라는 내용이 있어 주목된다. 또한 화암사 동쪽에는 원효 스님이 수도한 원효암(元曉庵), 남쪽에는 의상대사가 머물렀던 의상암(義湘庵)이 있었다는 내용도 있다.

비문은 처음 1441년(세종 23)에 쓰여졌으나 100여 년이 지난 뒤인 1572년(선조 5)에 비석이 세워졌다.

비석의 크기는 높이 130㎝, 너비 52㎝, 두께 11㎝이며, 비면 앞뒷면에 전부 894자가 해서체로 새겨져 있다.

● 부도

전부 4기의 조선시대 부도가 있는데, 절 뒤편 200m 되는 지점에 1기, 극락전 옆에 1기, 절 입구에 2기가 있다. 절 입구에 있는 2기 중 하나에는 '덕운당(德雲堂)'이라는 이름이 새겨져 있다.

화암사 가람배치

V. 무주군·진안군·장수군

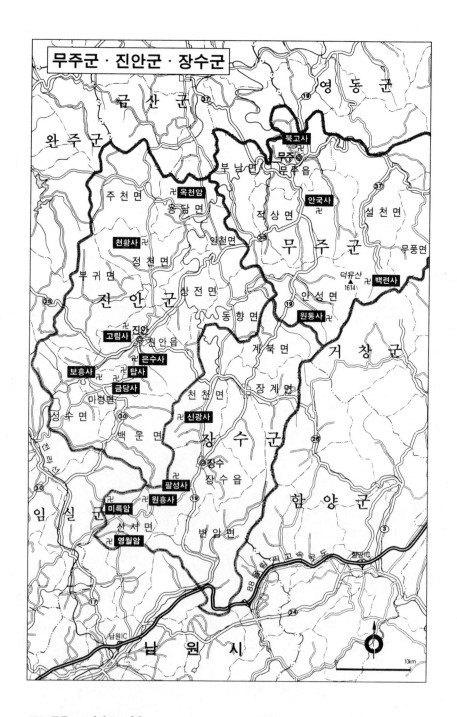

무주군 · 진안군 · 장수군

영동군
금산군
완주군
북고사
무주
문주읍
주천면
옥천암
안국사
용담면
적상면
설천면
천황사
정천면
안천면
무주군
무풍면
부귀면
상전면
덕유산
1614
백련사
진안군
동향면
안성면
원통사
고림사
진안
진안읍
계북면
거창군
은수사
보흥사
탑사
금당사
마령면
천천면
장계면
성수면
신광사
백운면
장수군
26
장수
장수읍
팔성사
원흥사
함양군
미륵암
원흥사
산서면
3
영월암
번암면
88
임실군
남원IC
남원시
10km

무주군·진안군·장수군의 역사와 문화

　무주군(茂州郡)은 전라북도 북동부 소백산맥의 서쪽면에 위치하는데 동쪽은 경상북도 김천시와 경상남도 거창군, 서쪽은 진안군, 남쪽은 장수군, 북쪽은 충청남도 금산군과 충청북도 영동군에 접해 있다. 인구는 1996년 12월말 현재 3만 1,531명, 행정구역은 1읍 5면 48리로 이루어져 있다.

　자연 환경은 군 전체가 대부분 산악지대에 속해 경작지는 많지 않다. 중앙부에 적상산(赤裳山, 1,029m)이 솟았고 주변에도 덕유산(德裕山, 1,614m)을 비롯한 높은 산들이 많다. 하천으로는 남대천이 설천면 구천동에서 발원하고 구리향천이 덕유산에서 발원하여 금강에 합류한다.

　청동기시대의 지석묘가 있으며, 삼한시대를 거쳐 백제의 영토가 되어서는 주계(朱溪)가 적천현(赤川縣), 무풍(茂豊)은 무산현(茂山縣)이 되었다. 고려시대에는 1018년(현종 9)에 주계와 무풍을 전라도에 예속시켰으며, 조선에 들어와 1414년(태종 14)에 주계·무풍현을 통합해서 무주현으로 개칭했다.

　근대에서는 1895년에 전라북도 전주부에 속했으며, 1914년에 금산군의 부남면을 편입해 지금의 영역과 비슷한 6개면을 관할하게 되었다.

　무주군은 현재 국립공원으로 지정된 덕유산을 중심으로 예로부터 산높고 물맑은 고장으로 유명하며, 특히 무주구천동은 손꼽히는 관광명소로서 덕유산에서부터 설천면 삼공리까지 약 25km에 이르는 깊은 계곡을 총칭하는 말이다.

진안군(鎭安郡)은 전라북도 북동부에 위치하며 남동쪽은 장수군, 북동쪽은 무주군, 서쪽은 완주군, 남서쪽은 임실군, 북쪽은 충청남도 금산군과 접한다. 인구는 1997년 6월말 현재 3만 7,035명, 행정구역은 1읍 10면 77리로 이루어져 있다.

군의 동쪽에는 높이 300여 m의 진안고원이 있고, 서쪽은 운장산(1126m)·만덕산(762m) 등 높은 산이 많으며, 그 사이에 마이산(678m)이 있다.

삼국시대에는 백제의 영토로서 신라와의 접경지역에 위치해 수많은 전란이 있었으며, 통일 뒤 757년에 진안으로 되었다. 고려 때에는 전주의 관할로서 마령현(馬靈縣)의 일부가 되었다가 조선에 들어와 1413년에 마령현을 통합해서 진안현이 되었다. 1895년에 진안군이 되었으며, 현대에서는 1979년에 진안면이 읍으로 승격했다.

군은 소백산맥과 노령산맥의 경계에 자리한 지리적 조건으로 천혜의 관광지가 되었는데, 특히 신비의 명산으로 알려진 마이산 일대는 전국적 주요관광지로 꼽힌다.

장수군(長水郡)은 전라북도의 동부 중앙에 위치했으며, 동쪽은 경상남도 함양군과 거창군, 서쪽·서북쪽은 진안군과 임실군, 남쪽은 남원시, 북쪽은 무주군과 접한다. 인구는 1996년 12월말 현재 3만 654명, 행정구역은 1읍 6면 74동리로 이루어져 있다.

군의 대부분은 산지로서, 동북부에 남덕유산(1,507m)·백운산(1,279m) 등 높은 산이 많다. 또한 서쪽의 팔공산(1,151m)은 섬진강과 금강의 분수계가 된다.

삼국시대에는 백제의 영토로서 신라와의 접경지였으며, 고려에 들어와 고택현과 벽계군이 각각 장천현(長川縣)과 벽계현으로 바뀌었으며, 벽계현은 다시 장계현(長溪縣)이 되었다. 조선 때에는 1413년에 장천현이 장수현이 되면서 장계현을 병합했다. 그 뒤 1895년 장수현이 장수군이 되었고, 최근에는 1979년에 장수면이 읍으로 승격됐다.

무주군·진안군·장수군은 전라북도 동부산악권 북부에 자리하면서 하나의 권역을 이루어, 이른바 '무진장(茂鎭長)' 지구로 통칭된다.

백련사

■ 위치와 창건

백련사(白蓮寺)는 무주군 설천면 삼공리 946-1번지 덕유산(德裕山)에 자리한 대한불교조계종 제17교구 본사 금산사의 말사이다. 백련사는 무주구천동 계곡의 거의 끝부분인 해발 900 여m 지점에 위치한 우리나라에서 가장 높은 곳에 있는 사찰 가운데 하나이다.

백련사 덕유산 무주 구천동 정상 가까이 웅장한 산세속에 자리한 절은 무염국사가 창건하였다고 한다.

국립공원 덕유산의 관광단지가 있는 삼공리에서 굽이굽이 계곡을 따라 잘 닦여진 길을 6.2km 가량 올라가면 백련사가 나온다. 덕유산은 이름 그대로 덕이 넉넉한 산이다. 웅장한 산세를 갖추고 있으면서도 급한 경사가 적고 첩첩의 계곡이 자연의 진리와 신비를 잘 일러주는 곳이다. 일찍이 삼국시대부터 신라와 백제의 관문이었다는 나제통문(羅濟通門)에서 덕유산에 이르는 이 계곡의 끝부분은 '구천동(九千洞)'이라 하여 깊은 산 맑은 계곡의 대명사이기도 했다.

구천동이라는 이름이 붙게된 유래에 대해서는 여러 가지로 전해오는 말이 있으나, 조선 중기인 1552년에 덕유산을 탐방했던 임훈(林薰, 1500~1584)의 「덕유산향적봉기」에 기록된 구천동의 유래에 대한 설명이 현재로서는 가장 오래된 것으로 생각된다. 곧, '옛날에 그 골짜기에서 9천명의 성불공자(成佛功者)가 살았으므로 구천인(九千人)의 둔지(屯地)라는 뜻에서 구천둔(九千屯)이라 하였다.'는 것이다. 그로부터 구천둔이란 지명이 구천동으로 바뀌어 불려지게 된 것이다.

구천동이라는 이름이 성불한 사람 9천명이 살던 곳이어서 붙여진 이름이라면 백련사가 있는 이 지역은 일찍부터 불교와의 관련이 있던 곳임에 틀림없을 것이다.

전해오는 말에 의하면 백련사는 신라 신문왕 때 백련선사가 살던 곳에 백련이 솟아 나왔다하여 절을 짓고 백련암이라 하였다 한다. 그리고 또 830년(흥덕왕 5)에 무염국사(無染國師)가 백련사를 창건하였다고도 하지만 역사 기록에서 그 증거를 찾기는 매우 어렵다.

■ 백련사와 무주구천동의 사찰들

백련사가 자리잡고 있는 덕유산의 구천동 계곡은 자연 경관이 뛰어나기 때문에 신라시대 이래로 불교 수도승의 관심의 대상이 되었다. 그러나 조선 전기 이전에 무주구천동 계곡에 구체적으로 어떤 절이 있었는지에 대한 기록은

잘 찾아지지 않는다. 『신증동국여지승람』에, '원통사(元通寺)와 불화사(佛華寺)가 덕유산에 있다.'고 하였으나 구천동의 절은 아닌 듯하다.

그러나 조선 중기에 접어들어서는 여러 기록에 구천동의 사찰에 대한 언급이 보이고 있다. 특히 몇몇 문인의 덕유산 기행문은 당시의 생생한 모습을 잘 전해주고 있다.

1552년(명종 7)에 덕유산을 기행한 임훈은 그의 『갈천집(葛川集)』에 「덕유산향적봉기(德裕山香積峯記)」를 남겼다. 향적봉은 덕유산의 여러 봉우리 가운데 가장 높은 봉우리이며 구천동 계곡의 발원지이기도 하다.

언양 현감과 광주 목사를 지낸 임훈은 53세 되던 해에 거창군 북상면 쪽에서 향적봉을 향하여 길을 떠났다. 도중에 들른 절만도 불영봉 근처의 삼수암(三水庵), 향적봉에 오르기 위한 집결지였던 탁곡암(卓谷庵), 구천동 계곡의 하향적암(下香積庵), 그 수백 보 윗쪽의 향적암(香積庵), 집 한 채 규모의 계조굴(繼祖窟) 그리고 북암(北庵)·장유암(杖由庵)·천암(倩庵) 등이 있었다.

한편 1672년(현종 13)에 덕유산을 기행한 윤증(尹拯, 1629~1711)은 「유여산행기(遊廬山行記)」라는 글을 지어 그의 『명재집(明齋集)』에 수록하였다. 여산(廬山)은 정토신앙의 성행으로 인해 붙여진 덕유산의 다른 이름이다. 그가 찾았던 절은 저녁노을이 아름다웠던 소암(小庵), 산의 북쪽에 터만 남아 있던 원적사(圓寂寺), 덤불에 묻혀 있던 남암(南庵), 스님은 없고 불상만 있던 북암(北庵), 북암에서 20리 쯤 들어간 구천동에 있으며 백 여 명의 스님이 불경을 읽던 백련사(白蓮社), 80살의 계수(戒殊) 스님이 제자들을 가르치던 계수굴(戒殊窟), 산허리에 폐허된 채 있던 향적암(香積庵), 터만 남아 있던 백운암(白雲庵) 등이었다.

1760년에 간행된 『여지도서(輿地圖書)』에는 구천사(九千寺)가 무주부 남쪽 70리의 덕유산에 있다 했으며, 신경준(申景濬, 1712~1781)이 편찬한 『가람고(伽藍考)』에도 같은 내용이 기록되어 있다. 1799년에 나온 『범우고(梵宇攷)』의 무주조에는 덕유산의 구천동사(九千洞寺)가 보이고, 금산조에는 '여악(廬岳)'이라 불리던 덕유산 구천동(九川洞)에 백련사(白蓮社)가 있는데, 만력 연간(1573~1619)에 지변(智辨) 스님이 창건하였다.'고 하면서, 이안눌(李安訥, 1571~1637)이 백련사에 대해 쓴 시를 싣고 있다. 조선 정조대에 나온 『동국명산기(東國名山記)』에는 덕유산의 향적암(香積庵)이 보이고 있다.

그리고 무주군의 옛 읍지인 『적성지(赤城誌)』「사찰」조에는, '구천동사(九千洞寺)는 백련암이라고도 하는데, 횡천(橫川, 설천면의 옛이름)의 덕유산 중록(中麓)에 있으며 무주부로부터 동으로 70리 떨어진 곳에 있다. 옛날에는 대찰이었으나 지금은 작은 암자에 불과하다.'라고 하였다.

이상의 자료들을 종합해 보면, 구천동 계곡에는 조선 중기에 향적암을 비롯한 많은 암자가 있었으며, 이미 폐허가 된 절도 여러 곳이 있어 훨씬 이른 시기부터 가람이 있었음을 암시해 주고 있다.

■ 백련사와 무주 구천동에서 수도한 고승들

17세기에 들어와서 백 여 명의 스님이 불경을 읽던 백련사(白蓮社)는 뜻을 같이 하는 도반들이 결사(結社)하여 극락정토의 왕생을 발원하여 수행하는 도량이었던 것으로 생각된다. 산이름을 여산(廬山)으로도 부른 것은 바로 이러한 연유 때문일 것이다.

구천동사를 중심 사찰로 해서 백련암·북암·남암·향적암·계조굴·백운암·장유암·천암 등 많은 암자가 있었으며, 이들 암자는 폐허와 복구가 반복된 것으로 보인다.

구천동사는 백련사에서 남쪽으로 약 4km 정도 들어간 구천동 계곡 중 가장 깊은 곳에 있었으며, 수천 평의 절터가 지금도 남아 있다. 남암터에는 4기의 부도가, 북암터에는 1기의 부도가 있어 구천동사의 규모를 짐작하게 한다.

조선 중기 이후 구천동은 당대의 덕높은 많은 스님들이 주석하며 수행한 곳이었다. 서산대사로 널리 알려진 청허 휴정(淸虛休靜)의 스승 부용 영관(芙蓉靈觀)이 이곳 덕유산으로 출가하여 오랜 기간동안 수행하며 제자를 기른 것을 비롯하여, 부휴 선수(浮休善修)·정관 일선(靜觀一禪)·벽암 각성(碧

부용당 진영

덕유산으로 출가하여 오랜동안 수
행했던 스님은 서산대사 휴정스님
의 스승이기도 하다.

嚴覺性)·고한 희언(孤閑熙彦)·운곡 충휘(雲谷沖徽)·임성 충언(任性忠
彦)·송파 각민(松坡覺敏) 등 많은 스님들이 덕유산에서 수행하였고, 그 가
운데 정관 일선·임성 충언 스님은 이곳 백련사에서 입적하여 부도가 세워졌
다(부용 영관·정관 일선·부휴 선수·임성 충언 스님에 대해서는 이 글「주
요 인물」편 참고).

정관스님의 제자로 시문에 매우 능했던 운곡 충휘(?~1613) 스님은 덕유산
백련사에서 오래 머물렀다고 하며, 취미 수초(翠微守初, 1590~1668) 스님은
구천동에 있으면서, '겨울날 갈천에 사는 신 선비에게 붙임(冬日寄葛川愼上

舍)' 이라는 시를 지었고, 송파 각민(1596~1675) 스님은 구천동으로 임성 스님을 찾아가 7년 동안 머물며 유불선 삼교의 깊은 뜻을 강구하고 이를 책으로 묶은 『해의(解疑)』를 세상에 전했다. 송파 각민 스님은 스승인 임성 스님이 입적하자 영골을 수습해서 구천동에 탑을 세웠다.

또한 모운 진언(慕雲震言, 1622~1703) 스님도 덕유산에서 수행하였으며, 백암 성총(栢庵性聰, 1631~1700) 스님은, '옛날에 중국의 혜원(惠遠) 스님이 여악(廬岳)에 들어갔듯이 지금 칠봉의 인공(印公) 스님이 여산 백련사에 들어감.' 이라는 시를 지어 남겼다.

그 밖에도 1809년 무렵 호의 시오(縞衣始悟, 1778~1868) 스님이 무주구천동에서 주석하였으며, 1813년에 무경 자수(無竟子秀, 1769~1837) 스님은 덕유산의 진허 경정(震虛敬淨) 스님을 찾아가 법을 물었다. 1820년 겨울에 용암 혜언(龍巖慧彦, 1783~1841) 스님은 덕유산 백련사에서 화엄회를 개설했는데, 전국 팔도에서 영향을 받은 자가 300여 명이나 되었다고 한다. 스님은 1822년 봄에 구천동에 들어가 수행하였고, 1824년 10월에 다시 구천동에서 결사(結社)하였다. 그리고 월봉 책헌(月峯策憲) 스님도 무주의 여산에서 수행하였다.

■ 근대 이후의 연혁

백련사는 1900년(광무 4)에 당시 무주부사였던 이하섭(李夏燮)이 가람을 중수하고 그 기념비를 구천동 입구 월곡촌에 건립했다. 그러나 일제강점기에 들어와 구천동 일대가 일본 북해도제국대학의 대학림(大學林)이 되었을 때 절도 일본식 초가 건물로 바뀌었고, 그나마 1950년의 한국 전쟁 때는 건물 모두가 불에 타는 불행을 당하였다.

그 뒤 10여 년 동안 복구의 기회를 갖지 못하다가 1961년에 와서야 5칸 규모의 인법당 한 채를 지었다. 당시 무주군에서는 구천동을 관광지로 개발하기 시작할 때라 행정당국과 지역 주민들이 백련사 복원의 필요성을 느끼고 이를 추진하게 되었고, 1967년에 무주읍내에 개인 소유로 있던 조선시대 무주부(府)의 관아인 동헌(東軒) 건물을 이건하여 문향헌(聞香軒)이라는 이름의 요사로 사용하게 되었는데, 이로써 백련사는 복원의 활기를 찾게 되었다.

그 무렵 절에 주지로 부임해온 최현수(崔賢首) 스님이 본격적 복원불사를 시작하면서 백련암으로 불리던 절이름을 백련사로 바꾸고 30여년 동안 오직 중창불사에 전념하였으니, 건물만해도 대웅전을 비롯해 원통전·명부전·보제루·천왕문·일주문·범종각 등 10여 채를 복원했고, 대웅전의 삼존불과 후불탱화를 봉안하는 등 수많은 불사를 이루어 지금의 모습을 갖추었다.

최근에는 1997년 8월 18일에 사천왕상 점안식과 만등불사 입재식이 있었다.

백련사 연혁

시 대	내 용
830년(흥덕왕 5)	무염국사가 창건
1497년(연산군 3)	부용 영관 스님이 덕유산으로 입산, 9년간 용맹정진
1552년(명종 7)	덕유산에서 정관 일선 스님이 수행
1592년(선조 25)	덕유산에서 부휴 선수 스님이 수행 벽암 각성·고한 희언 스님이 부휴 스님 밑에서 수행
1605년(선조 38)	임성 충언 스님이 정관 스님 밑에서 여러 해 동안 수행
1608년(선조 41)	정관 일선 스님이 구천동에서 입적, 부도를 세움
1625년(인조 3)	구천동 향적암에서 임성 충언 스님이 수행
1638년(인조 16)	임성 충언 스님 입적, 부도 세움
1723년(경종 3)	동종(銅鍾) 조성
1784년(정조 8)	매월당 설흔 스님의 부도 건립

1809년(순조 9)	호의 시오 스님이 구천동에서 수행
1813년(순조 13)	무경 자수 스님이 덕유산의 진허 경정 스님에게 수행
1820년(순조 20)	용암 혜언 스님이 덕유산 백련사에서 화엄회를 개설
1900년(광무 4)	무주부사 이하섭이 가람을 중수
1908년(융희 2)	경봉(鏡峰) 스님이 출가 전 덕유산에서 의병 활동
1950년	한국 전쟁으로 가람이 소실
1961년	법당 건립하여 가람 복구
1967년	무주부의 동헌 건물을 이건하여 문향헌(聞香軒)이라 함
1968년	일주문 건립
1976년	원통전 건립, 관음보살상 봉안
1977년	천왕문 건립, 사천왕상 봉안
1979년	대웅전 신축, 삼존상 후불탱 봉안
1986년	명부전 건립
1987년	종각 건립

■ 주요인물

● 부용 영관

부용 영관(芙蓉靈觀, 1485~1571) 스님은 13세 되던 해인 1497년에 집을
나와 곧바로 덕유산으로 들어가 고행선자(苦行禪子)를 찾아가 가르침을 받
은지 3년 만에 머리를 깎고 스님이 되었다. 17세 되던 1501년에 신총(信聰)
법사를 찾아가 교학을 탐구하고 또 위봉대사(威鳳大師) 아래에서 선의 요체

를 터득했다.

그런 다음 스님은 무주구천동으로 들어가 손수 암자를 짓고, 9년 동안 두문불출한 채 용맹정진하였다. 그 뒤 지리산에서 벽송 지엄(碧松智儼)을 만나 법통을 이어받고 청허 휴정·부휴 선수 스님 등에게 법을 전하여 조선 불교의 정통 계맥을 잇게 하였다.

● 정관 일선

정관 일선(靜觀一禪, 1533~1608) 스님은 1547년 15세에 출가하여 백하 선운(白霞禪雲) 스님에게 법화사상을 배우고 나중에 청허 휴정 스님에게서 법을 전해 받았다. 사명 유정(泗溟唯政)·편양 언기(鞭羊彦機)·소요 태능(逍遙太能)과 함께 휴정의 4대 제자 중 한 사람으로 꼽힌다.

임진왜란 때는 의승군의 참전이 승려의 본분이 아니라 하여 사명 유정에게 빨리 관복을 벗고 승려의 본분을 다하라고 하였다. 1608년에 나이 76세, 법랍 61년으로 덕유산에서 입적하였고, 다음 해 백련사에 부도를 세웠다.

스님의 문하에는 임성 충언·호연 태호(浩然太浩)·무염 계훈(無染戒訓)·운곡 충휘 등 많은 제자가 있어서 이른바 '정관문파(靜觀門派)'를 이루었다. 1552년에 임훈이 덕유산 향적봉에 오를 때 그곳의 탁곡암(卓谷庵)에 일선 스님이 있었다고 그의 『덕유산향적봉기(德裕山香積峰記)』에 기록되어 있다.

● 부휴 선수

부휴 선수(浮休善修, 1543~1615) 스님은 17세에 출가하여 지리산에 들어가 신명(信明)의 제자가 되었고, 부용 영관에게 심법을 받았다. 임진왜란 때 덕유산 초암에 있다가 왜병이 온다는 소문을 듣고 암혈에 몸을 숨겼다가 어두워졌으므로 적이 갔으리라 생각하고 암자로 돌아오는 길에 적 수십명에게 포위되었다. 적은 칼을 휘두르며 덤볐으나 스님은 손을 모으고 태연히 서서

정관당 부도

서산대사 휴정의 4대 제자 중의 한
분으로 덕유산에서 입적하였다.

움직이지 않으매 적들이 기이하게 여겨 오히려 절을 하고 물러갔다고 한다.

　그 뒤 무주구천동에 다시 들어와 불법을 전하였는데,『원각경』을 읽고 있을
때 한 마리 큰 구렁이가 와서 이를 듣고 환생하였다는 일화는 유명하다. 제자
인 벽암 각성과 고한 희언도 스님을 따라 덕유산에서 오랫동안 수행하였다.

● 임성 충언

　임성 충언(任性忠彦, 1567~1638) 스님은 18세에 출가하여 천정(天定) 스
님의 제자가 되었고 탄연(誕衍) 스님에게 구족계를 받았다. 정관 일선 스님으
로부터 법을 이어받아 후학들에게 참선을 지도하다가 1605년에 덕유산 구천
동으로 다시 정관 스님을 찾아 갔다. 스승이 입적한 후인 1615년에 스승을 생

각하고 덕유산으로 돌아와 1618년에 계조굴(繼祖窟)에서 은거했고, 1625년에 향적암(香積庵)에서 수행하다 1638년에 입적했다. 제자인 송파 각민(松坡覺敏) 스님이 영골을 수습하여 덕유산 구천동에 부도를 세웠다.

■ 성보문화재

가람의 당우는 모두 1961년 이후에 새롭게 세워진 것들이다. 한국 전쟁으로 가람이 모두 소실된 후 10여 년이 지난 후부터 복원을 시작했기 때문이다.

경사진 경내에 여러 단의 석축을 쌓고 대웅전을 비롯하여 원통전·명부전·선수당·보제루·종각·요사·천왕문·일주문 등을 건립하여 오늘날 백련사는 훌륭한 규모를 갖추게 되었다.

1986년에 지어진 명부전은 현재 비어 있는데, 해마다 지반이 낮아지고 있어 앞으로 새로 지을 계획이라고 한다. 1979년에 지은 보제루(普濟樓)는 2층 누각이며, 종각은 1987년, 천왕문은 1977년, 일주문은 1968년에 각각 세워졌다.

대웅전 경사진 경내에 여러단의 석축을 쌓은 위에 대웅전 등의 건물이 들어 서 있다.

● 대웅전

앞면 5칸, 옆면 3칸의 팔작지붕 건물이며, 1979년에 세워졌다.

안에는 삼존불이 봉안되어 있는데, 주존을 아미타여래로 하고 좌우에 관세음보살과 대세지보살이 협시하는 청동 좌상으로서 대웅전 건립과 같은 해에 봉안되었다.

삼존상의 후불탱화는 각 존상마다 따로 그려져 전부 세 점이 걸려 있는데, 1975년에 조성된 것이다. 그 밖에 신중탱화와 위패 3개, 동종이 있다.

● 원통전

1976년에 세워진 앞면 3칸, 옆면 2칸의 팔작지붕 건물이다.

안에는 목조로 된 관세음보살좌상이 봉안되어 있다. 80㎝ 높이인데 전남 강진에서 옮겨온 것이라고 한다.

탱화로는 근래에 봉안된 후불탱화를 비롯해서 산신탱화 · 칠성탱화 · 독성탱화가 있으며, 그 밖에 석고로 만든 산신상이 있다.

선수당　대웅전 아래에 있는 건물로서, 지금은 요사겸 사무실로 사용되고 있다.

● 선수당

선수당(善修堂)은 앞면 5칸, 옆면 3칸의 팔작지붕 건물로서 대웅전 왼쪽 아 랫단에 있다. 본래는 1962년에 지금의 대웅전 자리에 세워졌던 대웅전 건물이 었으나 1979년에 지금의 자리로 옮겼고, 현재는 요사겸 사무실로 사용된다.

안에는 석조아미타삼존상이 봉안되어 있는데, 이 불상도 역시 옛 대웅전에 봉안되던 것으로서 1961년에 백련사를 복구 중창할 때 경북 의성에서 옮겨와 모신 것이라 한다.

● 문향헌

요사로 쓰이고 있는 문향헌(聞香軒)은 1967년에 무주읍내에 있던 무주부의 동헌(東軒) 건물을 옮겨온 것이다. 당시 개인 소유로 있던 이 건물을 신도들 이 매입하여 백련사로 옮겨 앞면 7칸, 옆면 5칸의 'ㄷ'자 모양의 팔작지붕 건 물로 지었다. 처음에는 원통전 자리에 있었으나 나중에 지금의 자리로 옮기면

백련사 계단 절의 뒷편 향적봉으로 오르는 길에 있다. 석종형 탑신과 원형의 대좌 1기가 놓여 있다.

서 크기를 늘렸다. 복원 초기부터 1970년대 중반까지는 옛 대웅전과 이 요사가 당우의 전부였다.

● 백련사계단

백련사계단(白蓮寺戒壇)은 대웅전에서 덕유산 정상인 향적봉 쪽으로 오르는 뒷산에 있는 계단으로서 현재 전라북도기념물 제42호로 지정되어 있다.

능선의 정상 부분에 바닥이 자연석으로 깔려 있는 이 계단은 자연석 기단 위에 높이 약 2m, 둘레 약 4m의 우람한 석종형 탑신을 올려놓고 있는데, 그 전면에 높이 30㎝, 지름 100㎝ 크기의 원형 대좌 1기가 놓여 있다.

전해오기로는 고려시대 구천동사를 창건한 대원대도대사(大院大都大師)의 부도라고 하지만 확실한 근거가 없다. 또 누구나 관세음보살을 부르며 이 탑의 주변을 일곱 번 이상 돌면 모든 소원이 이루어진다는 말이 전하고 있어 많은 사람들이 찾는 곳이기도 하다. 형태로 보아 조선시대에 조성된 것으로 생각된다.

● 매월당부도

일주문 안쪽에 있는 매월당 부도는 전라북도유형문화재 제43호로서, 1784년에 세워진 매월당 설흔(梅月堂雪欣) 스님의 부도이다.

둥근 대석 위에 석종형 탑신을 올려 놓았는데, 대석에는 복련을 새겨 놓았고, 탑신의 상륜부는 보륜을 조각한 뒤 그 위에 유두형 보주를 조각했다. 보륜을 중심으로 한 탑신의 윗면과 보주 위에는 화려한 복련과 앙련을 새겨 장식했다.

탑신에 '梅月堂雪欣之塔'이라는 탑명과 함께 '乾隆甲辰三月 甥姪林善行 建立'이라는 명문이 새겨져 있다. 곧 매월당 설흔의 부도를 생질인 임선행이 1784년에 세웠다는 내용이다.

종래 이 부도는 매월당 김시습의 부도로 알려져 왔으나, 실제로는 1772년에

매월당 부도

부도에는 매월당 설흔스님의
탑명과 부도가 세워진 연대
가 새겨져 있다. 일주문 안쪽
에 모셔져 있다.

조성된 무주 안국사 극락전 후불탱화의 화기에 증명법사로 나오는 매월당 설
흔 스님의 부도인 것이 확실하다. 전체 높이는 190㎝이다.

● 정관당부도

천왕문 앞 왼쪽에 있는 1609년에 세워진 정당 일선 스님의 부도로서 전라북
도유형문화재 제102호로 지정되어 있다.

정관 일선 스님은 사명 유정·편양 언기·소요 태능과 함께 휴정의 4대 제
자 중 한 사람으로 꼽히며, 이곳 백련사에서 입적하였다.

부도의 구조를 보면 복련을 조각한 원형의 대석 위에 석종형 탑신을 얹어 놓았다. 탑신은 다른 부도에서 흔히 볼 수 있는 모습인데, 다만 상륜부의 보륜·보주 등의 장식을 생략한 채 탑신의 맨 윗부분을 뾰족하게 조성하여 마치 대추씨를 연상케 한다.

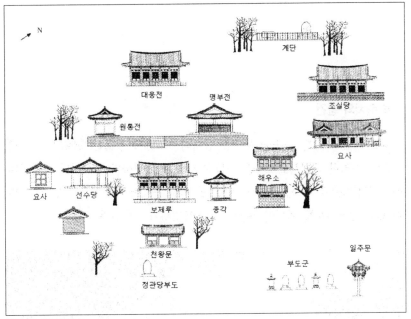

백련사 가람배치

북고사

■ 위치와 창건

북고사(北固寺)는 무주군 무주읍 읍내리 520번지 향로산(香爐山) 동남쪽
기슭에 자리한 대한불교조계종 제17교구 본사 금산사의 말사이다. 무주읍내
에서 금산쪽으로 나가는 네거리 약간 못 미친 곳에서 오른쪽으로 난 길을 따
라 낮은 고개마루를 넘으면 아담한 가람 북고사가 나타난다.

북고사 적상산 북쪽 향로산 기슭에 자리한 절에는 부처님을 향한 끊임없는 향불이 피어 오르고 있다.

무주 읍내의 유일한 전통사찰인 북고사는 고려 공민왕 때 창건되었다고 전하기도 하고, 또 조선 태조 때 무학 자초(無學自超) 스님이 창건했다는 구전도 있다. 무학 스님이 무주를 방문하여 지세를 살피고는 복지(福地)라고 감탄하면서, 남쪽에는 명산 적상산(赤裳山)이 있어서 튼튼하지만 북쪽의 향로산은 산세가 너무 허약하다 하여 이곳에 절을 짓고 탑을 세우게 하였다는 것이다.

■ 연혁

창건 이후 조선 전기까지의 사실은 전하는 바가 없어 알기 어려우며, 15세기 후반에 간행된 『동국여지승람』의 불우(佛宇)조에도 향로산의 절은 보이지 않는다. 그러나 18세기에 나온 『여지도서』·『가람고』·『범우고』에는 향로산의 북고사가 나오고 있으며, '부(府)로부터 북쪽으로 5리의 거리에 있다.'고 했으니, 이 시기에 와서 비로소 문헌에 나타난다.

그런데 1898년에 간행된 『적성지(赤城誌)』 사찰조에는 '북고사는 향로산에 있는데 무주부로부터 북쪽으로 5리 떨어진 곳에 있으며, 옛이름은 경월사(慶月寺)로서 당시로부터 약 700년 된 고찰.'이라고 하고 있어 주목된다. 『적성지』는 조병유(趙秉瑜)가 편찬한 무주군의 읍지인데, 어떤 자료에 근거했는지는 알 수 없으나, 이 책을 통해 삼층석탑의 연원과 아울러 북고사의 창건을 고려시대로 올려 볼 수 있다는 점에서 매우 중요하다.

이렇게 해서 절의 연혁을 정리해보면, 고려 말 또는 조선 초에 경월사로 창건된 이후 조선 전기의 사실은 잘 알 수 없으나, 조선 후기에는 여러 기록에 보이고 있는 대로 명맥이 유지되었고, 일제강점기의 30본사 체제에서는 보석사(寶石寺)의 말사로서 사격을 유지하다가 오늘에 이르고 있다.

근래에 와서는 1976년에 관주(觀住) 스님이 주지를 맡아 극락전을 새로 짓고 산왕당과 칠성각을 중건하는 등 중창 불사를 추진하여 절의 면모를 일신시켰다. 처음 관주 스님이 왔을 때는 인법당 형태의 극락전과, 'ㄴ'자 모양을 한 요사 자리에는 방앗간이 있었고, 그 밖에 칠성각·산신각과 양철지붕의 요

아미타불·후불탱화 극락전 아미타불상은 창건 당시의 것이라고 하나 자세한 조성년대를 알 수 없다.

사가 있었다고 한다.

이후 1978년에 법당을 세웠다가 해체하고 1993년에 다시 지었으며, 1994년에는 극락전 오른쪽에 극락전 건물의 목재를 이용해서 요사를 지었다. 또한 1996년에 미륵불을 봉안하고 1997년에는 칠성각을 지었다.

■ **성보문화재**

현재 절은 극락전을 비롯해서 칠성각·산왕당·요사 2채로 구성되어 있다.

● **극락전**

절의 본당으로서 일제강점기 이후 인법당으로 되었는데, 1978년에 관주 스님이 해체하여 새로 지었다가, 1993년에 다시 해체하고 지금처럼 새로 지었다.

안에는 아미타여래상과 후불탱화·신중탱화 및 최근에 조성된 지장탱화가 봉안되어 있다.

　주불로 봉안된 목조아미타불상은 통견의를 입고 목조대좌 위에 결가부좌를 하고 있다. 창건 당시에 조성된 불상이라고 전하고 있으나, 기록이 없어서 정확한 조성년대는 알 수가 없다.

　후불탱화는 화기가 있어 1928년에 조성된 것임을 알 수 있다.

　신중탱화는 천부중을 중심으로 제석·범천·동진보살과 호법신장을 배치한 탱화로서, 장순(莊旬)·윤관(允寬)·호묵(護嚜)·민훈(敏訓) 금어스님의 이름이 보인다. 크기는 가로 99㎝, 세로 130㎝이다.

● 산왕당·칠성각

　극락전 뒤편 양쪽으로 앞면과 옆면이 각각 1칸인 맞배지붕의 산왕당과 1997년에 지어진 앞면 3칸, 옆면 1칸인 맞배지붕의 칠성각이 있다.

칠성탱화　우송스님 등에 의해 조성된 탱화로 칠성각 안에 봉안되어 있다.

산왕당에는 산신이 깊은 산속에서 호랑이 등에 걸터 앉아 있으며 그 좌우에 2명의 동자가 그려진 산신도가 봉안되어 있다. 1928년에 조성되었으며, 크기는 가로 66㎝, 세로 96㎝이다.

칠성각 안에는 칠성탱화가 걸려 있다. 칠성탱화는 중앙에 치성광여래를 중심으로 그 앞쪽에 일광보살과 월광보살이 있고, 치성광여래 좌우에는 칠여래와 성중들이 배치되어 있다. 1899년(광무 3)에 금어 우송(友松) 스님 등에 의해 조성되었으며, 크기는 가로 151㎝, 세로 112㎝이다.

● 삼층석탑

극락전 서편 산왕당 앞에 있는 이 삼층석탑은 건립 경위는 명문이나 기록이 없어 자세히 알 수 없으나, 고려 말 조선 초의 모습을 지니고 있어 북고사 창

삼층석탑
북고사 창건 당시의 것으로 보이는 이 석탑은 기단부와 탑신석 등이 유실되었다.

건 당시에 세워진 것으로 전해진다.

전체 구조는 방형 기단 위에 중대석을 올려놓고 그 위에 우주를 모각한 탑
신을 올려 놓은 후 삼층의 옥개석을 얹었다. 기단부의 하대석과 중대석이 시
멘트로 보수되었으며, 탑신도 새로 만들어 끼워 넣었다. 그러나 삼층의 옥개석
은 본래의 것으로 옥개석의 각층 받침이 3단씩이고 3층 위의 노반과 복발은
심하게 마모되어 있다. 전체 높이는 220㎝이다.

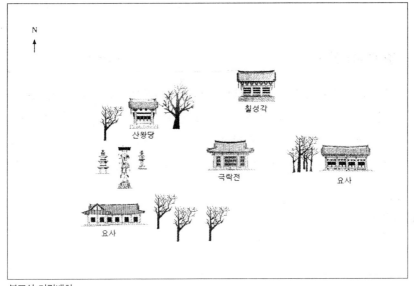

북고사 가람배치

안국사

■ **위치와 창건**

안국사(安國寺)는 무주군 적상면 북창리 934번지 적상산(赤裳山)에 자리한 대한불교조계종 제17교구 본사 금산사의 말사이다. 무주읍 남쪽에 우뚝 솟아 있는 적상산은 특유의 붉은 색 퇴적암이 높이 400m의 절벽으로 산의 중턱을 감싸듯이 노출되어 있어 마치 붉은 치마를 두른 것과 같다하여 산이름을 적

안국사 터만 남아 있던 호국사 자리로 옮겨온 절은 트인 시야만큼 새로운 중흥의 시기를 맞고 있다.

상이라고 했다. 가을에 단풍이 들면 더욱더 그 이름을 실감하게 된다.

적상산은 산 정상이 넓은 분지로 되어 있어 평탄하고 물이 풍부하며 산 허리가 절벽이라 천연의 요새지인 셈이다. 산내에는 사적 제146호 적상산성이 있다.

북창리 입구에서 15km 지점에 있는 안국사는 얼마전까지만 해도 서창(西倉)이나 북창(北倉)에서 한 시간 이상 좁고 가파른 길을 걸어 올라가야 도착할 수 있었다. 지난 1987년에 원광대학교에서 안국사를 발굴할 당시에도 길이 좁아 발굴에 필요한 리어카 등을 모두 짊어지고 올라갔을 정도였다. 그러나 이제는 절 앞까지 도로가 포장되어 찾는 길이 쉬워졌다.

본래의 안국사는 1989년부터 진행된 무주 양수발전소의 댐 공사로 인하여 수몰지구에 포함되었기 때문에 1991년부터 남쪽 약 1km 지점의 현재 자리로 이전하여 복원하였다.

현재의 안국사 자리는 1949년에 소실되어 터만 남아 있던 호국사(護國寺)가 있던 곳이다.

무주읍지인 『적성지(赤城誌)』의 「적상산안국사기(赤裳山安國寺記)」에 의하면 안국사는 고려시대인 1277년(충렬왕 3)에 월인(月印) 스님이 창건했고, 그 뒤 조선 초기에 이르러 무학대사(無學大師)가 절을 지었다고 한다. 곧 조선 태조 이성계가 국가의 만년대계를 위하여 무학 스님에게 명하여 복지(卜地)인 적상산에 성을 쌓고 절을 짓게 하였다는 것이다. 이 내용은 고려 말인 1374년에 최영(崔瑩)장군이 천연의 요새인 이곳에 성을 쌓고 창고를 지어 뜻밖의 난리에 대비하도록 조정에 요청하여 성을 쌓은 사실이 있어 그 가능성을 짐작하게 한다.

고려시대에 창건된 이후 조선 중기까지 줄곧 절이 유지되었는지는 잘 알 수 없지만, 이곳의 자연 경관이 뛰어나 일찍부터 불교 수행지로서 주목을 받았을 것은 틀림없다. 한편 1864년에 만든 〈안국사중수기〉 현판을 보면 옛 풍수가들의 건의에 따라 산성을 쌓고 성을 지킬 스님을 모집하여 그들의 거처로 이 안국사를 창건하였다고 한다.

■ 연혁

　안국사가 기록에 처음으로 보이는 것은 1758년(영조 34)에 조성된 감로왕도의 화기(畵記)에 감로탱화(甘露幀畵)를 조성하여 무주도호부 남령 적상산 안국사에 봉안했다는 내용이다. 1760년에 간행된 『여지도서』에는 비록 적상산성의 안국사가 기록되지는 않았으나 그 이전에 이미 안국사라는 명칭이 사용되었음을 알 수 있다. 이후 1772년에 조성된 안국사 극락전 후불탱화의 화기에도 '적상산 안국사'가 기록되어 있다.

　1864년의 〈안국사중수기〉에는, '나라에서 사각(史閣)과 선원각(璿源閣)을 지어 『조선왕조실록』과 왕실의 계보를 봉안케 하고 승병들로 하여금 수호하

안국사 내경

게 하였으므로, 조금도 염려할 바 없이 안심되는 일이다. 안국사(安國寺)라고 이름한 것은 비록 작은 절이기는 하지만 나라를 안전하게 지키기 위한 큰 일을 하는 절이다.' 하여 그런 이름을 지었다는 내용이 보인다.

1614년에 사고(史庫)를 설치한 후에는 덕웅(德雄) 스님이 승병 92명을 모집하여 산성을 수축하는 한편 조를 편성해 사고를 지켰다. 그러나 1627년 정묘호란 때 사고를 지킬 사람이 없어서 상훈(尚訓) 스님이 사고의 책들을 성밖의 석굴로 옮겨 보관하다가 전쟁이 끝난 뒤 사고에 다시 봉안하는 곡절을 겪기도 했다.

1864년(고종 1)에는 적상산 사고를 방문한 이면광(李冕光)의 건의로 32만 4천 전(錢)을 들여 중수되었고, 이후 1872년과 1902년에도 개수되었다.

1910년의 한일합방 당시 안국사 경내에는 본전인 극락전을 중심으로 양쪽 옆에 명부전과 산신각이 배치되어 있었고, 극락전 앞쪽 마당 건너편에 청하루(淸霞樓) 그리고 극락전과 청하루 사이의 마당 양옆으로 승방(僧房)들이 있었다고 한다. 이후 일제강점기에는 당시 30본사 중의 하나였던 보석사(寶石寺)의 말사가 되었다.

1910년에는 적상산 사고의 장서가 서울 규장각으로 옮겨감으로써 사고의 건물이 비게 되었고, 절의 건물이 퇴락하여 상설(像設)들을 이곳으로 옮겨 사용하다가 얼마후 당시 주지였던 이철허(李澈虛) 스님이 선원각 건물을 경내로 옮겼다.

근래에 와서는 1968년에 유정환(柳正煥) 스님이 선원각에다 천불을 봉안하고 요사를 늘려 지었다. 그리고 퇴락한 청하루를 해체하여, 경내에는 극락전·천불보전·산신각·요사 등이 있게 되었다.

최근에는 1989년에 적상산에 무주 양수발전소 건립이 계획되어 안국사 가람 경내가 수몰지구에 편입되었다. 그래서 절은 부득이 남쪽으로 약 1km 거리인 호국사지로 이전하게 되었다. 그 뒤 1991년에 일주문·선원·호국당 등을 이전 복원하였고, 이듬해에 극락전·천불전·요사·청하루 등도 이전 복원했다. 1994년에 범종각을 세웠고, 1996년에 범종이 완성되어 타종식을 거행했다.

안국사 연혁

시 대	내 용
1277년(충렬왕 3)	월인 스님이 창건
14세기말	무학대사가 절을 중창
1592년(선조 25)	임진왜란과 정유재란 때 의승병의 주둔지였음
1614년(광해군 6)	적상산 사고를 건립하여 실록을 보관하고 가람을 증축
1641년(인조 19)	선원각을 건립하고 왕실의 계보 『선원록(璿源錄)』을 보관
1643년(인조 21)	호국사 건립
1717년(숙종 43)	청운(靑雲) 스님 부도 건립
1728년(영조 4)	괘불 조성
1730년(영조 6)	괘불대 건립
1753년(영조 29)	보운(寶雲) 스님 부도 건립
1772년(영조 48)	극락전 후불탱화 조성
1788년(정조 12)	동종 주조
1792년(정조 16)	괘불 중수
1864년(고종 1)	이면광(李冕光)이 가람을 중수
1872년(고종 9)	실록전과 선원각을 개수
1902년(광무 6)	대대적 개수 공사를 실시
1910년	사고(史庫)의 장서가 서울로 옮겨가고 선원각을 경내로 옮김
1968년	유정환 스님이 천불을 봉안

1989년	원행 스님 주지 취임
1991~1992년	발전소 건립으로 경내가 수몰지로 편입, 호국사지로 이전 시작. 극락전·지장전·천불전·삼성각·청하루·호국당·일주문·요사 등 건립
1994년	범종루 건립

■ 적상산성에 있었던 사찰들

절이 자리한 적상산에는 적상산성이 있는데, 각종 문헌자료에 보면 적상산성 안에는 본래 여러 사찰이 있었음을 알 수 있다.

『신증동국여지승람』(1530년)에는 고경사(高境寺)가 적상산성 서동(西洞)에 있다고 했으며, 『적상산성조진성책(赤裳山城條陳成册, 1632년)』에는 보경사

호국당 1949년에 소실되었다가 안국사가 이곳으로 이전되어 오면서 복원되었다.

(寶鏡寺)와 삼일암(三日庵)이 보인다. 그리고『여지도서』(1760년)에는 적상산성 안에 상원사(上元寺)·중원사(中元寺)·호국사(護國寺)가 있다고 했으며,『범우고』(1799년)에도『여지도서』와 같은 내용인데, 거기에 고경사는 당시에 폐허가 되었다는 기록을 추가하고 있다.

이로써 볼 때 1641년에 선원각이 세워져 선원록이 보관되고서 2년이 지난 뒤에는 호국사가 건립되었고, 이후 상원사·중원사가 건립되었으며 19세기 초에는 고경사가 폐지된 듯하다.

『적상산성조진성책』은 적상산 사고가 건립될 무렵 당시 무주현감인 김수창(金壽昌)이 쓴 책인데, '산성 서문 옆에 8칸의 보경사(寶鏡寺)가 있으나 기울기 시작하였고, 보경사 승사(僧舍) 6칸의 건물은 완전하다'고 하였으며, 또한 '남문 밖에 삼일암(三日庵)이 있었다.'고 했다.『동국여지승람』에 기록된 고경사와 보경사 모두 적상산성의 서쪽에 있어 같은 절이 아닐까도 생각되지만 아직 확실치는 않다.

■ 주요인물

● 의겸 금어스님

안국사의 괘불을 그린 의겸(義謙) 스님은 조선 후기를 대표하는 화승(畵僧)이다. 주로 호남과 서부 경남 일대에서 다른 여러 화승들을 거느리고 활발한 활동을 하면서 제자들을 배출하였고, 그의 맥을 이은 제자들이 조선 후기 불교 화단을 이끌었을 만큼 지대한 영향을 끼친 당대 최고의 금어(金魚)였다.

의겸의 생몰년대와 출생지, 스님으로서의 수행 과정 등에 대해 전해주는 자료가 없어 자세한 생애를 알 수는 없지만, 남겨진 작품을 통해 추정해 보면 17세기 말에 태어나 숙종대부터 영조대에 이르기까지 약 50년 동안 작품활동을 하였음을 알 수 있다.

그의 독특한 화풍으로 그린 불화는 안국사 괘불을 비롯하여 청곡사·운흥

극락전 절의 중심건물로 안에는 아미타여래를 주존으로 한 삼존상이 봉안되어 있다.

사·개암사 등의 괘불 4점과 흥국사 영산회상도 등을 포함해서 현재 밝혀진 것만도 25점에 이르고 있다.

■ 성보문화재

절의 당우는 모두 1991년 이후 옮겨 짓거나 새로 지은 것들인데, 현재 극락전·지장전·삼성각·천불전·청하루·요사·호국당·일주문 등이 가람을 구성하고 있다. 호국당은 1949년에 소실되었으나 1991년에 복원되었다.

한편 호국사 자리로 옮겨오기 전의 안국사에는 전라북도유형문화재 제42호로 지정되었던 극락전, 옛 사고터에 있던 선원각을 옮겨 지은 천불보전, 산신각·요사 등의 건물이 있었다.

● 극락전

앞면과 옆면 각 3칸씩인 맞배지붕 건물로서 안에는 아미타여래를 주존으로 관세음보살과 대세지보살이 좌상으로 모셔져 있다.

탱화로는 1994년에 그린 후불탱화와 1965년에 그린 신중탱화가 봉안되어 있다. 본래 1772년에 조성된 가로 340㎝, 세로 384㎝의 후불탱화가 있었으나 몇 년전 도난당했다. 안에는 그 밖에 1995년에 조성된 반자가 있다.

● 천불전

앞면과 옆면 각 3칸씩의 맞배지붕인데, 외부는 중간에 가로로 방(枋)을 쳐서 중층의 분위기를 내고 있다. 안에는 석가여래와 문수보살·보현보살상 및 천불상이 있는데 전부 석고상이다. 후불탱화는 1969년에 조성되었다.

● 지장전·삼성각

앞면 3칸, 옆면 2칸의 맞배지붕 건물로서 안에는 최근에 조성된 후불탱화가 봉안되어 있다.

청하루 중층 누각식 건물로 내부에는 불상전시관이 있고 옛 현판들이 걸려 있다.

삼성각은 앞면 3칸, 옆면 1칸의 맞배지붕 건물이며, 안에는 1899년(광무 3)에 봉안된 칠성탱화와 최근에 조성된 산신탱화·독성탱화가 있다. 칠성탱화는 그림 가운데 치성광여래를 중심으로 좌우에 일광보살·월광보살 및 삼태육성과 이십팔수 등 여러 권속을 배치한 구도를 하고 있다. 화기에 보면 1899년에 처음 김천 봉곡사(鳳谷寺) 극락암에 봉안되었다가 이곳으로 옮겨왔다는 내용이 있다. 그림을 그린 금어로는 우송 상수(友松爽洙) 스님의 이름이 보인다. 우송 상수 스님은 1888년(고종 25)에 김천 직지사 삼성암의 칠성도·신중도를 그렸으며, 1892년에는 해인사 괘불을 그리는 한편 김천 고방사(高方寺) 산신도의 증명을 맡기도 했다.

● 청하루

앞면 5칸, 옆면 3칸의 중층 누각식 건물로서 1992년에 복원되었다. 현재 불교용품점과 세계각국 불상전시관으로 활용된다.

안에는 '石室秘藏'·'淸霞樓'·'極樂殿'·'山神閣' 등 옛 현판 4점이 걸려 있는데, 이 가운데 '청하루' 현판은 1859년(철종 10)에 송석(松石) 이도익(李都翼)이 쓴 글씨다.

● 동종

절에는 앞면 3칸, 옆면 2칸의 팔작지붕의 범종각이 있고 그 안에 1996년에 조성한 범종과 운판 등이 있다. 그러나 본래의 안국사 종은 현재 요사 앞에 있는 동종으로서, 1788년(정조 12)에 주조된 것이다.

이 동종은 어깨에 범자(梵字)가 둘러져 있고 그 밑에 4개의 유곽과 종신의 공간에 보살상이 배치되어 있는데, 현재 용뉴는 없어졌다. 종신에는 '乾隆五十三年 戊申 三月日 赤裳山 安國寺 大鍾'·'改鑄重' 등의 명문이 있다. 크기는 전체 높이 85cm, 입지름 78cm이다.

● 안국사 괘불

극락전 안에 보관되어 있으며, 1997년 8월에 보물 제1267호로 지정되었다.

길이 10m가 넘는 대형 화면의 중앙 가득히 석가여래를 입상으로 그리고, 양쪽 가장자리의 윗부분에서 중간 지점까지 화면 왼쪽에 아미타여래·관음보살·세지보살을 배치하고, 화면 오른쪽에 다보여래(多寶如來)·문수보살·보현보살을 배치했다. 그래서 언뜻 보기에는 독존도처럼 보이지만 내용상으로는 7존도이다.

주존인 석가여래는 이중의 거신광배를 하고 넓은 어깨의 당당한 모습으로 묘사되었으며, 오른손은 내려뜨리고 왼손은 가슴 부분까지 들어 올리고 있다. 양쪽 가장자리의 아미타여래와 다보여래 등 6존은 구름에 둘러쌓여 중앙의 주존을 향하고 있다. 그리고 주존의 두광 좌우에는 구름을 탄 천녀가 내려오는 모습이 그려져 있어 변화를 주고 있다.

1728년(영조 4)에 그려진 이 괘불은 화원인 의겸(義謙)·의윤(義允)·민휘(敏輝)·천신(天信) 스님 등이 그렸다.

그 뒤 1792년 4월에 후배지(後背紙)를 새로 대는 1차 중수가 이루어졌으며, 1809년 4월에도 다시 중수하였다. 이후로도 수차례 중수되었으니, 1939년 5월 당시 주지 김용봉(金溶峯) 스님에 의하여 보수된 것 등이 그 예이다.

동종

안국사 괘불

괘불대

극락전 앞 양쪽에 세워져 있다. 지주에 새겨진 명문을 통해 1730년에 조성되었음을 알 수 있다.

　가뭄이 들었을 때 이 괘불을 걸고 기우제를 지내면 반드시 비가 온다고 하여 영험이 있는 것으로 널리 알려져 있다. 실제로 이 괘불의 뒷면에는 기우축원문(祈雨祝願文) 등의 축원문과 송덕문 수십 장이 붙어 있어 이를 실감나게 한다.

　크기는 가로 1,075cm, 세로 750cm이며 마본(麻本)을 배접한 대형 화면에 채색으로 그려졌다.

　괘불대는 극락전 앞에 한쌍의 석조물로 되어 있는데, 가공되지 않은 자연석 상태로서 높이가 160cm이다. 중간에는 간목(竿木)을 걸 수 있는 구멍이 있다. 한쪽 지주 앞면에 있는 명문을 통해 1730년(영조 6)에 세워진 것임을 알 수 있다. 이 괘불대도 본래의 안국사 자리에서 옮겨온 것이다.

● 부도

사찰 입구에 청운당(淸雲堂)·월인당(月印堂)·보운당(寶雲堂) 등 부도 4
기와 호국사비가 있다. 부도는 전부 석종형이다.

청운당 부도는 높이 120㎝로서, 네모난 대좌에는 원형 연화문이 돋을새김
되었고 그 위에 탑신을 올려놓았다. 탑신 윗부분에는 여의두문의 보륜을 둘렀
고, 중간에 '淸雲堂 奉骨塔'이라는 탑명과 함께 1717년(숙종 43)에 해당되는
명문이 새겨져 있다. 그리고 '淸雲堂 舍利塔'의 글이 새겨진 높이 127㎝의
석종형 부도가 자연석 기단 위에 놓여 있다. 탑신 위에 팔각원당형의 옥개석
이 올려져 있는데, 이중으로 된 연목과 기왓골을 모각하였고, 옥상에 여의두
문 형식의 보륜을 둘렀다.

월인당 부도는 탑신에 '月印堂大師 靈骨塔'이라는 탑명과 함께 '俗姓 金
海金氏'·'庚午年七月日'의 글이 있으나, 어느 경오년인지는 알 수가 없다.

부도군

높이 130cm이다.

높이 100cm의 보운당 부도는 탑신에 '寶雲堂惠政塔'이라는 글씨 옆에 '乾隆 十八年 三月日'이라는 글자가 쓰여 있어 1753년에 세워진 것임을 알 수 있다.

● 적상산성과 사고터

안국사는 적상산 사고에 봉안된『조선왕조실록』과『선원록』을 잘 지킴으로 써 나라를 평안하게 한다는 발원으로 시작된 절이었으므로, 적상산 사고와는 밀접한 관계가 있다.

적상산성은 고려 말인 1374년에 최영장군이 탐라를 정벌한 후 서울로 돌아 오는 길에 적상산을 지나다가 그 산세에 감탄하여 산성을 쌓아 앞날을 대비 하도록 한 곳이다. 그 뒤 조선시대에 들어와서 사고(史庫)를 건립하면서 동서 남북에 사대문을 세워 전체 길이 8,143m의 산성을 보강했다. 현재 사적 제146 호로 지정되어 있다.

적상산 사고는 조선 후기 5대 사고(史庫) 중의 하나로 건립되었다. 북쪽에 있던 묘향산 사고가 후금(後金)의 위협으로 불안할 뿐만 아니라 사고의 관리 도 소홀하여 없어질 우려가 있어 그 묘향산 사고의 실록을 무주로 옮기기 위 하여 적상산에 사고를 세웠던 것이다.

1610년 조정에서 사관(史官)을 보내 땅의 모양을 살피게 하고 산성을 수리 한 후, 1614년 적상산성 안에 실록전(實錄殿)을 건립하였다. 4년 뒤인 1618년 부터 실록을 봉안하기 시작하여 1633년까지 묘향산 사고의 실록을 모두 옮겼 다. 또한 1641년에는 선원각(璿源閣)을 건립하고 왕실의 계보인『선원록(璿 源錄)』을 봉안하였으며, 군기고(軍器庫)·대별관(大別館) 등도 세움으로써 완전한 사고를 이루게 되었다.

적상산성에 사고가 설치되자 사고의 수호와 산성 수비를 강화하기 위한 승 병을 모집하고 이들이 거처할 사찰을 마련하게 되었다. 사고 설치 직후에는 덕웅 스님이 승병 92명을 모집하여 산성을 수축하는 한편 조를 편성하여 사고를 지켰다. 특히 정묘호란 때는 사고를 지킬 사람이 없어서 상훈 스님이 사고의 책들을 성 밖의 석굴로 옮겨 보관하다가 전쟁이 끝난 뒤 사고에 다시 봉안하기도 했다.

사고의 수호가 이와같이 어려워지자 1643년 산성안 사고 옆에 호국사를 건립하여 수호사찰로 삼았다. 구한 말에 이르러 사고가 퇴락되자 1872년에 실록전과 선원각을 개수하였으며, 1902년에도 대대적 개수 공사를 했다.

적상산 사고는 1910년 우리나라의 주권을 빼앗은 일본에 의해 이곳의 장서가 황실문고로 편입되어 장서각(藏書閣)으로 이전됨으로써 사고로서의 역할은 끝나고 그 터만 남게 되었다. 당시 적상산 사고에 보관되었던 책은 조선왕조실록 824책, 선원록 1,446책, 의궤 260책, 잡서 2,984 책 등 전부 5,514책에 달했다. 장서각으로 옮겨진 실록은 그 뒤 중간에 없어지기도 하다가, 6.25 전쟁 중에 분실되어 버렸다.

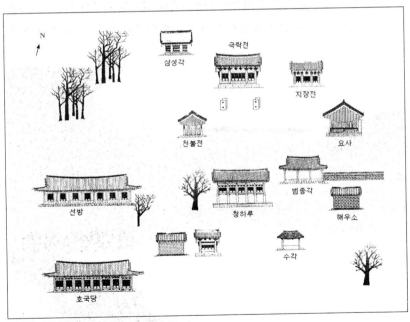

안국사 가람배치

원통사

■ 위치와 창건

원통사(圓通寺)는 무주군 안성면 죽전리 1번지 남덕유산(南德裕山) 기슭에 자리한 대한불교조계종 제17교구 본사 금산사의 말사이다.

무주읍에서 장수군 쪽으로 가다가 안성면에서 왼쪽의 덕유산으로 들어가면 원통사가 나온다. 1698년에 세워진 〈원통사중창비〉에는 절이 신라시대에 창건

원통사 남덕유산 기슭에 자리한 절은 의병활동의 근거지가 되었던 호국의 터전이기도 했다.

되었다고 기록되었다. 그러나 그 밖에 창건 이후 고려시대까지의 역사적 사실에 대하여 자세히 전해주는 자료는 남아 있는 것이 없다. 다만 『신증동국여지승람』(1530년) 금산군 불우(佛宇)조에 덕유산의 원통사(元通寺)가 보이고 있어, 조선 전기부터는 역사 기록에 나타나고 있다.

현재 원통사지가 전라북도기념물 제62호로 지정되어 있다.

■ 연혁

조선 후기에 와서 절은 중흥의 시대를 맞이하였다. 1698년(숙종 24)에 탄언 도영(坦彦道英)·혜왕 일학(惠王一學) 스님이 법당과 종각을 중창하는 일대 불사를 단행한 것이다. 이전의 가람이 어느 정도 규모였는지는 알 수 없지만 이 때의 중창으로 원통사는 법당과 종각·누각·요사 등의 당우를 갖추게 되었다.

18세기에 간행된 『여지도서』·『가람고』·『범우고』 등에도 절의 존재 사실을 전한다. 곧, '원통사는 덕유산에 있으며, 무주부(府)로부터 남쪽으로 50리 떨어진 곳에 있다.'고 했다.

1905년 을사보호조약이 체결된 이후, 의병장 김동신(金東臣)·문태서(文泰瑞)·신명선(申明善) 등의 부대가 이 절을 의병활동의 근거지로 삼았다. 원통사는 일본 제국주의의 침략에 맞서 싸웠던 호국의 터전이 되었던 것이다.

그러나 1949년 여순사건의 병화로 전 당우가 소실되었으며, 6.25 전쟁의 발발로 복구할 겨를을 갖지 못한 채, 당시 주지였던 황범인(黃梵仁) 스님이 명천마을에 임시로 법당을 마련하고 부처님의 법을 전하였다. 범인 스님은 그 뒤 1957년에도 가람 재건에 착수하여 인법당과 산신각을 건립하였으나 복원의 뜻을 완전히 이루지 못하고 1962년에 입적했다.

근래에 들어와서는 1976년에 주지로 부임한 배정공(裵正空) 스님이 옛 터에 움막을 짓고 중창 불사를 기원했는데, 마침내 1983년에 서울 삼보법회 회장으로 있던 황범인 스님의 둘째 아들 황경석(黃慶石) 거사의 시주로 초연교

관음보살상 주존 보살상은 목조대좌 위에 결가부좌하고 있으며 화려한 보관과 영락으로 장식되어 있다.

(超然橋)·선초당(善超堂) 등을 세웠고 1985년에는 대웅전, 1996년에는 명부
전을 새로 지어 중창을 이루었다. 1997년에는 명부전 봉불식(奉佛式)을 할 예
정이며, 산신각도 새로 지을 계획이라고 한다.

■ 성보문화재

현재 절에는 대웅전을 비롯해서 명부전·산신각·대세전(大勢殿)·선초당
(善超堂)·황면선원(黃面禪院)·요사 등이 있다. 대세전은 1976년에 지은 옛
법당으로서 지금은 선초당과 함께 요사로 사용된다.

● 대웅전

앞면 3칸, 옆면 2칸 규모에 팔작지붕으로 되어 있으며, 안에는 관세음보살좌
상과 아미타극락회도·지장탱화·신중탱화·칠성탱화·영단탱화가 봉안되어

독성도

산신각에 봉안되어 있다. 천태산 아래에서 수행하고 있는 나반존자의 모습을 그리고 있다.

있다. 절이름이 원통사이고 주존이 관세음보살이므로 대웅전이라는 전각 이름은 잘 맞지 않는 듯하다. 아미타극락회도·칠성탱화·신중탱화는 1907년에 봉안되었고 영단탱화는 1985년, 지장탱화는 1986년에 봉안되었다. 영단탱화는 7여래와 인로왕·지장보살 등을 그린 그림이다.

주존으로 봉안된 관세음보살상은 목조대좌 위에 결가부좌한 좌상이다. 머리에는 화려한 보관을 쓰고 있으며, 영락이 장식되어 있다. 이 상은 1698년(숙종 24)에 개금 중수된 것으로 생각되지만 정확한 조성년대는 잘 알 수 없다.

● 산신각

앞면 2칸, 옆면 1칸으로서 안에는 독성도와 산신도가 있다. 독성도에는 화기가 있으나 봉안년도는 없다. 그러나 화기 내용 가운데 대웅전 아미타극락회도를 그린 한형(漢炯) 금어스님의 이름이 보이고 있어 대략 1907년 무렵에 봉안된 것으로 추정해 볼 수 있다. 산신도는 근래에 조성한 작품이다.

● 원통사중창비

대웅전 앞 누각터 옆에 있는 원통사중창비는 1698년에 탄언 도영과 혜왕 일학 스님이 법당과 종각을 중창하는 불사를 마치고 이를 기념하여 세운 것이다. 비석 앞면에 '德裕山 圓通寺 法堂與鐘閣 重創 及佛像重修 鑄鍾 兼熟石記'라는 글씨가 새겨져 있고, 뒷면에는 '康熙 三十七年 黃虎孟夏日 立

중창비
1698년 법당과 종각을 중창하는 불사를 마치고 이를 기념하여 세운 것이다.

부 도 절 입구의 수풀속에는 남봉스님과 선혜스님의 부도가 각각 동서에 나뉘어 세워져 있다.

碑 通政 李承業'이라는 글이 있다.

　바닥에 깔려 있는 자연석을 기단석으로 삼고 그 위에다 대리석 비신을 세웠는데, 동심원의 문양이 새겨진 반원형 이수(螭首)가 얹혀져 있다. 이수는 머리 끝 부분에 유두형 보주(寶珠)가 조각되었고, 양쪽 날개에는 마치 거북머리 모양의 귀가 달려 있다. 비석의 전체 높이는 192㎝이다.

　● 부도

　가람 경내에 남봉(南峰)·선혜(善惠) 스님의 부도가 있다. 남봉 스님의 부도는 네모난 하대석 위에 원형의 중대석이 있고, 그 위에 석종형 탑신이 놓여 있다. 탑신 상륜부에는 양각된 복련을 보륜으로 둘렀고, 그 위에다 유두형 보주를 올려 놓았다.

서쪽에 있는 선혜 스님의 부도는 네모난 자연석 기단 위에 석종형 탑신을 올려 놓은 형태이며, 상륜부에 유두형 보주가 조각되어 있다.

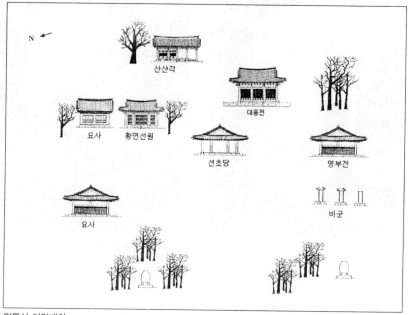

원통사 가람배치

고림사

■ **위치와 창건**

고림사(古林寺)는 진안군 진안읍 군상리 1161번지 부귀산(富貴山)에 자리
한 대한불교조계종 제17교구 본사 금산사의 말사이다.

절은 672년(문무왕 12)에 원효 스님이 부귀산에서 수도한 것이 계기가 되어
창건되었다고 전한다. 원효 스님은 삼국통일을 전후해 전국에서 '安'자가 붙

고림사　예로부터 부귀산의 저녁노을과 함께 고림사의 종소리가 진안의 아름다운 경치로 꼽혀왔다.

은 곳을 주로 찾았는데, 그 때 진안 부귀산에서도 수도했으며 그 자리가 곧 절 근처에 있는 좌선대(坐禪臺)라고 한다.

그 뒤 근대에 이르기까지의 역사는 잘 전하지 않는데, 다만 고려 때에는 절을 상림사(桑林寺) 혹은 운림사(雲林寺)로 불렀다고 한다. 고림사라는 이름은 정확한 연대는 알 수 없으나 절 주위에 수백 년 된 거목들이 가득 들어 차 있어 언제부터인가 그렇게 불렀다고 한다.

근대에 와서는 1928년에 절 전체가 불에 타 없어졌다가 1932년 무렵에 중창이 완료되었다. 지금까지 절의 연혁을 소개한 책에는 1923년에 화재가 나서 1925년에 중창되었다고 적혀 있으나 관음전에 걸려 있는 현판의 내용 등으로 볼 때 1928년의 화재로 절은 폐허화되었다가 1932년에 중창된 것이 맞다. 이때의 주지는 이용성(李龍城) 스님이었다. 그 뒤 1936년에 수해로 인해 법당이 파손되어 다시 중수했다. 이 관음전 현판은 1932년에 전승열(全承悅)이 쓴 것이다. 이후에는 삼성각 신중탱화 화기를 통해 1941년에 서법선(徐法善) 주지 스님이 주석했음을 알 수 있다.

삼성각 근래에 봉안한 탱화외에 이전에 걸려 있던 신중탱화에 서법선 주지스님의 이름이 보인다.

관음전 삼존불상 관음보살상 단독상만 모셔 오다가 최근에 아미타불상과 지장보살이 봉안되었다.

　최근에는 1981년 지금의 주지 광석(光石) 스님의 부임 이후 1991년과 1995
년에 삼성각과 요사를 각각 새로 지었다.
　절은 읍내와 가까운 거리에 있으면서도 주위가 한적하며, 특히 주변의 경치
가 뛰어나다. 그래서 예로부터 내려오는 이른바 「월랑(月浪, 진안군의 옛이름)
의 여덟가지 아름다운 경치」 가운데 '부귀낙조(富貴落照, 부귀산 너머로 깔
리는 저녁노을)'와 '고림모종(古林暮鍾, 고림사의 은은한 저녁 종소리)' 등
두 가지가 꼽히고 있다.

■ **성보문화재**

　절에는 현재 관음전과 삼성각·요사 등의 건물이 있다.
　관음전은 팔작지붕에 앞면 5칸, 옆면 2칸이며 1932년에 지은 전각이다. 불단
에는 목조 아미타불·지장보살·관음보살상의 삼존불이 봉안되었다. 이 가운

데 관음보살상은 1928년의 화재 때 구한 유일한 성보문화재인데, 그 뒤 단독으로 봉안되었다가 1991년에 벼락맞은 고목을 재료로해서 지금의 아미타불상과 지장보살을 조성했다고 한다. 탱화로는 아미타극락회도(1933년)와 지장탱화(1941년)가 있다. 또한 관음전 밖에 걸린 「고림사」사액(寺額)과 안에 〈상량문초〉를 비롯한 3매의 현판이 있다.

삼성각은 맞배지붕에 앞면 2칸, 옆면 1칸이며 안에는 칠성탱화·산신탱화·독성탱화만 걸려 있는데 전부 근래에 봉안한 작품이다. 또한 걸려 있지 않고 바닥에 내려놓은 또다른 신중탱화와 산신탱화가 있는데, 둘 다 1941년에 조성한 것이다. 특히 신중탱화 화기에는 서법선(徐法善) 당시 주지스님의 이름이 보인다.

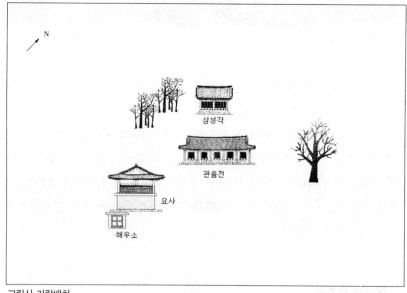

고림사 가람배치

금당사

■ 위치와 연혁

금당사(金塘寺)는 진안군 마령면 동촌리 41번지 마이산(馬耳山)에 자리한 대한불교조계종 제17교구 본사 금산사의 말사이다.

절의 창건은 650년(의자왕 10)에 고구려에서 백제로 건너온 보덕(普德) 스님의 11제자 가운데 한 분인 무상(無上) 스님이 그의 제자인 금취(金趣) 등

금당사 보덕스님의 제자 무상스님이 세웠다고 하는 절은 마이산 입구에 자리하고 있다.

과 함께 세웠다고 전한다. 당시의 위치는 지금의 절이 있는 곳보다 약 1.5km 가량 떨어진 곳이었다고 한다. 그래서 예전 자리를 고금당(古金塘), 혹은 자연동굴을 법당으로 삼았으므로 혈암사(穴巖寺) 또는 금동사(金洞寺)로 불렀다. 절이 지금의 자리로 옮겨온 것은 1675년(숙종 1)의 일이다.

한편 또다른 창건설로는 814년(헌덕왕 6) 또는 876년(헌강왕 2)에 중국인 혜감(慧鑑) 스님이 창건했다는 말도 전하는데, 문헌의 기록이 없어 확인하기 어렵다.

절은 창건후 고려시대 말에 이르기까지 완주에 자리한 경복사(景福寺)를 중심으로한 열반종(涅槃宗) 사찰로서 발전되었다. 그리고 한때 나옹 혜근(懶翁惠勤, 1320~1376) 스님도 이 절에 머물며 수도해 도를 얻었다고 전한다.

조선에서는 억불정책으로 사세가 많이 위축된 데다가 임진왜란 · 병자호란까지 겪으면서 쇠락되었다. 그러나 1675년 지금의 자리로 옮기면서 새로운 기운을 얻어 중창을 이루게 되었다. 절이름도 고금당에 있을 때의 옛이름인 금동사에서 유래된 금당사(金塘寺)로 바뀌었는데, 혹은 '金堂寺'로 쓰기도 했다. 현재 경내 왼쪽의 미륵입상 앞에 연못이 있어 절이름 그대로 금당(金塘)을 이루고 있는 셈이다.

최근에는 1976년에 금당을 비롯한 여러 건물이 자연적으로 무너지게 되어 각 전각에 대한 중건 불사를 시작했다. 곧바로 요사를 새로 지은 것을 비롯해서 1978년 명부전, 1987년 산신각 그리고 1990년에 극락전을 새로 지어서 오늘에 이른다. 또한 1985년에는 미륵입상을 봉안했다.

■ 창건설화

앞서 연혁을 설명하면서 고구려 출신의 고승 보덕 스님의 제자 무상 스님이 그의 제자인 금취 등과 함께 절을 창건했음을 말한 바 있다. 보덕 스님에 관해서는 『삼국유사』 및 『신증동국여지승람』에 기록되어 있어 참고할 수 있다.

그에 따르면 보덕 스님은 고구려 후기의 스님으로서 고구려에서 열반종을

미륵상과 석탑

널리 알린 개조(開祖)이기도 하다. 그러나 고구려 보장왕(재위 642~668)이 중국에서 도교를 들여와 도교를 받들뿐 불교를 신봉하지 않자 왕에게, '도교만 믿고 불교를 멀리하면 나라가 위태해질 것'임을 여러 차례 건의했다. 그러나 왕이 끝내 그의 말을 듣지 않자 스님은 650년에 제자 11명과 함께 백제의 완산주(完山州)로 내려와 고대산(孤大山)에 경복사를 지어 『열반경』을 강의했고, 함께 온 11명의 제자 역시 절을 짓고 포교했다고 한다.

금당사의 창건주인 무상 스님 역시 그 11명의 제자 가운데 한 분인데, 나머지 제자 중 적멸(寂滅)과 의융(義融)은 지금의 임실에 진구사(珍丘寺)를, 지수(智數)는 경상북도 문경 사불산에 대승사(大乘寺)를, 대원(大原)·일승(一乘)·심정(心正)은 전주 모악산에 대원사(大原寺)를, 수정(水淨)은 정읍 칠보에 유마사(維摩寺)를, 사대(四大)는 제자인 계육(契育)과 함께 진안 성수산에 중대사(中臺寺)를, 개원(開原)은 충청북도 단양 금수산에 개원사(開原寺)를, 명덕(明德)은 연구사(燕口寺)를 각각 지었다고 한다.

■ 성보문화재

절의 전각으로는 극락전을 비롯해서 지장전·삼성각·요사가 있다. 1976년 까지는 1675년에 지어진 법당이 있어 당시 전라북도유형문화재 제20호로 지정되었으나 1976년에 자연적으로 무너지고 지금은 없다.

절 서쪽 연못 옆에 있는 미륵입상은 1985년에 봉안되었고 그 오른쪽에 미륵불 조성에 관한 내용을 기록한 〈미륵불조성방명비〉가 있다.

● 극락전

팔작지붕에 앞면 5칸, 옆면 3칸으로서 안에는 불단에 모신 목조 아미타삼존불상을 중심으로 석가삼존불상, 16나한상, 동자·사자상 및 극락회도·문수보살도·보현보살도로 이루어진 후불탱화와 신중탱화 그리고 괘불이 축소된 사진 복사본 형태로 걸려 있다.

극락전 1990년 새로 지어진 건물 안에는 목조 아미타삼존불상과 16나한상 등이 모셔져 있다.

● 삼성각 · 지장전

맞배지붕에 앞면 3칸, 옆면 1칸으로서 1987년에 세워졌으며 당시에는 산신각이었는데, 근래에 삼성각으로 바뀌었다. 안에는 1914년에 봉안된 칠성탱화와 1991년에 봉안된 산신탱화 · 용왕탱화가 걸려 있다.

그런데 이 전각을 짓게 된 배경이 흥미롭다. 1986년 어느 날 절의 신도인 정을동(鄭乙童) 보살의 꿈에 산신이 나타나서는 자신의 집을 지어 달라고 부탁했다. 정을동 보살은 이에 기꺼이 화주가 되어 여러 신도들과 힘을 모아 이듬해에 전각을 완성했다고 한다.

지장전은 맞배지붕에 앞면 3칸, 옆면 2칸이며 안에는 지장상을 비롯해서 지장탱화 · 신중탱화 · 영단(靈壇)탱화가 있다. 영단탱화는 죽은 사람을 천도하는 장면을 그린 것으로서 7여래 · 지장보살 · 인로왕보살 등이 그려져 있다.

● 아미타삼존불상

극락전에 봉안되었으며 현재 전라북도유형문화재 제18호로 지정되어 있다. 삼존 모두 목조로서 금강산에서 섬진강으로 운반된 은행나무 또는 둥구나무를 재료로 사용했다고 하는데, 제작자도 조선시대 초기에 새 왕조의 창업을 축하하기 위해 중국인에 의해 조성되었다 전한다.

구도는 아미타불좌상을 중심으로 좌우에 문수보살 · 보현보살좌상이 협시하고 있는데, 아미타불상이 조금 크다. 본래 아미타불의 좌우협시로는 관음보살 · 대세지보살을 모시게 되어 있는데 일반적인 경우와는 다르게 되어 있다.

아미타불은 두 손으로 아미타구품인을 짓고 있으며 온화한 표정을 하고 있다. 좌우에 있는 문수보살 · 보현보살은 각각 연꽃 가지를 들고 있는데, 상호의 모습이 아미타불과 비슷한 분위기를 지니고 있어 삼존상이 전부 한 사람의 작품임을 분명히 나타내고 있다. 양식적으로 보아서는 조선시대 초중기의 작품이지만 과연 전하는 말처럼 중국인의 솜씨인지는 분명하지 않다. 아마도 중국인 혜감 스님의 창건설과 관련되어 전해진 이야기로 생각된다.

삼성각 칠성탱화

1914년에 봉안되었다. 치
성광여래를 중심으로 칠
원성군이 둘러싸고 있다.

● 괘불

현재 전라북도유형문화재 제74호로 지정되어 있으며, 요사에 있는 괘불함에
보관되어 있다. 1682년(숙종 8)에 명원(明遠)·허헌(虛軒) 등 4명의 금어스님
이 그렸다.

그림은 가운데 보관(寶冠)을 쓴 미륵보살입상을 크게 배치하고 미륵보살의
둥근 두광과 신광 둘레로 화불 20체를 배치한 특이한 구도를 지닌 것이 주목
된다. 현재 채색이 떨어져나가고 색깔도 많이 바랬지만 상호라든가 신체의 고
른 비례, 채색의 운용, 우아함이 감도는 전체적 분위기 등에서 보기 드문 우수
작임을 느끼게 한다.

화기를 보면 1951년 7월 15일에 뒷면을 보수했다는 내용이 있는데, 한국 전
쟁이 한창이라 너나없이 어렵기 그지없을 때 절측과 신도들의 합심으로 이같

금당사 괘불

은 불사를 했다는 것은 신앙적 측면에서도 주목할 만하다. 크기는 가로 약 5m, 세로 약 5m이다.

● 오층석탑

절 왼쪽에 있는 미륵입상 앞에 연못이 있고, 그 가운데에 전라북도문화재자료 제123호로 지정된 오층석탑이 있다.

현재 완전한 형태로 남아 있는 것은 아니고 기단부와 상륜부가 없어지고 지금은 다른 돌이 어색하게 놓였는데, 석재가 없어진 것은 일제강점기에 도굴되면서 그리 된 것이라고 한다. 또한 초층과 2층의 탑신부·옥개석도 제 것이 아니거나 적어도 상당히 변형된 것으로 보인다. 그러나 남아 있는 부재로 볼 때 고려시대 후기의 작품으로 추정할 수 있다. 전체가 완전한 탑은 아니지만 연못 가운데 놓여 있어 미륵입상 등 주위 경관과 어울리면서 색다른 분위기를 자아낸다.

한편 이 석탑의 재질은 흔히 사용하는 화강암이 아닌 점판암(粘板巖)으로 만들었다고 한다.

극락전 아미타삼존불상 목조로 된 아미타불을 중심으로 문수보살과 보현보살이 협시하고 있다.

석 탑

고려시대 후기에 조성된 것으로
연못 위에 떠 있는 듯 세워져 있
어 이채롭다.

● 법고

  지름 약 60㎝, 길이 약 1m의 법고(法鼓)가 절에 전한다. 매우 낡아 겉가죽
에 여러 차례 보수한 흔적이 뚜렷하며 실제 사용하기가 어려운 상태라 한다.
정확한 제작년대는 알 수 없으나 1907년 마이산 용암(龍巖)에서 의병장 이석
용(李錫庸, 1878~1914)에 의해 주도된 호남의병동맹 결성 당시 이 법고를
사용했다 하므로 적어도 그 이전에 만든 것임을 알 수 있다.

● 고금당터

  1675년 지금의 자리로 옮겨오기 전 본래의 금당사 절터로서 금당사에서 서
쪽으로 조금 떨어진 곳의 산중턱에 천연동굴의 형태로 남아 있다. 동굴 부근

에는 지금도 오래된 기와가 여기저기 흩어져 있다. 이 동굴은 전하기로는 고려 말에 나옹 스님이 머물며 도를 이룬 곳이라고 하는데, 그래서 나옹암(懶翁庵) 또는 나옹굴(懶翁窟)로 부르기도 한다.

동굴은 남향으로 뚫려 있어 실제 수도하며 거주하기에 적당하고, 굴 옆으로는 석간수가 흐른다. 굴 전체의 규모도 제법 넓고 커서 법당처럼 사용할 만하다.

● 수행굴

금당사 경내에서 북쪽 계곡을 따라 약 500m 가량 들어간 곳 깎아지른 듯한 절벽 중턱에 쉽게 오르기 어려운 천연동굴이 있다. 전하기로는 이 동굴은 나옹굴과 함께 예로부터 수행인의 수도처로 사용되었다고 한다.

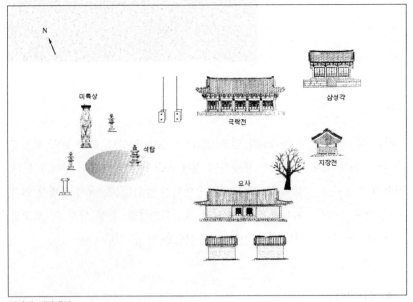

금당사 가람배치

보흥사

■ 위치와 창건

보흥사(寶興寺)는 진안군 마령면 강정리 23번지 마이산(馬耳山)에 자리한 한국불교태고종 사찰이다.

마이산에서 발원해서 내려오는 은수천(銀水川)과 백운 쪽에서 흘러오는 백마천(白馬川)이 만나는 지점에 강정마을이 있고, 여기에서 북수골을 따라 약

보흥사 절근처에 방아선골이 있는 이곳은 방아 아선스님이 수행하던 곳이라고 한다.

1.5㎞ 가량 올라가면 보흥사가 나타난다. 절 뒤에 큼직하게 솟은 광대봉(廣大峰)은 속설에 따르면 바라보는 사람의 수행정도에 따라서 부처님 모습, 인간의 모습, 축생의 모습 등 여러 가지 모습으로 보인다고 한다.

절은 처음 광덕사(廣德寺)라는 이름으로 아선선사(亞善禪師)에 의해 신라 때 창건되었다고 전한다. 그 뒤 고려시대에 주학(住鶴) 스님이 법당을 중수했는데, 이 때 절이름을 지금과 같이 보흥사로 고쳤다. 이후 고려 중후기 무렵에 폐사되었다가 조선에 들어와서는 1448년(세종 30)에 중창되었다. 이 때의 중창을 기록한 상량문이 최근 절에서 발견되었다. 그러나 절은 다시 퇴락되고 근대에 이르기까지 법등을 잇지 못했던 듯하다.

오층석탑

강정리 석탑으로 알려진 이 석탑은 고려시대의 전형적인 석탑으로 초층 탑신에는 문비가 새겨져 있다.

1914년에 민씨 보살이 화주가 되어 장호은 스님과 함께 옛 절터에 법당과 산신각을 새로 짓고 절이름을 북수사(北岫寺)라 했는데, 근처에 북수골이 있기 때문이다. 그 뒤 지금의 도성(道聖) 스님이 1946년에 이곳으로 왔다. 이후 1970년 무렵에 경내를 확장하고 법당을 보수했으며, 1973년에 산신각을 보수하고 1993년에 절입구까지의 도로공사를 했다.

절 근처에 '방아선골'로 불리는 장소가 있는데 이곳은 방아 아선 스님이 선을 하던 곳이라고 한다.

또한 절 입구에는 승천한 용의 전설이 전하는 용소(龍沼)와 물탕폭포, 그리고 절 뒤쪽에는 피부병에 좋다는 약수와 귀를 밝게 한다는 이명천(耳明泉)이 있다.

그 밖에도 절 부근에는 임진왜란 때 5인의 공(公)이 왜병을 크게 물리쳤다는 전설이 전하는 북수골을 비롯해서, 옛날에 마령현의 양곡을 비축했다는 합미성(合米城), 조선 태조의 맏아들 이방우(李芳雨)가 은둔했다는 태자굴(太子窟), 아선선사가 수도하면서 도를 깨우쳤다는 기도바위 등 여러 전설에 얽힌 유적이 있다.

■ 성보문화재

현재 절에는 법당·삼성각 그리고 법고가 걸린 전각 등과 고려시대 오층석탑이 있다.

법당은 인법당 형태로서 가운데 2칸을 법당으로 사용한다. 안에는 작은 크기의 석가불상과 후불탱화·신중탱화가 있는데, 신중탱화는 1920년에 조성되었고 후불탱화도 그 무렵에 함께 봉안된 듯하다. 석가불상은 높이 약 30㎝ 정도의 좌불로서, 지금으로부터 100여 년 전 일본으로 건너 갔던 백당(白堂) 스님이 이곳에 보내어 봉안토록 했다고 한다.

삼성각에는 산신탱화·독성탱화·칠성탱화가 걸려 있는데 전부 1920년에 봉안된 것이다.

● 오층석탑

법고가 걸린 함석지붕 건물 옆에 있으며 현재 전라북도유형문화재 제73호로 지정되어 있다. 절에서 전하기로는 고려의 주학 스님이 세웠다고 하는데, 문헌에 기록된 바는 없다.

양식을 살펴보면, 단층 기단에 우주와 탱주가 하나씩 새겨져 있다. 전체 오층 탑신 가운데 초층을 제외한 나머지 탑신의 크기가 초층에 비해 급격히 줄어든 것은 고려시대 석탑의 전형 양식이다. 탑신에는 우주와 탱주가 없으며 초층탑신에는 문비(門扉)가 새겨졌다. 각 층의 옥개석은 낙수면 끝이 위로 쳐들려졌고 낙수면 밑의 층급받침은 전체가 4층으로 되어 있다. 기단석과 탑신·옥개석은 각각 하나의 돌로 이루어졌다. 탑 꼭대기에 있는 상륜부에는 노반(露盤)과 복발(覆鉢)이 남아 있다.

전체적 양식으로 볼 때 고려시대 중기 무렵의 작품으로 볼 수 있다. 전체 높이는 397cm이다.

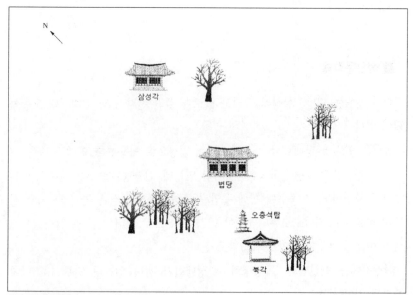

보흥사 가람배치

옥천암

■ 위치와 창건

옥천암(玉泉庵)은 진안군 용담면 옥거리 11번지 천태산(天台山)에 자리한 대한불교조계종 제17교구 본사 금산사의 말사이다. 절 입구의 계곡에는 항상 맑고 깨끗한 계곡물이 흘러내려 옥류천(玉流泉), 혹은 옥폭동(玉瀑洞)이라 해서 예로부터 유명했는데 절이름은 아마도 여기에서 유래한 듯하다.

옥천암 절 입구의 맑고 깨끗한 계곡물은 예로부터 옥류천이라 하였는데 절이름도 여기서 유래한 듯하다.

관음전 천룡탱화

절에서 전하기로는 892년 (진성왕 6)에 정현선사(定玄禪師)에 의해 창건되었다 한다. 정현선사는 정확한 활동 년대는 알려지지 않았지만 『삼국사기』에 보면 894년에 고운 최치원(崔致遠)이 합천 가야산 해인사에 은둔할 때 현준(賢俊) 스님 등 셋이서 함께 도우(道友)를 맺었다는 기록이 있다.

그 뒤의 연혁은 알려지지 않았고, 조선시대 후기인 1798년(정조 22)에 옛 용담현(龍潭縣) 군수인 김이례(金履禮, 1740~1818)에 의해 중창되었는데, 이 때를 절의 실질적 창건으로 볼 수 있다. 김이례는 조선 후기의 문신으로서 벼슬은 군수에 이르렀는데 고을을 잘 다스려 덕망이 높았다. 그리고 1810년에는 첨지중추부사오위장(僉知中樞府事五衛將)의 자리에 오르기도 했다.

이후 1898년(광무 2)에 군수 김우식(金宇植)이 김이례의 행적을 본받아 퇴락한 절을 중수했으며, 이어서 1919년에도 그 사이 낡아버린 전각을 자신이 시주한 220원(圓)과 여러 사람이 모은 190여 원을 합하여 다시 중수했다. 이같은 내용은 관음전 마루에 걸린 〈옥천암재차수리기〉를 통해 알 수 있다.

최근에는 1980년에 삼성각을 새로 지었다.

■ 성보문화재

현재 절에는 관음전·삼성각·요사 등의 전각이 있는데, 김우식에 의해 중수된 1919년 이전에 해당되는 성보문화재는 없다.

관음전에는 목조관음상이 봉안되었고 아미타극락회도·신중탱화가 걸려 있다. 관음상은 1928년에 중수되었는데 1900년대를 전후해 처음 봉안된 듯하다. 신중탱화는 1929년에 조성되었으며, 아미타극락회도는 화기가 없어 정확히는 알 수 없으나 그림으로 보아 신중탱화와 비슷한 무렵에 조성된 것으로 보인다. 관음전 마루에는 김우식이 1898년과 1919년에 절을 중수했다는 내용을 기록한 글과 〈옥천암재차수리기〉·〈옥천암중수불상개금시주인방명록〉 등 현판 3매가 걸려 있다.

삼성각은 1980년에 지어졌으며, 안에는 독성상을 비롯해서 독성탱화·칠성탱화·산신탱화 및 시주 현판이 걸려 있다. 독성탱화는 1928년에 김우식이 봉안했으며, 칠성탱화는 1929년에 금어 춘담(春潭) 스님이 그렸고 이 때의 주지는 유원섭(柳愿燮) 스님이었다.

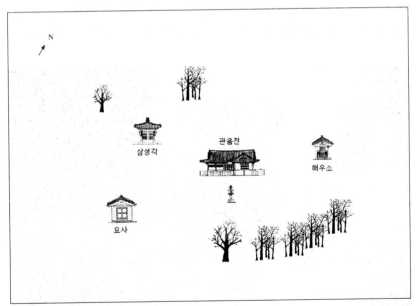

옥천암 가람배치

은수사

■ 위치와 창건

은수사(銀水寺)는 진안군 마령면 동촌리 6번지 마이산(馬耳山)에 자리한 대한불교조계종 제17교구 본사 금산사의 말사이다.

절은 조선시대 초에 창건주는 전하지 않지만 상원사(上院寺)라는 이름으로 창건되었고 숙종대(1675~1720)에 정명암(正明庵)으로 바뀌었다. 근래에는 1919년에 이규헌(李奎憲)이 중창하였고, 1925년에 지금의 은수사가 되었다.

은수사 상원사라는 절이름으로 시작되어 정명암과 보광사를 거쳐 지금의 이름으로 고쳐 불렀다.

그러나 다른 문헌이나 기록이 전하지 않고 있어 그 밖의 자세한 연혁은 살펴볼 수 없다.

한편 전하기로는 절의 창건은 조선 태조와 깊은 연관이 있다고 한다. 태조가 조선을 건국하기 전에 전국의 명산을 두루 돌아다니며 기도를 드렸는데, 이곳 마이산에도 들러 절이 자리한 바로 이 부근에서 백일기도와 수도를 했다. 태조는 그 때 꿈에서 산신으로부터 앞으로 나라를 세우리라는 예언과 그 증표로 금척(金尺)을 받았는데, 얼마 안 있어 꿈 속의 계시대로 고려를 무너뜨리고 조선을 건국했다. 창건 당시의 상원사라는 절이름도 곧 그와 같은 태조의 일화와 관련 있다고 한다. 은수사라는 절이름도 태조가 수도를 할 때 이곳의 물이 은수(銀水)라 하여 즐겨 마셨다는 데서 유래한다.

근래에는 1978년 이후에 태극전·약사전·극락전을 지었다.

최근 1997년 7월 28일에는 「은수사 청실배나무」가 천연기념물로 지정예고된 바 있다. 은수사 청실배나무는 이곳에만 있는 수령 600년 된 고목인데, 산돌배나무의 변종으로서 세계적으로 매우 희귀한 한국 특산종이다.

■ 마이산

마이산(馬耳山)은 예로부터 이름높던 명산으로서 1979년에 도립공원으로 지정되었으며, 지리적으로는 진안군 진안읍과 마령면과의 경계에 위치하는 두 개의 큰 산봉우리를 말한다.

『신증동국여지승람』에 의하면 두 개의 높은 봉우리가 있으므로 용출봉(湧出峰)이라 하였고, 동쪽 봉우리를 아버지, 서쪽 봉우리를 어머니라 했다고 한다. 혹은 이 지방에서는 두 봉우리를 각각 수마이산(678m), 암마이산(685m)으로 부르기도 한다. 신라시대에는 서다산(西多山)이라고 했으나 조선시대에 이르러 태종이 이곳을 지나면서 그 모습이 마치 말의 귀 같다고 하여 지금처럼 마이산이라 이름지었다고 한다. 또한 고려시대에는 이른바 구산팔해(九山八海) 가운데 하나로 꼽혔을 정도로 호남의 명산이다.

태극전 팔각지붕의 건물로 안에는 단군도·금척수수도·산천찬보도 등의 그림이 걸려있다.

　한편 조선을 세운 태조 이성계가 이곳에서 수도 기도하면서 마이산 산신에게 금척(金尺)을 받고 나라를 세우리라는 계시를 받은 이야기가 전한다. 따라서 태조와 관계된 유적이 산 곳곳에 많이 있다. 그 가운데 이산묘(駬山廟)는 이성계가 등극 전에 성수산(聖壽山)에서 백일기도 후 내려와 마이산에 들어설 때 말을 매어놓았던 자리라고 한다. 이산묘에는 단군성조(檀君聖祖)와 태조·세종·고종의 위패를 모신 회덕전(懷德殿), 조선시대 명신과 이름높은 학자를 모신 영모사(永慕祠), 한말의 지사와 의병장 33인을 모신 영광사(永光祠)로 이루어졌다.

　그리고 이곳에는 금당사·은수사·천황사·탑사 등 전통사찰을 비롯해서 여러 크고 작은 사찰이 자리한다.

■ 성보문화재

　절에는 현재 극락전·대웅전·태극전·산신각 및 법고와 목어가 걸린 고각(鼓閣)이 있다.

극락전은 팔작지붕에 앞면 3칸, 옆면 2칸 규모이며, 안에는 아미타삼존불상과 극락회도·지장도·신중탱화가 걸려 있고 동종도 하나 있다. 전부 근래에 봉안된 작품들이다.

대웅전은 맞배지붕에 앞면과 옆면 각 3칸인 건물로서, '대웅전' 편액은 걸려 있지 않지만 절에서는 대웅전으로 부른다. 안에는 비로자나불상을 비롯해서 미륵반가상과 나한상 18체가 있고, 불화로는 아미타후불탱화·영산회상도·신중탱화가 걸려 있고 괘불도 보존되어 있다. 역시 전부 근래에 봉안된 작품들이다.

태극전은 팔각지붕에 앞면과 옆면이 각 3칸 크기이다. 안에는 단군도(檀君圖)·금척수수도(金尺授受圖)·산천찬보도(山川饌寶圖) 등 마이산 및 절과 태조 이성계와의 관계를 나타내는 그림이 걸려 있고, 그 밖에 금척이 보관되어 있다. 금척은 전통무용인 몽금척무(夢金尺舞)를 출 때 쓰이는 도구이기도 한데, 『악학궤범(樂學軌範)』에 근거해서 근래에 만든 것이다.

산신각은 함석 팔작지붕에 앞면 3칸, 옆면 1칸이며 처마 아래에 「산신도각(山神度閣)」이라는 편액이 걸려 있다. 안에는 독성상과 「마이산신주」라고 적

북각 절을 지나는 모든 사람들로 하여금 이 북을 울리게 하여 마음의 번뇌를 씻고 수행심이 일게 한다.

힌 위패, 그리고 1919년에 적은 현판과 1955년에 기록한 시주목록 현판이 걸려 있다.

한편 법고 옆 기둥에는 북을 칠 때의 마음가짐을 적어놓은 「천고뇌음보살타고심청간(天鼓雷音菩薩打鼓心請看)」이 있어 눈길을 끈다. 지나는 사람은 누구나 마음껏 북을 쳐 마음의 번뇌를 없애고 수행심을 기르도록 하고 있다.

● 마이산 제단

경내에는 봄과 가을 두 차례 마이산신에게 제사 지내며 나라의 평안과 풍년 농사를 비는 제단(祭壇)이 있다. 이렇게 산신에게 제사 지내는 곳은 호남에서는 이곳을 비롯해서 남원 지리산, 무주 적상산, 영암 월출산 등이 있다.

이 제단은 1984년부터 진안 군민의 날 하루전인 10월 11일 밤에 산제를 지냈던 터였는데, 『조선왕조실록』의 기록에 근거해서 1990년 진안군에 의해 복원되었다.

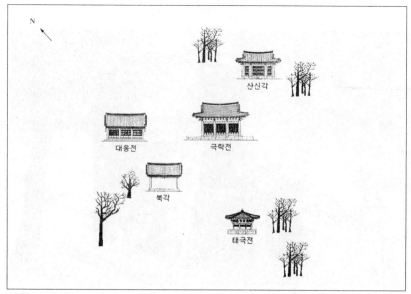

은수사 가람배치

천황사

■ 위치와 창건

천황사(天皇寺)는 진안군 정천면 갈룡리 1428번지 구봉산(九峰山)에 자리
한 대한불교조계종 제17교구 본사 금산사의 말사이다. 구봉산은 이 지역의 명
산인 운장산(雲長山, 1,126m)의 지맥으로서 호남의 비로봉이라는 말을 들을
정도로 명승을 자랑한다.

천황사 숭암사라는 이름으로 창건될 당시 절은 주천면 운봉리에 건립되었다고 전한다.

절의 창건과 연혁에 관한 것은 기록은 전하는 것이 없고, 다만 절에서 구전되어 올 뿐이다. 그에 따르면 875년(헌강왕 1)에 무주 무염(無住無染, 801~888) 스님이 숭암사(崇巖寺)라는 이름으로 창건하고 고려에서는 1064년(문종 18)에 대각국사 의천(義天)이 중창했다. 그 뒤 조선 때에는 학조(學祖) 스님이 3창, 애운(愛雲) 스님이 4창, 지견(智堅) 스님이 5창, 용허 서운(龍虛瑞雲) 스님이 6창, 1874년(고종 11)에 혜명 준의(慧明俊禪) 스님이 7창을 했다고 한다.

창건 뒤 대략 18세기 이후에 절이름이 천황사로 바뀌었으나 일제강점기에 천황이라는 이름을 쓰지 못하게 해서 처음대로 숭암사로 되었다가 해방 뒤다시 천황사라고 했다. 『신증동국여지승람』(1530년), 『범우고』(1799년), 『가람

맞배지붕이면서 앞뒤면에만 다포식 공포를 배치한 대웅전. 전라북도유형문화재 제17호.

고』(18세기) 등에는 전부 숭암사라는 이름으로 기록되어 있다.

이 곳은 특히 임진왜란 때 벽암 각성(碧巖覺性, 1575~1660) 스님이 의승군을 이끌고 왜군과 맞서다 남은 700명과 함께 와서 승군을 해산한 장소이기도 하다.

근래에는 1985년에 명부전·설법전·요사가 중수되었고, 1993년 무렵에는 명부전을 지금의 자리로 이전했다.

천황사는 본래 주천면 운봉리에서 창건되었으나 조선시대 숙종년간(1675~1719)에 지금의 자리로 옮겨서 중창했다고 한다.

■ 성보문화재

현재 절에는 대웅전·명부전 및 요사인 설선당(說禪堂)이 있다.
절 경내에는 옛 건물의 초석이 흩어져 있고, 철당간과 맷돌 3개도 보인다.

● 대웅전

맞배지붕에 앞면 3칸, 옆면 2칸이며 내부 면적이 37평 가량으로서 비교적 큰 규모를 하고 있다. 건축 양식은 덤벙 주초에 배흘림있는 둥근 기둥을 올렸고 포작은 내외3출목을 둔 주심포로서 비교적 복잡하게 처리되었으며, 외목도리 겹처마를 하고 있다. 건축상 특징은 앞뒤면에만 기둥 위에 평방을 돌리고 기둥 위와 그 중간에 각각 공포를 배치한 점이다. 이렇게 맞배지붕이면서 앞뒤면에만 다포식 공포를 배치한 것은 흔한 예는 아니다. 건물 바깥에는 별화로 여래도가 그려져 있으며 내부에도 비천·나한·동자 등을 그린 벽화가 있다. 조선시대 후기의 건물로서 현재 전라북도유형문화재 제17호로 지정되어 있다.

안에는 목조좌대 위에 삼불상이 봉안되었고 그 위로 간단한 형태의 닫집이 설치되었다. 탱화로는 후불탱화를 비롯해서 칠성탱화·신중탱화·현왕도·인

맷 돌

로왕보살도·독
성도·산신도 등
이 있으며, 그 밖
에 괘불함과 소
종·법고도 있다.
괘불은 근래에
봉안되었다.

탱화 가운데 후
불탱화와 신중탱
화는 1893년(고
종 30)에 봉안되었고, 나머지는 전부 근작이다. 후불탱화는 문성(文性) 스님
등이 출초(出草)하고 금호 약효(金湖若效) 금어스님이 그렸으며, 신중탱화는
금호 약효 외에 완해 용준(完海龍準)·대우 능호(大愚能昊)·성언(性彦) 스
님 등이 함께 그렸다.

● 명부전

맞배지붕에 앞면과 옆면 각 3칸이며 1985년에 중수되었다.

안에는 지장보살을 중심으로 도명존자·무독귀왕과 시왕 10체, 판관·녹사,
사자·인왕상 각 2체, 동자상 12체가 있다. 시왕상 10체는 전부 소조상(塑造
像)이다.

● 부도·비

절 경내에 전부 3기의 부도가 있다. 하나는 절 입구에 있는 명봉대종사탑(明
峰大宗師塔)이다. 명봉 스님은 근세의 학승으로서 특히 『금강경』 강설로 유
명했다고 한다.

다른 두 부도는 대웅전에서 약 150m 가량 떨어진 곳 산기슭에 있다. 둘 가운데 하나는 전라북도문화재자료 제123호로 지정된 애운당대사지탑(愛雲堂大師之塔)으로서 높이 170㎝ 정도이다. 다른 하나는 팔각 기단에 두 개의 돌을 포개어 얹어 놓아 석탑 모양으로 쌓았는데 전체 높이 213㎝이다. 두 부도다 조선시대 후기의 것으로 추정된다.

천황사 부도

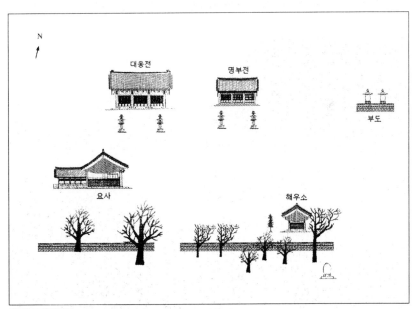

천황사 가람배치

탑사

■ 위치와 창건

탑사(塔寺)는 진안군 마령면 동촌리 8번지 마이산(馬耳山)에 자리한 한국 불교태고종 사찰이다. 마이산은 전라북도기념물 제66호 및 도립공원으로 지정되어 있다.

절은 경내에 자연석을 올려 쌓은 신비한 형태의 여러 탑들로 더욱 유명하

탑 사 마이산 중턱에 자리한 절은 천지탑으로 불리는 석탑군으로 유명하다.

다. 창건은 이갑룡(李甲龍, 1860~1958)이 1935년에 인법당과 산신각을 지은 데서 비롯된다. 이갑룡에 대해서는 근래에 탑사에서 만든 「마이산 탑사 이갑룡도사 행적」 및 〈도사 이갑룡선생 사적비〉를 참고할 수 있다. 그것에 의하면 그는 1885년에 이곳에 들어와 수도했으며 1900년대 초에 초가를 짓고 살았다. 그는 이 무렵부터 탑을 쌓기 시작해 30년 간 전부 108기를 완성했다고 하는데, 현재는 약 80기만 전한다.

최근에는 1987년에 인법당을 대웅전으로 고쳐 짓고 1996년에는 나한전을 지었으며, 1997년에 종각과 요사를 지었다.

■ 성보문화재

현재 절에는 대웅전·나한전·산신각·종각·요사 등의 전각이 있으며, 특히 천지탑군으로 부르는 석탑군(石塔群)이 유명하다. 나한전은 앞으로 영신각으로 바꿀 계획이라고 한다.

대웅전은 팔작지붕에 앞면 3칸, 옆면 2칸이며 안에는 아미타삼존불상과 후불탱화·칠성탱화·신중탱화 및 중종이 있다.

산신각은 맞배지붕에 앞면과 옆면 각 1칸이며 안에는 산신상·동자상·독성도·산신도·법고와 창건주 이갑룡상이 있다.

한편 대웅전 바로 아래에는 미륵불상이 세워져 있고, 절 입구에는 이갑룡처사상과 그의 사적비가 있다.

● 탑군

절 경내 곳곳에 세워져 있는 탑들로서 현재 전라북도기념물 제35호로 지정되어 있다.

전체적으로 원추형(圓錐形)과 기둥 모양을 한 이 탑들은 자연석을 아무런 장치나 이음새없이 그대로 올려쌓은 것이면서도 견고하게 되어 있어 신비감

천지탑

탑군 중에 가장 중심
되는 것으로 천지를
상징하며 전체적으로
는 음양을 나타낸다.

을 더한다. 이 탑들은 천지탑(天地塔)·오방탑(五方塔)·월광탑(月光塔)·
일광탑(日光塔)·약사탑(藥師塔)·중앙탑(中央塔)·월궁탑(月宮塔)·용궁
탑(龍宮塔)·신장탑(神將塔) 등으로 이름붙여져 있는데 각각 나름대로의 의
미와 역할을 지닌다고 한다. 예컨대 천지탑의 경우 가장 중심되는 탑으로서
말 그대로 천지를 상징한다. 그래서 탑은 전체적으로 음양으로 나뉘어지는데
바라보는 쪽에서 왼쪽이 음, 오른쪽이 양이다. 그리고 높이로 보면 아래가 음
이고 위가 양이 되어 음양 음양순으로 올라가는데, 이 때문에 서로의 흡인력

이 생겨 비바람이 몰아쳐도 무너지지 않는다고 한다. 또한 천지탑 앞에 있는 오방탑은 오행(五行)을 상징하며 천지탑을 받치는 역할을 한다. 그리고 천지탑 주위에 일렬로 세워진 32기의 탑들은 신장탑인데 천지탑을 보호하는 신장 역할을 한다.

그 밖에 대웅전 바로 아래에 있는 탑이 용궁탑이고 그 앞에 중앙탑이 있다. 중앙탑은 일렬로 선 탑 한가운데 있으며 바람이 불면 흔들거리기는 하지만 무너지지는 않아서 흔들바위라고도 한다. 결국 이 탑들은 우주 원리와 음양오행설에 바탕을 두어 진법(陣法)에 따라 배치된 것이라고 설명한다.

한편 이와 같은 형태로 쌓여진 탑을 몽골의 유목민 마을에서 찾아볼 수 있으므로 그들에게서 배워 온 기법일 것이라는 의견이 있다. 그리고 그와 관련해서 한 때 몽골 지방을 순력한 바 있는 '왕서방'이라는 인물이 이갑룡이 탑을 쌓을 때 도왔다는 말도 있다.

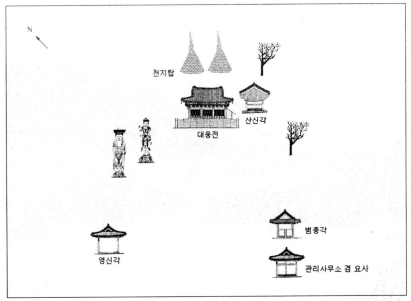

탑사 가람배치

미륵암

■ 위치와 창건

미륵암(彌勒庵)은 장수군 산서면 오산리 495번지 후칠봉산(後七峰山) 아래에 자리한 한국불교태고종 사찰이다. 절 둘레는 풍광이 좋고 밝아 마치 귀인이 큰 상(床)을 받고 앉은 형국이라 하는데, 예로부터 부근에서는 이곳을 '절바탕'이라고 불러왔다.

미륵암 대웅전과 요사만으로 구성된 단출한 모습의 절은 신령한 마애미륵상을 모시고 있다.

절의 창건은 1910년 무렵으로 알려져 있으며, 근래에 들어와 권희문(權熙文)이 절을 중수했다고 한다. 미륵암이라는 절이름은 신령한 마애미륵불상이 전하기 때문이다.

한편 이 미륵불상을 고려시대 작품으로 보는 견해에 따라 절의 창건도 그 무렵으로 올려보며, 이후 폐허화되었다가 1910년 무렵에 중창한 것으로 추정하기도 한다.

■ 성보문화재

현재 절은 대웅전과 요사로만 구성된 단촐한 구조로 되어 있다.

대웅전은 팔작지붕에 앞면 3칸, 옆면 2칸 건물로서 안에는 마애미륵좌상을 비롯해서 석가불좌상 및 관음보살좌상이 있다. 또 불화로는 후불탱화·지장탱화와 1960년에 봉안한 칠성탱화·천룡탱화·산신탱화 등이 있다.

그 밖에 대웅전 옆에 범종 1구와 요사 오른쪽에 법고가 놓여 있다.

● 마애미륵불좌상

이 마애미륵불좌상은 표면을 다듬은 화강암에 음각으로 새겼으며 현재 대웅전 안에 모셔져 있다. 세월이 오래되어 본래의 모습이 그대로 뚜렷하게 남아 있지 않아 본존의 형태만으로는 존명을 확인하기 어렵지만 절이나 마을에서 전하기로는 미륵불이라고 한다.

상호는 육계가 크고 귀가 어깨 부근까지 길게 내려갔으며, 삼도(三道)는 표현되었으나 목이 짧고 어깨가 좁고 조금 움츠려진 점 등은 고려시대 불상의 특징으로 볼 수 있다. 불의는 통견(通肩)으로 입었으며 신체 비례는 몸이 얼굴에 비해서 다소 작은 편이다. 두 손은 결가부좌한 다리와 배 사이에서 한데 모으고 있으나 정확히 어떤 수인(手印)을 지었는지 알아보기 어렵다.

연화대좌 위에 앉았는데, 옷주름은 대좌 아래로 길게 내려가지 않고 무릎

마애불

대웅전에 모셔져 있다. 고려
시대의 작품으로 추정된다.

좌우로 약간씩 겹쳐져 있을 뿐이다. 광배는 얼굴과 몸체 주위로 두광과 신광
이 각각 두겹으로 표현되었다. 신광의 경우 어깨와 가슴 둘레에 불꽃무늬가
있는지는 확인이 잘 안된다. 전체적 조각 기법으로 보아 고려시대 마애불로
추정된다.

　이 마애불좌상은 음각선이 뚜렷하지 않고 불상이 새겨진 바위면의 여백이
많지는 않지만 실측 등의 정밀조사를 통해 광배 둘레로 비천(飛天) 등 다른
조각이 있는지 확인할 필요가 있다.

　한편 이 마애불좌상은 그 영험으로 인근에 널리 알려졌다. 특히 나라에 좋

고 나쁜 일이 있을 때마다 표면에 이끼가 끼거나 없어지는 등의 변화가 있다고 전한다. 그래서 1910년대에 불상 표면에 이끼가 많았다가 없어진 바 있고, 1950년대에도 다시 이끼로 어두워졌다가 1960년대에 밝아졌다고 한다.

미륵암 가람배치

신광사

■ 위치와 창건

신광사(新光寺)는 장수군 천천면 와룡리 38번지 성수산(聖壽山)에 자리한 대한불교조계종 제17교구 본사 금산사의 말사이다. 성수산은 해발 1,059m의 크고 높은 산으로서 장수읍쪽의 팔공산(八公山, 1,151m)과 이어지면서 진안 군과의 경계를 이룬다. 조선을 건국한 태조 이성계가 즉위하기 전에 전국의 명산대찰을 찾아다니다가 이 산에서 백일기도를 올렸다고 하며, '성수산' 이라

신광사 항상 새로운 인재가 자라나라는 뜻에서 이름 붙여진 절은 성수산 중턱에 자리하고 있다.

대웅전 삼존불상이 봉안되어 있는 대웅전은 기와가 아닌 너새라는 돌로 이어 만든 지붕을 갖추었다.

는 이름은 여기에서 비롯되었다.

절의 창건은 통일신라시대인 830년(흥덕왕 5)에 무염국사(無染國師, 801~888)가 창건했다고 전한다. 무염국사는 충청남도 보령 성주사(聖住寺)에서 구산선문(九山禪門)의 하나인 성주산문을 일으켜 후학들을 지도했는데, 신광사가 자리한 지역에는 그럴 만한 절이 없는 것을 아쉽게 생각하여 절을 지었으며, 절이름인 '신광사'는 곧 항상 새로운 인재가 자라나라는 뜻에서 그렇게 지었다고 한다.

창건 이후 고려시대에 절이 어떠했는가는 기록이 없어 잘 알 수 없다. 조선시대에 들어와서는 1597년의 정유재란 때 일본군에 의해 불에 타서 없어졌다고 하며, 그 뒤 1649년(인조 27)에 천해선사(天海禪師)가 중창했다.

한편 18세기 후기에 지어진 『가람고』에 '신광사(神光寺)'라는 이름으로 보이며, 『범우고』에도 그 이름이 있어 그 무렵에도 절이 여전히 존재하고 있었다는 것을 알 수 있다. 이어서 1848년(헌종 14)에는 현감 조능하(趙能夏)와

운장(雲漳) 스님의 노력으로 중수되었다.

근래에는 1950년의 한국 전쟁 때 잠시 절이 비었다가 1969년에 보수되었고, 최근 1985년에도 한 차례 보수된 바 있다.

절은 옛부터 정성을 다하면 신비로운 서기(瑞氣)가 내린다고 전해져 수행자들의 발길이 끊이지 않는 곳이다.

■ 성보문화재

현재 절에는 대웅전·칠성각·명부전·선원·요사 등의 전각이 있다.

대웅전은 전라북도유형문화재 제113호로서 앞면 3칸, 옆면 2칸의 맞배지붕인데, 지붕이 기와가 아닌 '너새'라는 돌로 이어진 것이 특이하다. 1848년에 중건되었다.

안에는 석가불상을 중심으로 좌우에 관음보살·세지보살이 협시한 삼존상

부 도
무송 긍초스님의 부도탑으로 1827년 조성되었다는 내용이 새겨져 있다.

과 제석천룡탱화 및 1828년에 현감 조능하가 지은 〈신광사법당중건상량문〉이
걸려 있다.

명부전은 맞배지붕에 앞면과 옆면 각 3칸씩인데, 기둥은 둘레 150㎝의 싸리
나무로 세워졌다. 안에는 가운데 지장보살상을 중심으로 좌우에 도명존자·무
독귀왕 및 시왕상 10체, 판관·녹사·사자·인왕 각 2체씩이 배열되어 있다.

칠성각은 팔작지붕에 앞면과 옆면 각 1칸씩이며 안에는 근래에 봉안된 산신
탱화가 있다.

그 밖에 절 입구에는 1827년(순조 27)에 세워진 무송 긍초(茂松亘初) 스님
의 부도탑과 1849년(헌종 15)에 세워진 〈법당대공덕주 현감조공능하영세불망
비〉가 있다.

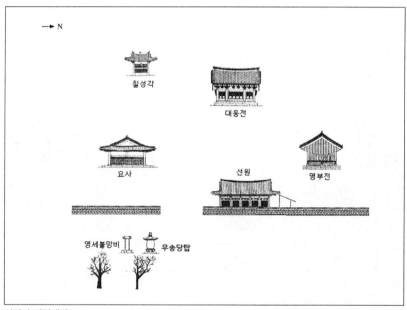

신광사 가람배치

영월암

■ 위치와 창건

영월암(映月庵)은 장수군 산서면 봉서리 520-1번지 성산(城山)에 자리한 대한불교조계종 제17교구 본사 금산사의 말사이다.

절은 1910년에 창건되었다. 절은 거령산성 안에 자리하며, 절에는 오래된 토굴이 있다. 절에서 전하기로는 옛날 삼한(三韓)시대부터 이름난 위인들이 이

영월암 달이 가장 먼저 뜨고 늦게 지는 곳이라 달을 오래 볼 수 있다는 뜻에서 영월암이라 하였다.

토굴에서 수행정진했으며, 신라시대의 원효 스님도 역시 이곳에서 수행하며 한 겨울을 보낸 바 있다고 한다.

한편 절은 부근의 여러 면(面)이 다 내려다보일 정도로 성산의 높고 깊은 곳에 자리하는데, 달이 가장 먼저 뜨고 제일 늦게 지는 곳이라 그만큼 달을 오래 볼 수 있다는 뜻에서 절이름을 영월암으로 지었다고 한다.

창건 이후의 연혁은 잘 알 수 없고, 근대에 와서는 1950년의 한국 전쟁 때 불타 없어졌다고 한다. 이후 1952년에 신도인 강미타심이 불교부인회를 조직하여 인근의 여신도를 중심으로 시주를 모아 석주(石珠)·석정(石鼎) 스님 등과 함께 중창 불사를 이루었다. 이 때의 불사를 기록한 〈불사기(佛事記)〉를 보면 불교중앙총무원교정 만암 종헌(曼庵宗憲, 1876∼1957), 불교중앙총무원장 이종욱(李鍾郁), 불교혁신회장 백성욱(白性郁, 1897∼1981), 불교전북교육원장 정봉모(鄭奉謨) 스님 등 널리 알려진 불교인들이 직간접적으로 참여한 것을 알 수 있다. 한국 전쟁이 아직 완전히 끝나지 않았을 때 이처럼 당시의 불교를 이끌던 주요 인사들이 참여했다는 점이 눈에 띤다.

칠성각 칠성탱화를 비롯하여 산신탱화와 용왕탱화가 걸려 있다.

최근에는 1987년에 예전의 인법당을 헐고 대웅전을 새로 지었으며, 이듬해 현재의 대지(大智) 주지스님이 주석한 뒤 1992년에 요사를 지었다.

■ 성보문화재

현재 절에는 대웅전·칠성각·종각·요사·객사 등의 건물이 있다.

대웅전은 1987년에 세워졌으며 안에는 관음보살과 지장보살 입상이 좌우로 협시한 아미타삼존불상이 있고, 불화로는 후불탱화·지장탱화·독성탱화·신중탱화 등이 있다. 지장탱화는 1912년에 봉안되었다.

칠성각은 맞배지붕에 앞면 3칸, 옆면 1칸 건물인데 예전에 무당이 지어서 절에 보시했다고 한다. 안에는 1912년에 봉안된 칠성탱화를 비롯해서 산신탱화와 용왕탱화가 걸려 있다.

영월암 가람배치

원흥사

■ 위치와 창건

원흥사(元興寺)는 장수군 산서면 마하리 447-1번지 팔공산(八公山)에 자리
한 한국불교태고종 사찰이다.

절의 창건은 백제 무왕(재위 600~641) 때 창건된 팔성사(八聖寺)의 일곱
암자 가운데 하나로 이루어졌다거나, 또는 고려 중기에 창건되었다가 조선 초
에 폐허화된 사찰이라는 견해가 있다. 그러나 창건 및 그 이후 근대에 이르기

원흥사 석불상을 현몽하고 석불상을 봉안하면서부터 지금과 같은 모습으로 갖추어지기 시작했다.

평화 염주탑
염주와 여러 부처님의 형상을
모셔 평화를 기원하는 바람을
탑으로 조성하였다.

까지의 연혁에 관한 문헌 기록이 전하지 않아 현재 어떤 것이 확실한지 잘 알
수 없다.

절이 지금의 모습으로 갖추어진 것은 1904년(광무 8) 무렵이다. 이 해에 원
흥마을에 사는 이화옹 부부가 꿈을 꾸었는데 한 석불상이 나타나, '내가 노천
에 있어 비바람을 피할 수 없으니 집을 지어달라.'고 부탁하는 현몽을 하고는
지금의 석불상을 발견했는데, 이후 발심하여 집을 짓고 석불상을 봉안하였다.
그 뒤 부인 허씨가 출가해 운산(雲山) 스님이 되어 절을 맡았으며, 입적 뒤에
는 딸 청신(淸信)과 손자 김귀수가 1931년에 인법당을 세우며 법등을 이어왔다.

최근에는 1965년에 산신각·칠성각을 지었고, 1991년에는 평화염주탑을 세
웠다.

■ 성보문화재

현재 법당·칠성각·산신각·종각·요사 등의 건물과 경내에 관음입상 및 평화염주탑·오층석탑이 있다.

법당은 팔작지붕에 앞면 5칸, 옆면 3칸으로서 1931년에 지었다. 안에는 미륵석상과 존명(尊名)이 확실하지 않은 불보살상 여러 점이 있으며, 법당 입구에도 여래상 2체, 보살상 1체 및 신중탱화 등이 있다.

칠성각·산신각은 한 건물로 되어 있다. 안에는 산신각 쪽에 산신상 및 산신도가, 칠성각 쪽에는 치성광여래·칠원성군상 및 신중탱화가 있다.

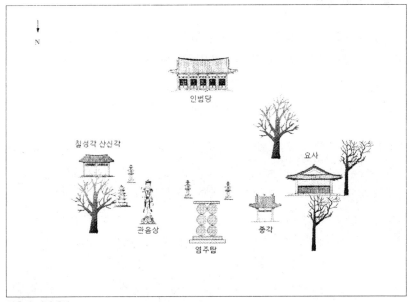

원흥사 가람배치

팔성사

■ 위치와 창건

팔성사(八聖寺)는 장수군 장수읍 용계리 1267번지 팔공산(八公山)에 자리
한 대한불교조계종 제17교구 본사 금산사의 말사이다. 팔공산은 성수산(聖壽
山)과 더불어 이 지역의 명산으로 유명하며 옛부터 많은 명찰과 고승들이 수
도한 곳이다. 1903~1908년 사이에 편찬된 『증보문헌비고(增補文獻備考)』가

팔성사 퇴락한 절을 혜전스님과 법륜스님이 주석하면서 중창불사를 통해 새로운 모습을 갖추었다.

운데의 「여지고(輿地考)」에 의하면, '성적산(聖迹山)은 일명 성수산인데, 산중에 팔공암(八公巖)이 있어 팔공산이라고도 부른다. 장수현으로부터 서남쪽으로 15리에 있다.' 라는 기록이 있어 산이름의 유래를 알 수 있다.

『장수군지』에 의하면 절은 백제 무왕 때인 603년에 해감(解橄) 스님이 창건했으며, 얼마 안 있어 해감 스님의 법문을 듣고 그의 제자가 된 7명의 고승을 기리기 위해 팔성사라 하고 산이름도 팔공산이라 했다고 전한다. 그리고 팔성사 외에 7명의 제자들이 각각 암자 하나씩을 지어 팔성사를 중심으로 7개의 산내암자가 있었다고 한다.

그런데 절을 창건한 해감 스님에 대해서는 혹은 '혜공(慧空)' 스님이라고도 하는데, 정확한 활동년대는 알 수 없으나 『삼국유사』에 스님의 행적이 기록되어 있다. 그에 따르면 혜공 스님은 원효 스님과 학문을 주고 받았다고 알려져 있어 대략 7세기에 활약했던 스님으로 생각할 수 있다. 『삼국유사』에서는 이른바 신라 십성(十聖) 가운데 한 분으로 꼽히는 고승이다.

창건에 이어서는 원효·의상 스님이 이 곳에 주석하면서 본사를 중수하고 말사를 중건했다고 전한다.

그 뒤의 연혁은 전하는 것이 없고, 조선시대 어느 때인가 팔성사는 폐허화되었고 7개의 산내암자 가운데 하나가 본절의 이름을 이어받아 지금의 팔성사가 되었다고 한다.

1530년에 편찬된 『신증동국여지승람』 「장수현조」에 보면 팔성사 이름은 없고 다만 '운점사(雲岾寺)'가 보이는데, 절에서는 이 운점사가 곧 본절을 계승한 지금의 팔성사의 전신이라고 한다. 『신증동국여지승람』에 기록된 내용은 '운점사는 성적산(聖迹山)에 있으며 신라 진평왕 때 중수되어 원효가 주석했다. 남북에 만향점(滿香岾)이 있는데, 원효·의상이 불법을 강의할 때 이 곳에서 이상한 향기가 퍼져나와 만향점이라는 이름이 생겼다. 세종 때 성주(省珠) 스님이 중수했다.' 라고 되어 있다.

운점사가 자리했다는 성적산은 성수산이라고도 하는데, 현재 발간되는 지도상으로 보면 지금의 팔성사가 자리한 팔공사와는 다른 산으로 표기되어 있다.

그러나 『신증동국여지승람』에, '성적산은 현(縣, 장수읍)에서부터 서남쪽으로 15리에 있다.'라고 기록되어 있고, 또한 지금의 팔공사가 장수읍으로부터 15리 정도의 거리에 있으므로 『신증동국여지승람』에 기록된 성적산이 곧 지금의 팔공산을 가리키는 것으로 볼 수 있다.

그런데 『신증동국여지승람』에는 또한 '팔공암(八公庵)'이라는 절이름이 나와 있어, '성적산에 있으며 의상(義相)이 중수했다.'라는 내용이 보인다. '팔공'은 곧 '팔성'을 뜻하는 것으로 볼 때 팔공암 역시 팔성사와 관련된 절인 듯하다. 그래서 운점사 보다는 팔공암이 보다 더 지금의 팔성사와 관련된 사찰일 가능성도 있다.

본래의 팔성사는 팔공산 정상 남쪽에 있는 지금의 대성리 필덕마을에서 조금 올라가는 중턱에 있다가 이곳으로 옮겼다. 1970년대 후반 무렵까지만 해도 이곳에 삼층석탑이 있었고, 또 석불상도 출토되었는데 지금은 전부 누군가에 의해 반출되어 없어졌다고 한다. 나머지 산내암자 중 성불암(成佛庵)은 아직 남아 있다.

극락전 1991년 옛 인법당을 헐고 새로 극락전을 지었다. 안에는 아미타불상과 후불탱화를 모셨다.

근래에 와서는 1960년대까지 인법당 1동만 남아 있는 등 퇴락한 모습이었으나 1969년에 혜전 스님이 주지로 부임하고 이어서 1972년에 법륜(法輪) 스님이 주석하면서 쇠락한 절을 점차 일으켰다. 1974년에 대웅전을 새로 지었고, 1986년에는 법륜 스님이 주지를 맡으면서 건물의 중수 및 사찰정화 작업 등의 불사를 일으켰다. 1991년에 예전부터 내려오던 옛 인법당을 헐고 극락전을 비롯해서 삼성각·성적선원(聖迹禪院)·운점루(雲岾樓)·만향대(滿香臺) 등을 새로 지었다.

이 때 인법당을 해체하면서 한지에 먹으로 쓴 상량문이 나왔다. 상량문 가운데 '무오년 사월 이십'이라는 글이 있는데, 절에서는 이 무오년을 『신증동국여지승람』에 기록된 '세종 때 성주 스님이 중수했다.'는 내용과 연관시켜 1438년(세종 20)으로 보고 있다.

상량문은 군데군데 좀이 슬어 정확한 내용은 판독되지 않지만 글 끝부분에 당시 전각을 지은 도편수(都片手)로서 정재형(鄭在泂)과 또다른 관련 인물로서 김희득(金喜得) 등의 이름을 확인할 수 있어, 앞으로 상량문의 내용을 좀 더 면밀히 분석한다면 절의 연혁에 대해 보다 많은 것을 알 수 있을 것으로 생각한다.

■ 성보문화재

절에는 대웅전을 비롯해서 극락전·삼성각·성적선원·운점루·만향대 등의 전각이 있다.

현재 절에는 오래된 유물은 없다. 다만 1991년에 해체된 인법당이 비교적 고건물인 것으로 생각되는데, 만일 앞서 말한 상량문이 1438년에 작성된 것이라면 인법당은 적어도 15세기의 건물로 볼 수 있어 건축사적으로도 상당히 중요한 작품일텐데 지금은 볼 수 없어 아쉽다. 그 외에 나머지 전각 및 불상·불화 등은 대부분 근래에 봉안한 작품이다.

대웅전은 팔작지붕에 앞면 3칸, 옆면 2칸이며 1974년에 지었다. 안에는 석가

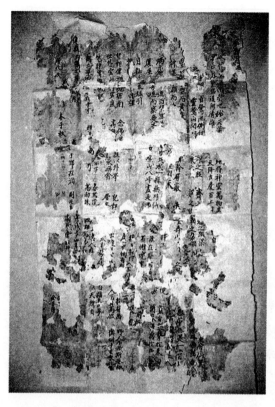

상량문
인법당 해체 때 나온 것으로 무오
년이라는 간지가 보인다.

좌상과 그 좌우에 관음보살·지장보살의 삼존상과 후불탱화·지장탱화·신중
탱화가 걸려 있다.

극락전은 팔작지붕에 앞면 5칸, 옆면 3칸이며 1991년에 지어졌다. 안에는 아
미타불상과 후불탱화가 있다.

삼성각은 맞배지붕에 앞면과 옆면 각 3칸씩이며 안에는 칠성탱화·산신탱
화·독성탱화가 있다.

성적선원은 앞면 7칸, 옆면 3칸의 규모가 큰 건물로서 선방으로 사용되며
안에는 석가여래좌상이 있다. 또 운점루는 누각 겸 요사로서 팔작지붕에 콘크
리트로 지어졌다.

만항대는 절 바로 뒷편의 언덕에 있다. 이곳에는 콘크리트로 만든 요사와

토굴이 있는데 현재 노스님이 토굴에서 거주한다. 본래 1970년대 이후 청향대 (靑香臺)라는 이름으로 불렸으나, 앞으로는 『신증동국여지승람』의 '운점사' 내용에 기록된 것처럼 만향대(滿香臺)로 고쳐부르고 터도 새롭게 닦을 예정 이라고 한다.

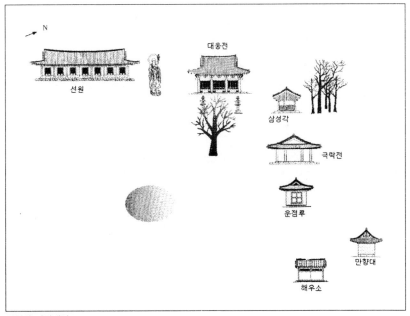

팔성사 가람배치

부 록

불교 지정 문화재

1. 국보

유 물 명	소 재 지	지정번호
미륵사지석탑	익산시 금마면 기양리	국보 11
금산사미륵전	김제시 금산사	국보 62
익산 왕궁리오층석탑	익산시 왕궁면 왕궁리	국보 289

2. 보물

유 물 명	소 재 지	지정번호
금산사노주	김제시 금산사	보물 22
금산사석련대	김제시 금산사	보물 23
금산사혜덕왕사진응탑비	김제시 금산사	보물 24
금산사오층석탑	김제시 금산사	보물 25
금산사석종	김제시 금산사	보물 26
금산사육각다층석탑	김제시 금산사	보물 27
금산사당간지주	김제시 금산사	보물 28
금산사심원암북강삼층석탑	김제시 금산사 심원암	보물 29
익산연동리석불좌상	익산시 석불사	보물 45
익산고도리석불입상	익산시 금마면 동고도리 서고도리	보물 46

미륵사지당간지주	익산시 금마면 기양리	보물 236
위봉사보광명전	완주군 위봉사	보물 608
화암사 화루	완주군 화암사	보물 662
화암사극락전	완주군 화암사	보물 663
숭림사보광전	익산시 숭림사	보물 825
귀신사대적광전	김제시 귀신사	보물 826
금산사대장전	김제시 금산사	보물 827
귀신사석등	김제시 귀신사	보물 828
송광사대웅전	완주군 송광사	보물 1243
금당사괘불	진안군 금당사	보물 1266
안국사괘불	무주군 안국사	보물 1267
송광사 소조삼존불좌상 및 복장	완주군 송광사	보물 1274

3. 사적

유　물　명	소　재　지	지정번호
익산미륵사지	익산시 금마면 기양리	사적 150

4. 지방유형문화재

유 물 명	소 재 지	지정번호
송광사십자각	완주군 송광사	유형 3
송광사일주문	완주군 송광사	유형 4
송광사사적비	완주군 송광사	유형 5
운산리삼층석탑	진안군 상전면 운산리	유형 10
태봉사삼존석불	익산시 태봉사	유형 12
천황사대웅전	진안군 천황사	유형 17
금당사목불좌상	진안군 금당사	유형 18
장수양악탑	장수군 계북면 양악리	유형 21
화암사동종	완주군 화암사	유형 40
송광사석가여래좌상	완주군 송광사	유형 41
안국사극락전	무주군 안국사	유형 42
매월당부도	무주군 백련사	유형 43
귀신사석탑	김제시 귀신사	유형 62
귀신사부도	김제시 귀신사	유형 63
귀신사석수	김제시 귀신사	유형 64
청동은입사인동문향로	익산시 숭림사	유형 67
위봉사요사	완주군 위봉사	유형 69
대원사용각부도	완주군 대원사	유형 71

회사동 석탑	안군 상전면 주평리	유형 72
강정리 오층석탑	진안군 보흥사	유형 73
여래불적도전주시	전북대학교	유형 79
수만리 마애석불	완주군 동상면 수만리	유형 84
적상산성 호국사비	무주군 적상면 괴목리	유형 85
화암사 중창비	완주군 화암사	유형 94
백련사 정관당 부도	무주군 백련사	유형 102
진묵대사 부도	완주군 봉서사	유형 108
안심사 부도 및 부도전	완주군 안심사	유형 109
안심사 사적비	완주군 안심사	유형 110
신광사 대웅전	장수군 신광사	유형 113
송광사 동종	완주군 송광사	유형 138

5. 지방기념물

유 물 명	소 재 지	지정번호
마이산 탑	진안군 탑사	기념 35
백련사 계단	무주군 백련사	기념 42
백련사지	무주군 백련사	기념 62
원통사지	무주군 원통사	기념 67
남고사지 일원	전주시 남고사	기념 72

6. 지방문화재자료

유 물 명	소 재 지	지정번호
동고사 일원	전주시 동고사	문자 2
인후동 석불입상	전주시 덕진구 용화사	문자 10
모현동 부도	익산시 모현동	문자 13
원흥석불입상	장수군 원흥사	문자 41
심곡사 대웅전	익산시 심곡사	문자 87
남원사 미륵전	익산시 남원사	문자 88
문수사 대웅전	익산시 문수사	문자 89
금당사 석탑	진안군 금당사	문자 122
천황사 부도	진안군 천황사	문자 123
망해사 낙서전	김제시 망해사	문자 128

절 터

사 지	소 재 지	유적 유물
용호사지(龍虎寺址)	전북 김제시 성덕면 대목리	금판부조불상 출토
원암사지(圓巖寺址)	전북 완주군 소양면 원암리	석축. 석조
경복사지(景福寺址)	전북 완주군 구이면 광곡리	석축. 주초석
보광사지(普光寺址)	전북 완주군 구이면 평촌리	연화대좌. 석등대좌
봉림사지(鳳林寺址)	전북 완주군 고산면 삼기리	석조불상. 현재 전북대학 석등(보물 제234호). 군산 발산초등학교 소장
미륵사지(彌勒寺址)	전북 익산시 금마면 기양리 당간지주(보물 제236호)	석탑(국보 제11호).
제석사지(帝釋寺址)	전북 익산시 왕궁면 왕궁리	심초석
도신사지(道新寺址)	전북 익산시 여산면 원천리 출토(전주박물관).	건물지. 금동제소불상
도신암사지(道新庵寺址)	전북 익산시 여산면 제남리	석수조. 석탑재
왕궁리사지(王宮里寺址)	전북 익산시 왕궁면 왕궁리	오층석탑(국보 제289호). 건물지
원수리사지(源水里寺址)	전북 익산시 여산면 원수리	석축
옥정사지(玉淨寺址)	전북 장수군 덕산리 옥정동	와편
내후사동 사지 (內後寺洞 寺址)	전북 진안군 진안읍 운산리	삼층석탑(전북유형 제10호)
회사동사지(檜寺洞寺址)	전북 진안군 상전면 주평리	삼층석탑(전북유형 제72호)

불교 금석문

〔약호〕

· 유문 → 「한국금석유문(韓國金石遺文)」
· 전문 → 「한국금석전문(韓國金石全文)」
· 총람 → 「조선금석총람(朝鮮金石總覽)」
· 대동 → 「대동금석서(大東金石書)」
· 사찰 → 「사찰지(寺刹誌)」

유 물 명	소 재 지	수록문헌
금산사혜덕왕사진응탑비 (金山寺慧德王師眞應塔碑)	김제시 금산사	총람 권상 296쪽
송광사개창비(松廣寺開創碑)	완주군 송광사	총람 권하 868쪽
안심사사적비(安心寺事蹟碑)	완주군 안심사	총람 권하 1190쪽
금산사소요당대사비 (金山寺逍遙堂大師碑)	김제시 금산사	총람 권하 890쪽
쌍석불중건비(雙石佛重建碑)	익산시 금마면 고도리	총람 권하 1309쪽
왕궁리석탑발견금판금강경 (王宮里石塔發見金板金剛經)	국립전주박물관	유문 175쪽, 전문 72쪽
화암사중창기(花巖寺重創記)	완주군 화암사	사찰 208쪽

전통사찰총서 ❽ 전라북도 I 수록 사암 주소록

사 암 명	주 소	전 화 번 호
고림사	진안군 진안읍 군상리 1161	32-0159
귀신사	김제시 금산면 청도리 81	548-0917
금당사	진안군 마령면 동촌리 41	32-0944
금산사	김제시 금산면 금산리 39	548-4441
남고사	전주시 완산구 동서학동 724	84-9640
남원사	익산시 여산면 재남리 224	53-5344
대원사	완주군 구이면 원기리 997	221-8502
동고사	전주시 완산구 교동1가 산10	88-1626
만복사	김제시 신곡동 13	42-1514
망해사	김제시 진봉면 심포리 1004	43-3187
문수사	김제시 황산동 산6	546-4147
문수사	익산시 여산면 호산리 69	53-5080
미륵암	장수군 산서면 오산리 495	351-3952
백련사	무주군 설천면 삼공리 936-1	322-3395
백운사	익산시 여산면 호산리 65	53-8047
보흥사	진안군 마령면 강정리 23	32-3079
봉서사	완주군 용진면 간중리 산2	244-2105

사 암 명	주 소	전화번호
북고사	무주군 무주읍 읍내리 520	323-3020
불정사	전주시 완산구 동서학동 산153	84-8025
사자암	익산시 금마면 신용리 609-1	53-8574
석불사	익산시 삼기면 연동리 산220-2	858-7459
선린사	전주시 덕진구 인후동 1가 산152-2	243-4278
송광사	완주군 소양면 대흥리 569	243-8091
숭림사	익산시 웅포면 송천리 5	862-6394
승암사	전주시 완산구 교동1가 945	84-9902
신광사	장수군 천천면 와룡리 38	353-0598
실상사	전주시 덕진구 진북동 89	252-5263
심곡사	익산시 낭산면 낭산리 176	855-2001
안국사	무주군 적상면 북창리 934	324-1162
안심사	완주군 운주면 완창리 26	73-7475
약수암	전주시 덕진구 우아동 3가 461-15	241-0124
영월암	장수군 산서면 봉서리 38	351-1148
옥천암	진안군 용담면 옥거리 11	33-2165
용봉사	김제시 용지면 봉의리 산18	42-1885
원각사	김제시 요촌동 415	547-2577
원등사	완주군 소양면 해월리 1	243-8880
원통사	무주군 안성면 죽천리 1	323-2100

원흥사	장수군 산서면 마하리 447-1	351-3922
위봉사	완주군 소양면 대흥리 21	251-7657
은수사	진안군 마령면 동촌리 6	33-2502
자명사	익산시 용안면 법성리 279	861-3542
정수사	완주군 상관면 마치리 137	82-5215
정혜사	전주시 완산구 효자동 1가 4	84-3732
조앙사	김제시 만경면 화포리 431	42-5585
천황사	진안군 정천면 갈룡리 1428	32-6161
청운사	김제시 청하면 대청리 91-2	43-1248
탑 사	진안군 마령면 동촌리 8	32-0652
태봉사	익산시 삼기면 연동리 147	858-7733
팔성사	장수군 장수읍 용계리 1267	351-2110
학림사	완주군 봉동읍 은하리 942	73-2715
학선암	김제시 금산면 금산리 산309	43-4233
화암사	완주군 운진면 가천리 1078	261-7576
흥복사	김제시 흥사동 263	45-2662

D.D.D.
김제시 0658   무주군 0657   완주군 0652   익산시 0653   장수군 0656 전주시 0652   진안군 0655

집 필

金相永 중앙승가대학교 교수
金善基 원광대학교 박물관 학예연구사
金炯佑 서울시 문화재 전문위원
李蘭英 국립문화재연구소 학예연구사
韓相吉 동국대학교 연구교수
申大鉉 사찰문화연구원 연구위원
安尙賓 사찰문화연구원 연구위원

전통사찰총서 ❽
전북의 전통사찰 I

펴낸이/사찰문화연구원
펴낸곳/사찰문화연구원

1997년 12월 1일 초판 1쇄 찍음
1997년 12월 1일 초판 1쇄 펴냄
2008년 9월 25일 초판 2쇄 펴냄

주소/서울특별시 마포구 신수동
     62-98번지 3층
전화/(02)706-4709
E-mail/sachal@chol.com
등록/제16-616호(1992년 11월 26일)

가격/15,000원

※ 잘못된 책은 바꾸어 드립니다.